spring
summer
autumn
winter

사계절 패션 손뜨개

임현지 저

FASHION
HAND KNIT

예신 Books

F.o.r.e.w.o.r.d [머리말]

어머니 손으로 직접 만들어 주신 음식 맛처럼 구수함과 따뜻한 정이 담기듯 예전의 니트 옷은 실뭉치의 포근함을 강조한 방한을 목적으로 만들었다.

세월이 흘러 경제가 발전함에 따라 따스함을 강조했던 니트의 착용이 유행에 따른 멋과 나만의 개성을 강조할 수 있는 명품으로 자리매김하게 되었다.

이 책은 봄 여름 가을 겨울 사계절의 패션을 모두 담았다. 코바늘과 대바늘 뜨기의 장점을 최대한 살려 예전에 어머님이 만들어 주신 옷의 포근함과 현대 감각에 맞춘 새로운 디자인의 멋을 적절히 조화시킨 손뜨개 콜렉션이다.

그냥 실뭉치로 만든 옷이 아닌 현대 감각이 묻어난 작품으로 디자인한 니트 패션을 직접 내손으로 만들어 가는데 이 책이 길잡이가 되길 기대한다.

책을 펴내는데 힘써 주신 출판사 사장님과 직원분들께 감사드린다.

임현지(jwy1266@hanmail.net)

C.o.n.t.e.n.t.s [차례]

Part ❶
봄에 입는 패션

1 보라색 반팔 티셔츠 ·················· 8
2 노란색 반팔 티셔츠 ·················· 12
3 민트색 블라우스 ······················ 18
4 검정 반짝이 블라우스 ············· 24
5 노란색 티셔츠 ························· 30
6 하늘색 남·녀 커플티 ··············· 36

Part ❷
여름에 입는 패션

1 핑크색 나비 볼레로 ················· 48
2 검정 반짝이 민소매 ················· 52
3 녹두색 반팔 티셔츠 ················· 58
4 테이프사 꽃무늬 티셔츠 ··········· 64
5 보라색 원피스 ························· 68
6 그린색 투피스 ························· 76

Part 3

가을에 입는 패션

1 자주색 재킷 …………………… 86
2 보라색 디스코 티셔츠 …………… 92
3 잿빛 나염 재킷 ………………… 98
4 보라색 재킷 …………………… 104
5 분홍색 나염 재킷 ……………… 110

Part 4

겨울에 입는 패션

1 보라색 볼레로와 민소매 원피스 … 118
2 감청색 롱코트 ………………… 124
3 두루마기 스타일 롱코트 ………… 132
4 체리핑크 바지 정장 ……………… 142
5 남성용 더블 후드 코트 ………… 154

Part 5

여성용 소품

1 보라색 숄 ……………………… 164
2 노란색 삼각숄 ………………… 168
3 보라색 가방과 머플러 …………… 172
4 회색 둥근 가방 ………………… 176
5 자주색 가방 …………………… 178
6 밤색 모티브 가방 ……………… 180
7 빨간색 레자 가방 ……………… 184
8 줄무늬 양말 …………………… 186
9 해바라기 방석 ………………… 188

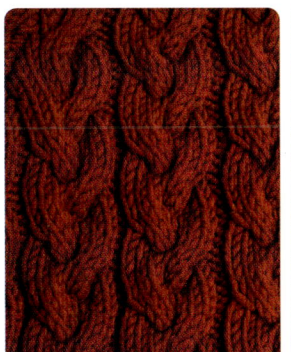

봄에 입는 패션

Part 1

1_ 보라색 반팔 티셔츠

2_ 노란색 반팔 티셔츠

3_ 민트색 블라우스

4_ 검정 반짝이 블라우스

5_ 노란색 티셔츠

6_ 하늘색 남·녀 커플티

1 knitting
보라색 반팔 티셔츠

The violet T-shirt

1. 옷뜨기는 목부터 뜨고 목단은 1코고무뜨기로 한다.
2. 소매 부분 손뜨개
3. 몸판 밑단은 1코 고무뜨기로 한다.
4. 몸판 무늬뜨기

보라색 반팔 티셔츠

완성 치수
66 size

재료와 도구
실   실프울(보라색)
바늘 줄바늘 2.5mm, 줄바늘 3.5mm, 돗바늘
부속품 밑실 조금

 뜨는 방법

① 3.5mm 줄바늘에 밑실로 120코를 만든다.
② ①에 본실로 5코 1무늬를 24무늬 만들고 도안대로 무늬뜨기하여 원통으로 떠내려 간다.
③ 최종 114단 552코가 되면 양소매와 앞·뒤단은 각각 110코가 되게 하고, 나머지 옆 솔기 부분은 28코가 되게 한다. 옆솔기 28코는 앞·뒤를 맞추어 돗바늘로 붙인다.
④ 양쪽 소매는 2.5mm 줄바늘로 각각 112코가 되게 만들어 원통뜨기 하며 1코 고무뜨기를 14단 뜨고 돗바늘로 마무리한다.
⑤ 앞·뒤판 밑단도 224코를 만들어 원통뜨기하며 1코 고무뜨기를 98단 뜨고 돗바늘로 마무리한다.
⑥ 목단은 뒤판 부분에서 41코를 처음 시작했던 밑실 부분에서 주어 경사뜨기 6단을 뜨고 밑실 부분 나머지 코 모두를 주어 120코가 되게 하여 원통으로 뜨며 1코 고무뜨기 14단 뜨고 돗바늘로 마무리한다.
⑦ 모두 마치면 밑실은 풀어낸다.

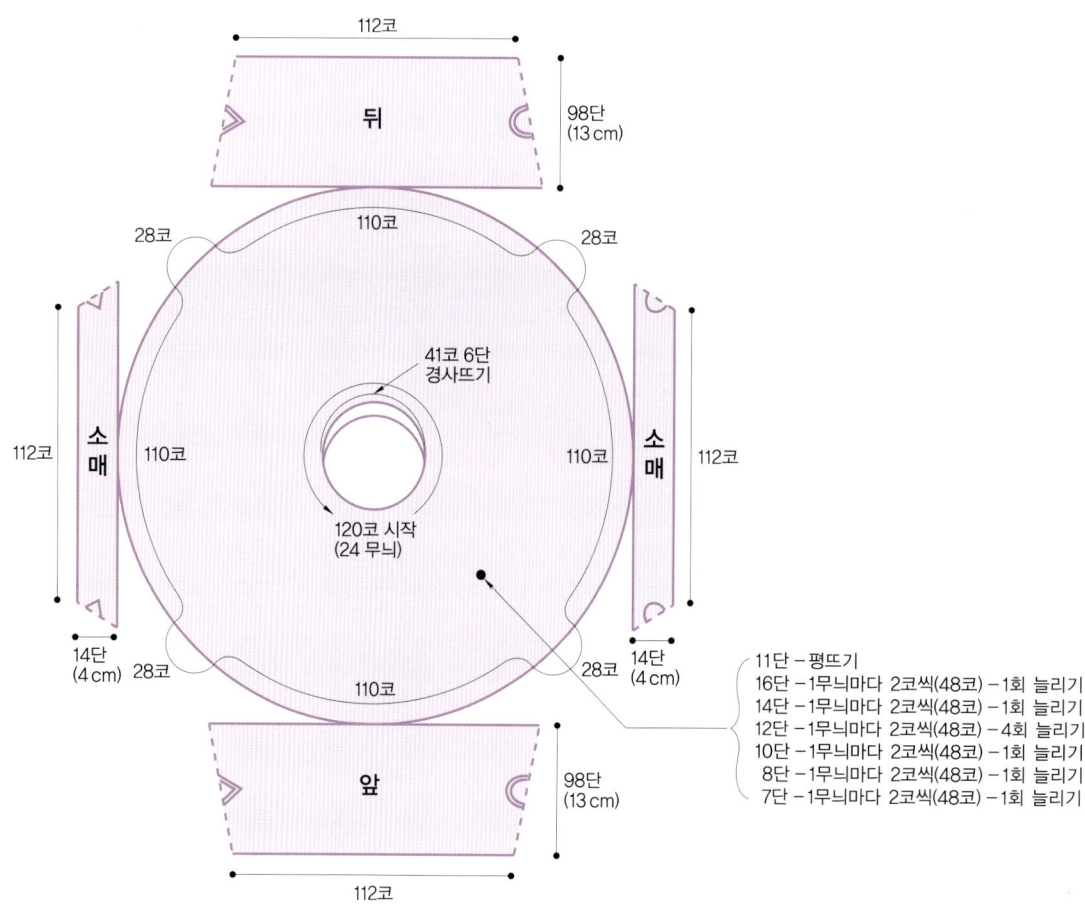

뒷목 되돌아뜨기

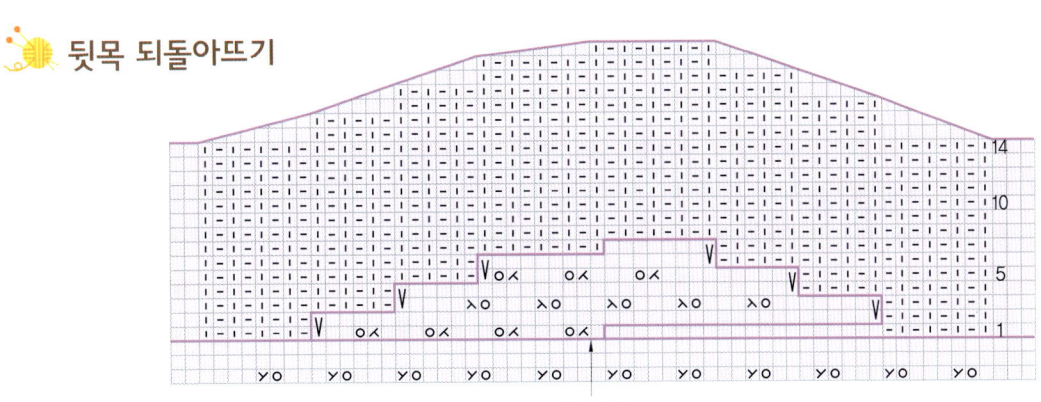

뒷목 중심

무늬뜨기

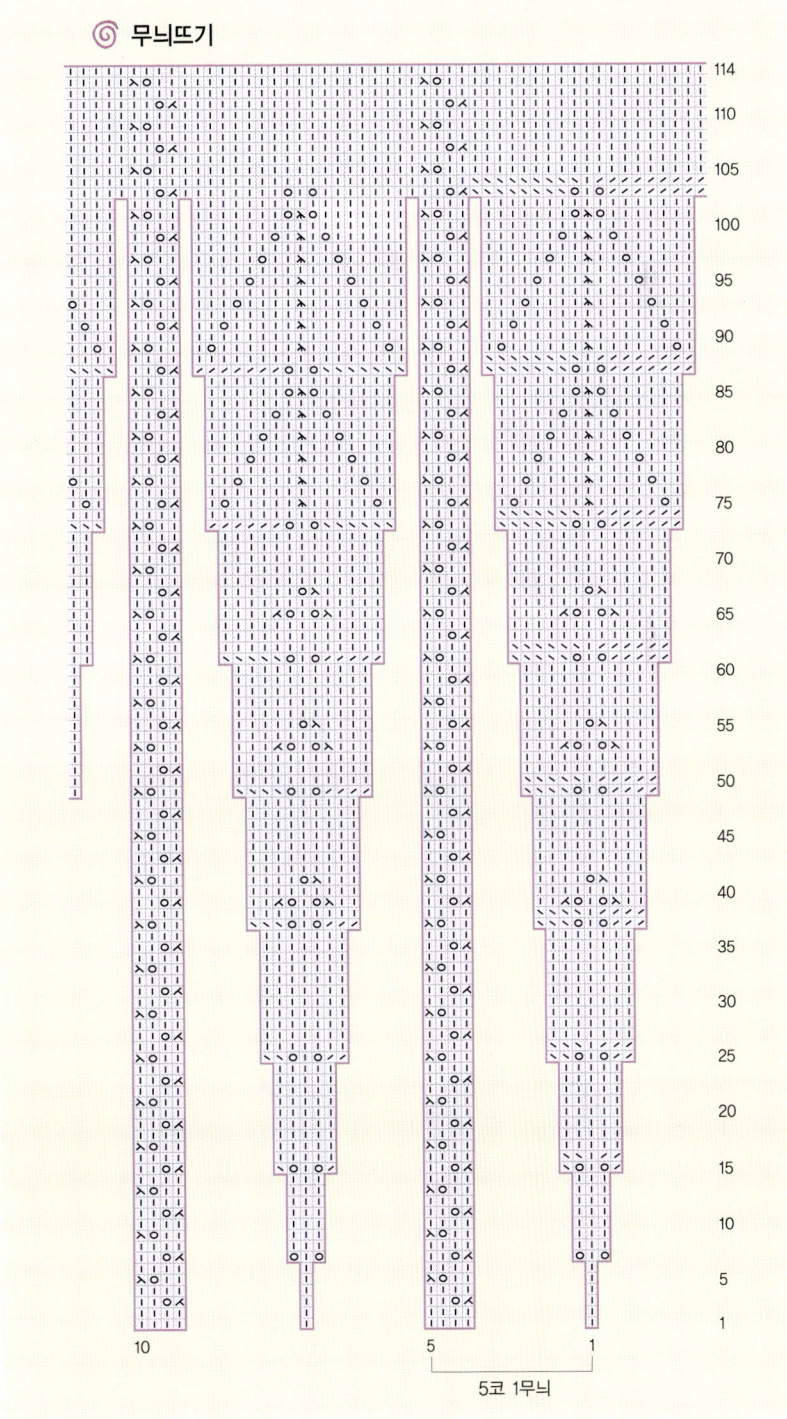

5코 1무늬

The yellow T-shirt

knitting 2

노란색 반팔 티셔츠

1. V넥 목단은 중심에 기둥을 세우고 2코 꼬아뜨기로 한다.
2. 옆솔기 부분 손뜨개
3. 밑단 부분 손뜨개
4. 몸판 무늬뜨기

노란색 반팔 티셔츠

완성 치수
55 size
재료와 도구
실 캐시미어 3PY(노란색)
바늘 줄바늘 2.5mm, 줄바늘 3mm, 돗바늘
부속품 밑실 조금

 뜨는 방법

① 3.5mm 줄바늘에 밑실로 164코를 만든다.

② ①에 본실로 41코 1무늬를 4무늬 만들고 도안대로 무늬뜨기하며 94단까지 원통으로 떠 내려간다.

③ 95단부터는 4무늬를 각각 나누어 1단-2코-1회, 2단-2코-10회, 2단-3코-4회, 평1단 순으로 줄여 65코가 되게 하여 2무늬씩 돗바늘로 붙인다.

④ 소매부분은 각각 112코씩 주어 2코 꼬아뜨기 무늬로 10단 원통뜨기로 뜨고 돗바늘로 마무리한다.

⑤ 몸판 밑단은 각각 224코를 주어 2코 꼬아뜨기 무늬로 40단 원통뜨기로 뜨고 돗바늘로 마무리한다.

⑥ 목단은 처음 시작했던 밑실 부분에서 160코를 주어 2코 꼬아뜨기 무늬를 13단 원통뜨기하는데 앞·뒤 중심부분은 3단마다 각 2코씩 줄여준다.

⑦ 목단은 다 뜨고 나면 돗바늘로 마무리하고 밑실을 풀어낸다.

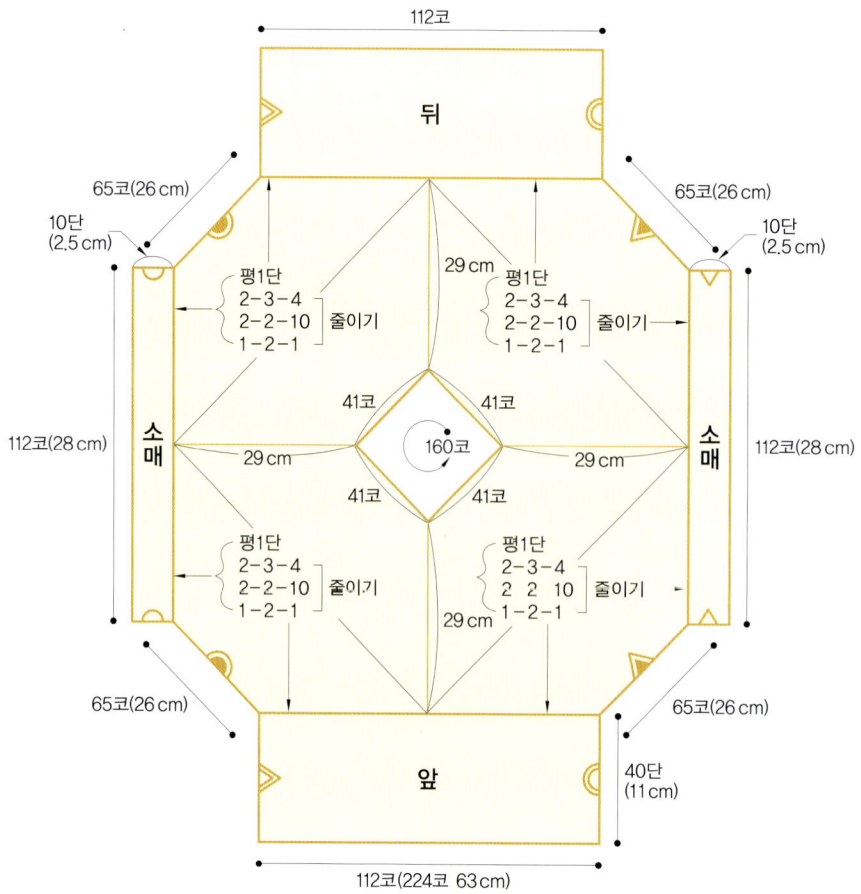

몸판 무늬뜨기

* □ 빈칸은 겉뜨기이다.

3 knitting
민트색 블라우스

The mint-blue blouse

1. 칼라에 리본을 떠서 장식하기
2. 뒤판 무늬 늘려뜨기
3. 소매 부분 손뜨개
4. 앞중심단과 밑단은 2코고무뜨기로 한다.

민트색 블라우스

완성 치수
77 size

재료와 도구
실 메리노펄(민트색)
바늘 3mm 줄바늘, 4mm 줄바늘, 4.5mm 줄바늘, 5mm 줄바늘, 돗바늘, 코바늘 3호
부속품 밑실 조금, 단추 7개

 뜨는 방법

① 4mm 줄바늘에 밑실로 123코를 만든다.
② ①에 본실로 바꾸어 무늬뜨기 A를 20무늬 10단 뜨는데 뒷목 중심 부분에서 도안 1처럼 무늬 8개를 늘려준다.
③ 도안 2처럼 무늬뜨기하여 전체 콧수는 118단 450코가 되게 한다.(1단~82단까지 4mm 줄바늘, 83단~102단까지 4.5mm 줄바늘, 103단~118단까지 5mm 줄바늘로 뜬다.)
④ 앞중심에서 앞판은 각각 60코, 양소매는 각 110코, 뒤판은 110코로 나눈다.
⑤ 앞·뒤판 옆구리 쪽에서 각각 8코씩을 만들어주고 앞·뒤 밑단 콧수가 246코가 되게 하여 3mm 줄바늘로 2코 고무뜨기 40단을 뜨고 돗바늘로 마무리한다.
⑥ 목단은 밑실로 시작한데서 124코를 주어 3mm 줄바늘로 2코 고무뜨기 12단 뜨고 돗바늘로 마무리한다.
⑦ 앞중심단은 밑단부터 목단 전까지 3mm 줄바늘로 158코를 주어 2코고무뜨기 10단을 뜨는데 오른쪽 앞 중심단은 단추구멍 7개를 만들어주고 돗바늘로 마무리한다.
⑧ 리본은 목단 옆부분에서 각각 11코씩 주어 3mm 줄바늘로 1코 고무뜨기 133단을 뜬 뒤 20코가 되게 늘리고 4mm 줄바늘로 가아터뜨기로 도안대로 떠 모양을 만든다.
⑨ 소매부분은 무늬뜨기 A로 4단 뜨고 5단째는 되돌아짧은뜨기로 장식하여 마무리한다.

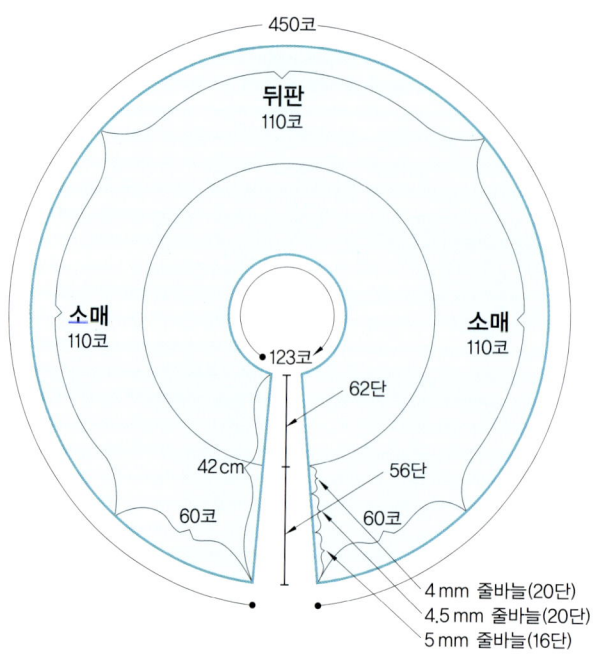

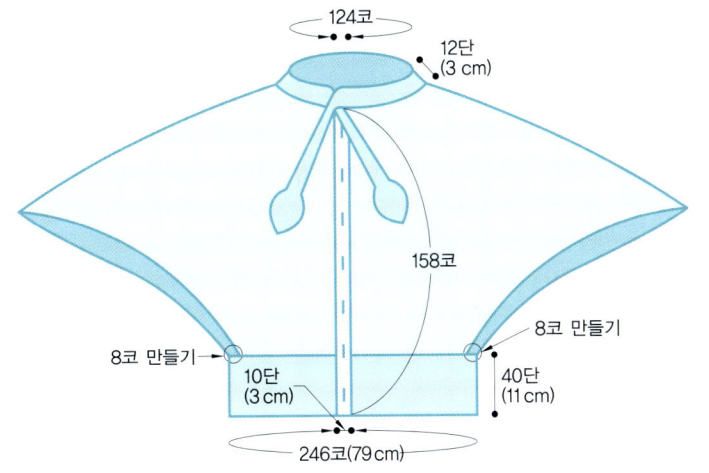
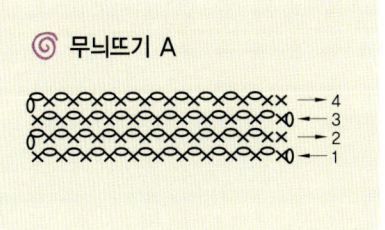

무늬뜨기 A

리본 뜨기

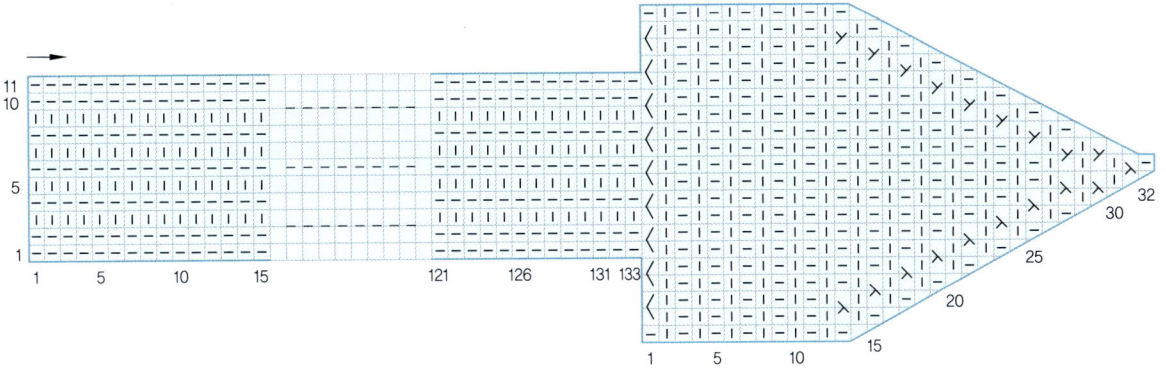

도안 1 (목둘레 뜨기)

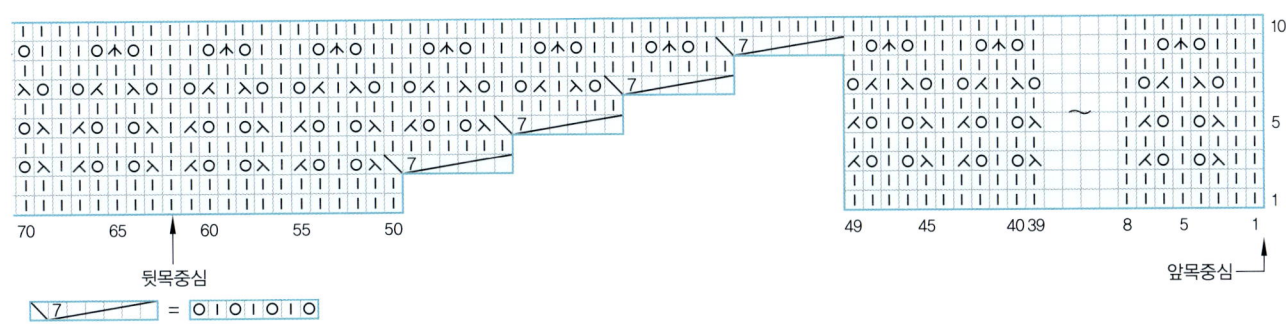

뒷목중심

앞목중심

도안 2 (몸판 무늬뜨기)

뒷중심

* □ 빈칸은 겉뜨기이다.

4 knitting
검정 반짝이 블라우스

The black-sparkle blouse

1. 목단은 폴라가 되게 뜬다.
2. 소매 샤링뜨기
3. 몸판 밑단뜨기
4. 몸판 무늬뜨기

검정 반짝이 블라우스

완성 치수
66 size

재료와 도구
실   슈퍼실크(검정색)
바늘 코바늘 3호
부속품 지퍼

 뜨는 방법

1. 뒤판은 사슬 153코(무늬19+1코)를 만들어 무늬뜨기 A를 72단까지 뜨고 소매둘레를 만드는데 무늬 2.5개씩을 줄여주고 전체 길이 82단까지 뜨고 반으로 나누어 뒷 지퍼 달 곳을 만든다.
2. 도안 1처럼 뒷지퍼 달 곳 17단을 뜬 뒤 양어깨는 각각 무늬 3.5개+1코를 어깨코로 하여 3단 뜬다.
3. 앞판은 사슬 169코(무늬21+1코)를 만들어 무늬뜨기 A를 72단까지 뜨고 소매둘레 무늬 2.5개씩 줄여 주고 전체 길이 92단까지 뜨고 앞 목둘레를 만든다.
4. 도안 2처럼 앞목둘레를 파서 양 어깨코가 각각 무늬 3.5개+1코가 되게 하고 뒤판 전체 단수 108단이 되면 어깨를 마주 붙인다.
5. 옆솔기도 앞·뒤판 마주대고 붙여준다.
6. 몸통 밑단은 앞·뒤판 원통을 무늬뜨기 C로 무늬 40개 만들어 3단 뜨고 마무리한다.
7. 목단은 무늬뜨기 B로 무늬 31개+1코를 만들어 15단 뜨고 마친다.
8. 뒷 지퍼 부분은 짧은뜨기 2단 뜬 뒤 피코뜨기로 마무리한다.
9. 소매는 사슬 73코(무늬9+1코)를 만들어 무늬뜨기 A를 60단 뜨는 동안 무늬 15개+1코가 되게 늘린다.
10. 도안 3처럼 콧수를 줄여 소매산을 만든다.
11. 소매단은 소매 옆솔기를 붙여준 뒤 무늬뜨기 B로 무늬 24개를 만들어 9단 원통뜨기하여 마치고 몸통에 소매를 달아준다.

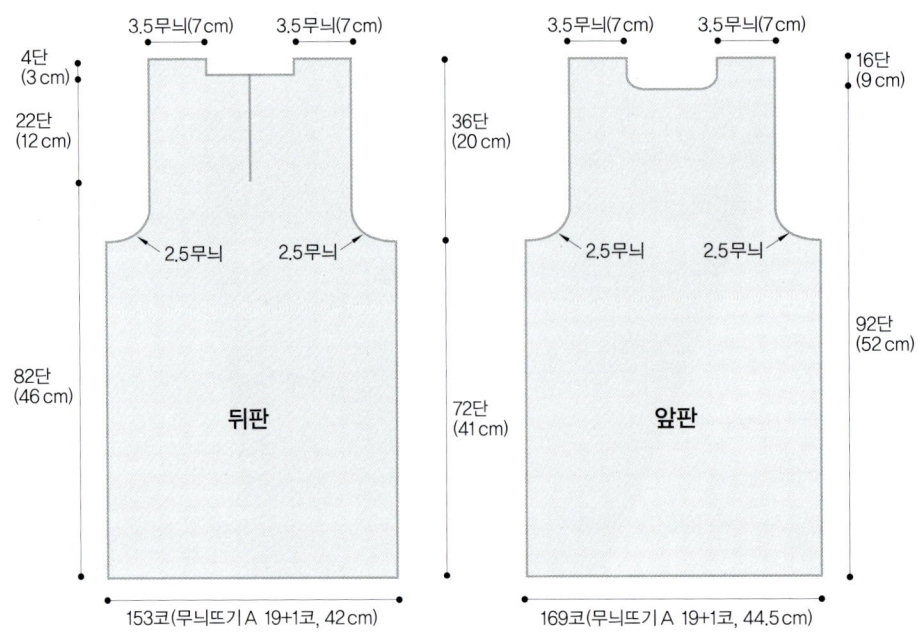

도안 1 (뒤판)

뒷목둘레
지퍼부분
open
소매둘레
실달기
-1
-2
-3
-4
-5
-6
-7
-8
-9
-10
-11
-12
-13
-14
-15
-16
-17
-18
-19
-20
-21
-22
-23
-24
-25
-26
-27
-28
-29
-30
-31
-32
-33
-34
-35
-36

도안 2 (앞판)

앞목둘레
실 달기
실 자르기
1-
2-
3-
4-
5-
6-
7-
8-
9-
10-
11-
12-
13-
14-
15-
16-

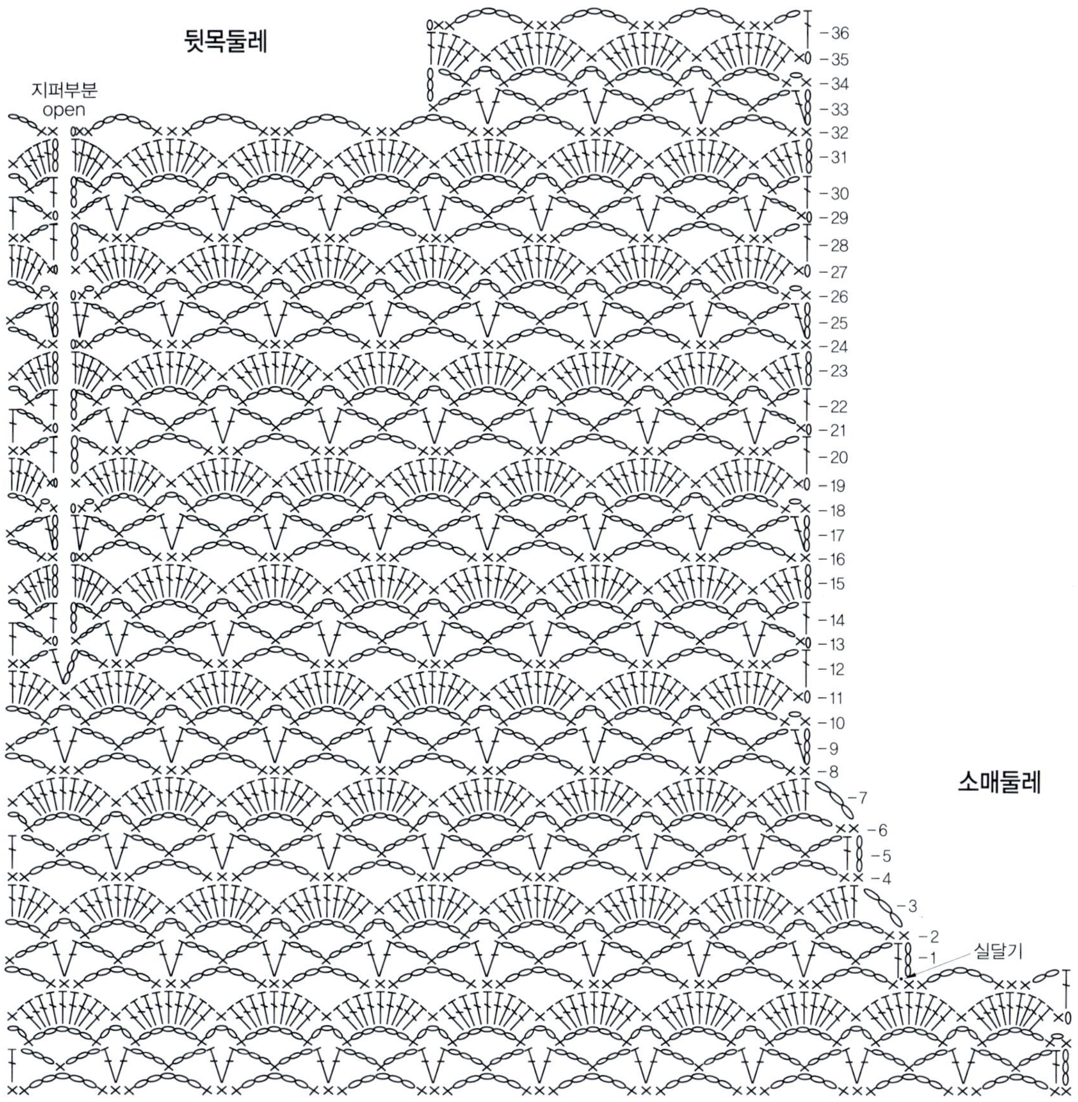

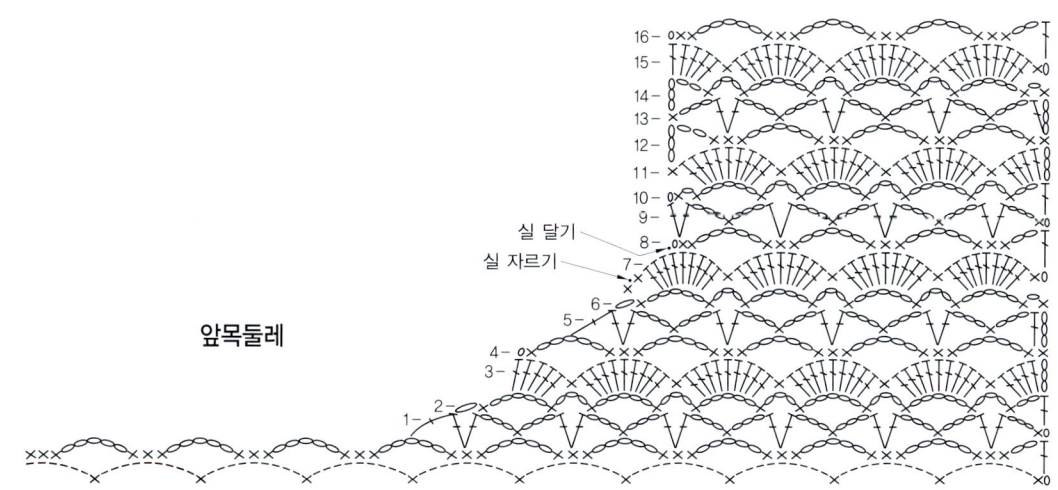

무늬뜨기 A (8코 8단 1무늬)

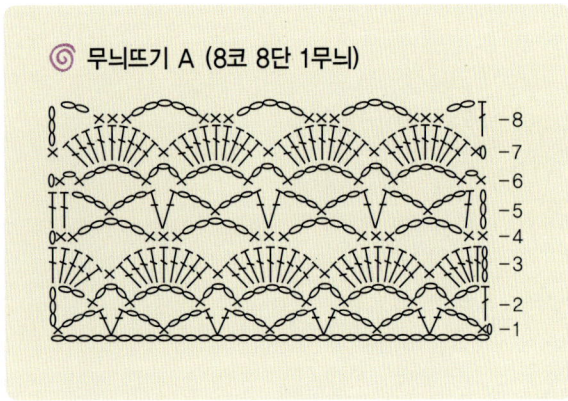

무늬뜨기 B (2단 1무늬)

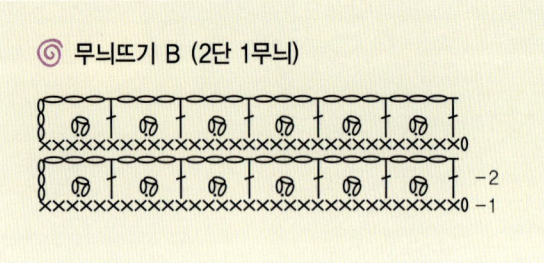

무늬뜨기 C

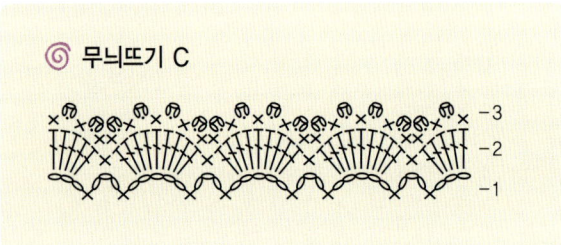

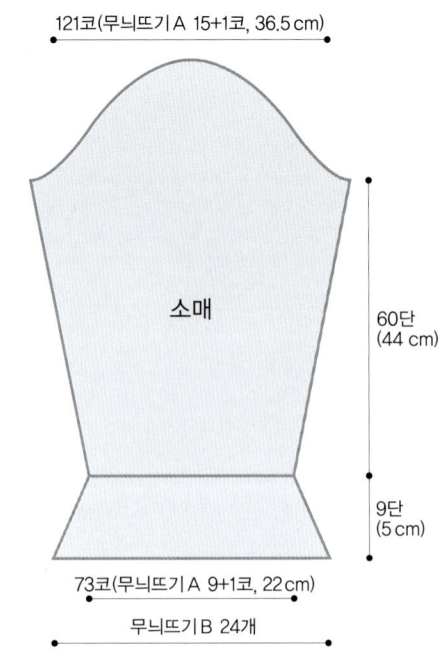

121코(무늬뜨기 A 15+1코, 36.5cm)

소매

60단 (44cm)

9단 (5cm)

73코(무늬뜨기 A 9+1코, 22cm)

무늬뜨기 B 24개

도안 3 (소매)

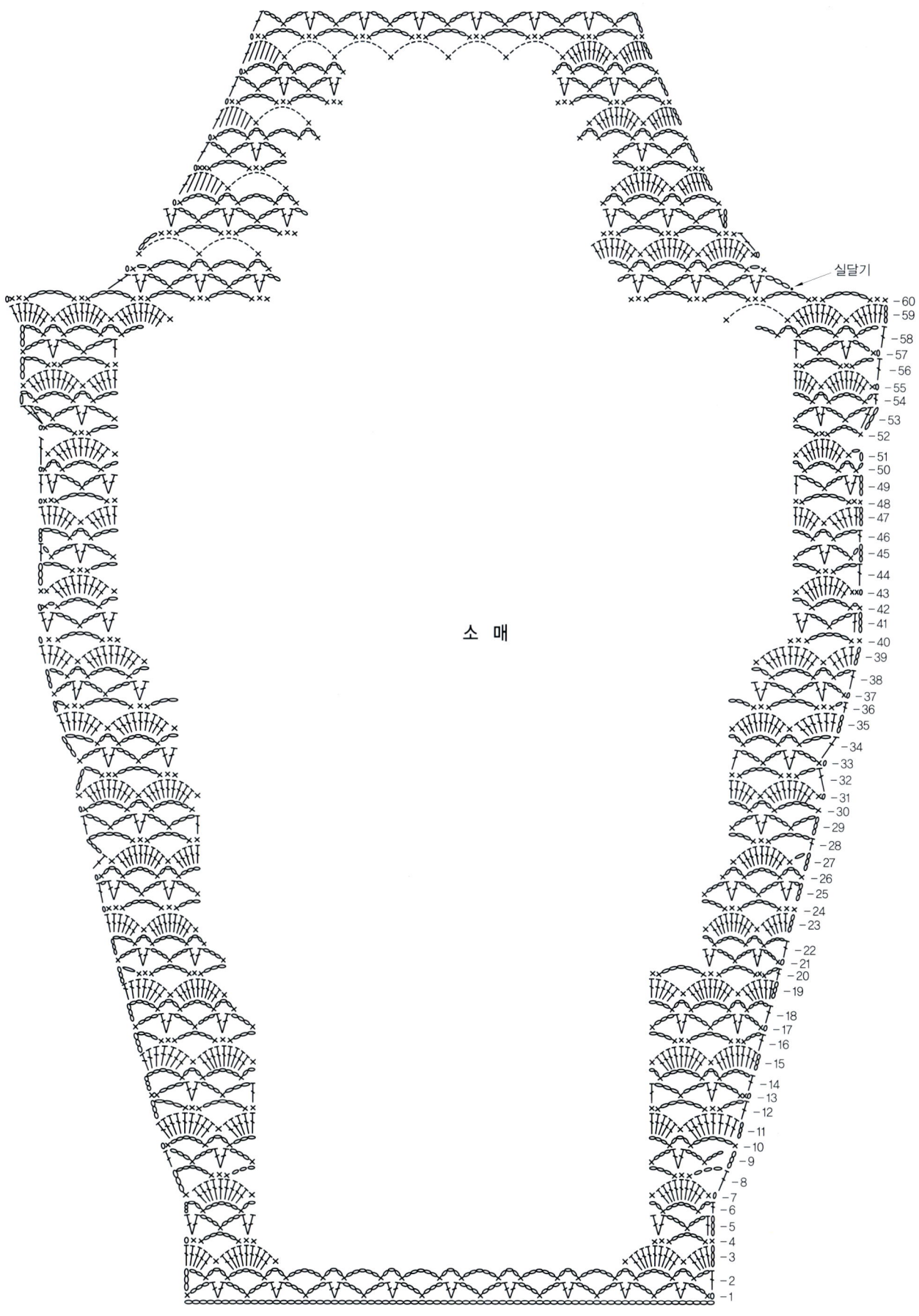

소 매

5 knitting
노란색 티셔츠

1. 목단은 2코 고무뜨기로 한다.
2. 소매 부분 손뜨개
3. 몸판 밑단은 1코 고무뜨기로 한다.
4. 몸판 무늬뜨기

노란색 티셔츠

완성 치수
66 size

재료와 도구
실 　비올라(노란색)
바늘　줄바늘 3mm, 줄바늘 4mm, 돗바늘
부속품　핀셋

 뜨는 방법

① 뒤판은 줄바늘 3mm와 실을 이용해 흔들코 111코를 만들어 1코 고무뜨기 30단을 뜨고 줄바늘 4mm로 바꾸면서 121코가 되게 늘리고 무늬뜨기 A를 도안대로 배치하고 80단 뜬다.

② 뒤판 소매둘레는 12코 막음한 뒤 2단마다 4코, 3코, 2코-2회, 1코-3회 순으로 줄여 무늬뜨기 A 총길이 146단까지 뜬 뒤 뒷목둘레를 만든다.

③ 뒷목둘레는 양 어깨코 각 23코씩 9단 뜨고 마무리한다.

④ 앞판은 줄바늘 3mm와 실을 이용해 흔들코 123코를 만들어 1코 고무뜨기 30단을 뜨고, 줄바늘 4mm로 바꾸면서 129코가 되게 늘리고 무늬뜨기 A를 도안대로 배치하고 80단 뜬다.

⑤ 앞판 소매둘레는 8코 막음한 뒤 2단마다 4코, 3코, 2코, 1코 순으로 줄여 무늬뜨기 A 총길이 128단까지 뜬 뒤 앞목둘레를 만든다.

⑥ 앞목둘레는 중심코 27코를 핀셋에 끼워두고 양옆 가장자리를 각각 2단마다 4코, 3코, 2코, 1코 순으로 줄여 양 어깨코 각 23코가 되게 줄여 뒤판 끝단까지 맞춰뜨고 뒤판 양어깨와 마주 붙인다. 옆솔기도 돗바늘로 붙여준다.

⑦ 줄바늘 3mm로 목둘레코 140코를 주어 2코 꼬아뜨기 무늬로 18단 뜬 뒤 돗바늘로 마무리한다.

⑧ 소매는 줄바늘 3mm와 실을 이용해 흔들코 53코를 만들어 1코 고무뜨기 30단을 뜨고, 줄바늘 4mm로 바꾸면서 71코가 되게 늘리고 무늬뜨기 A를 도안대로 배치하여 102단 뜨는데 8단마다 양옆 가장자리에서 1코씩 늘리기 12회 한다.

⑨ 소매산은 7코 막음한 뒤 2단마다 3코, 2코, 1코-12회, 2코, 3코 순으로 줄이고 남는 코는 막음코로 마무리한다. 똑같은 것 1장 더 뜨고 옆솔기는 돗바늘로 붙여준 뒤 몸판에 소매를 달아 완성한다.

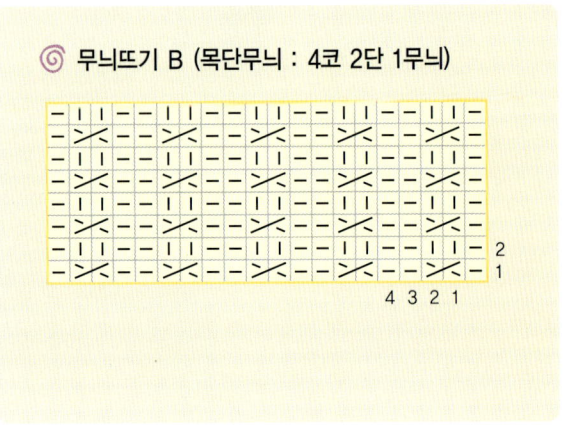

23코(10 cm)
23코(10 cm)
9단 (5 cm)
2-1-3
2-2-2
2-3-1
2-4-1
12코막음
146단 (52 cm)
뒤판
2-1-3
2-2-2
2-3-1
2-4-1
12코막음
75단 (27 cm)
80단 (30 cm)
30단 (8 cm)
111코(40 cm)
121코(44 cm)

23코(10 cm)
23코(10 cm)
2-1-1
2-2-1
2-3-1
2-4-1
27코
27단 (13 cm)
2-1-1
2-2-1
2-3-1
2-4-1
8코막음
앞판
2-1-1
2-2-1
2-3-1
2-4-1
8코막음
128단 (44 cm)
123코(45 cm)
129코(52 cm)

뒤 판

뒷목둘레
75
70
65
60
55

소매둘레
소매둘레
25
20
15
10
5
1
80
75

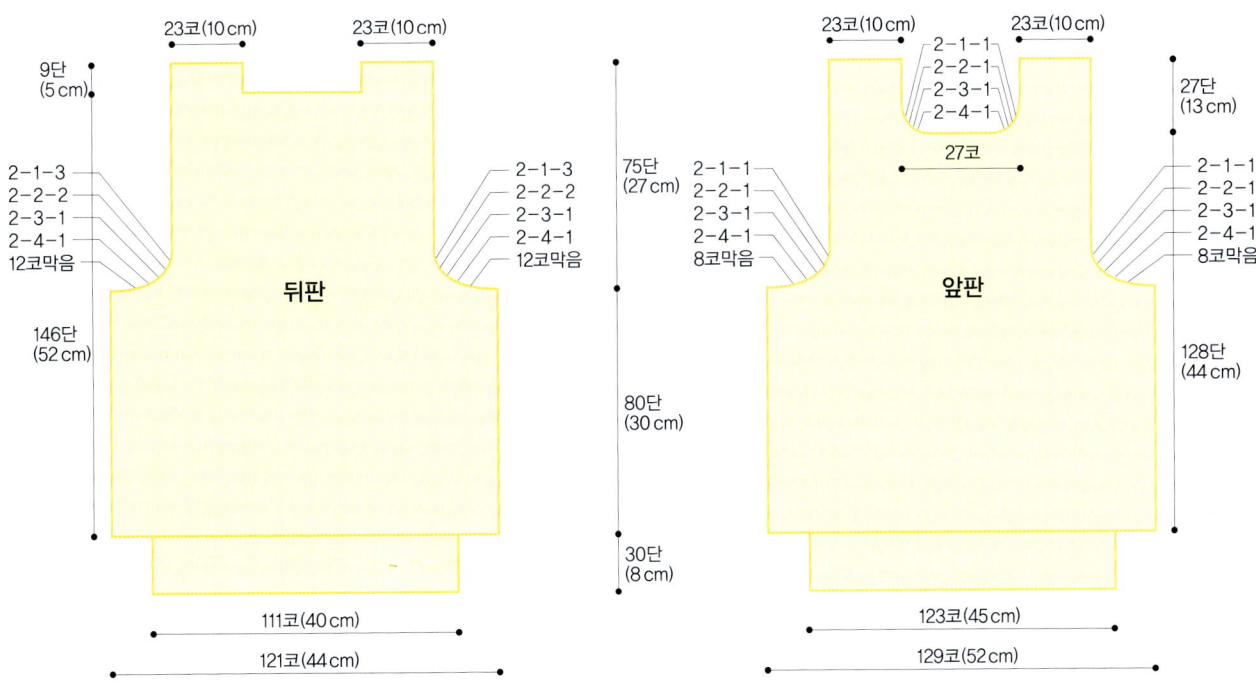

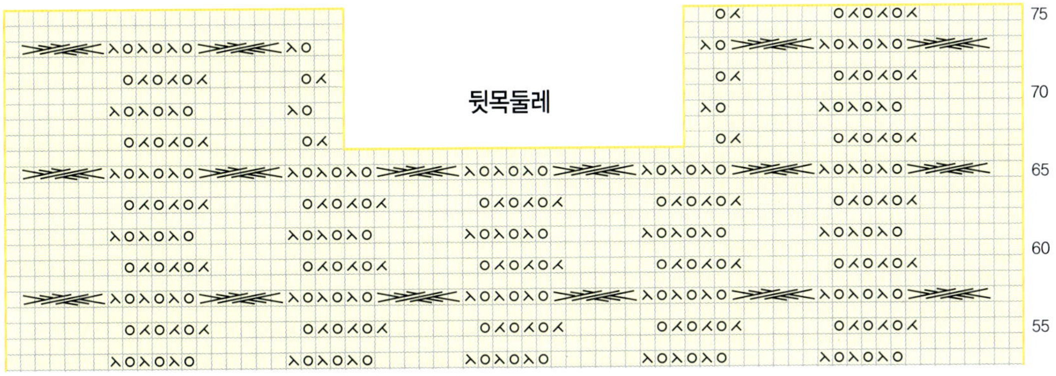

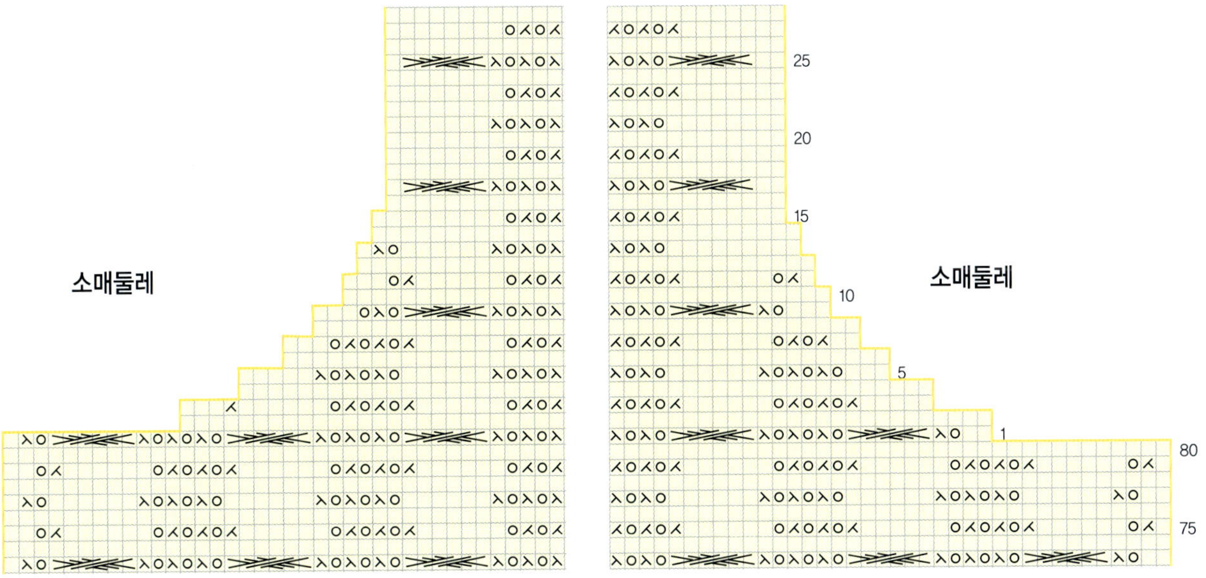

🧶 앞 판

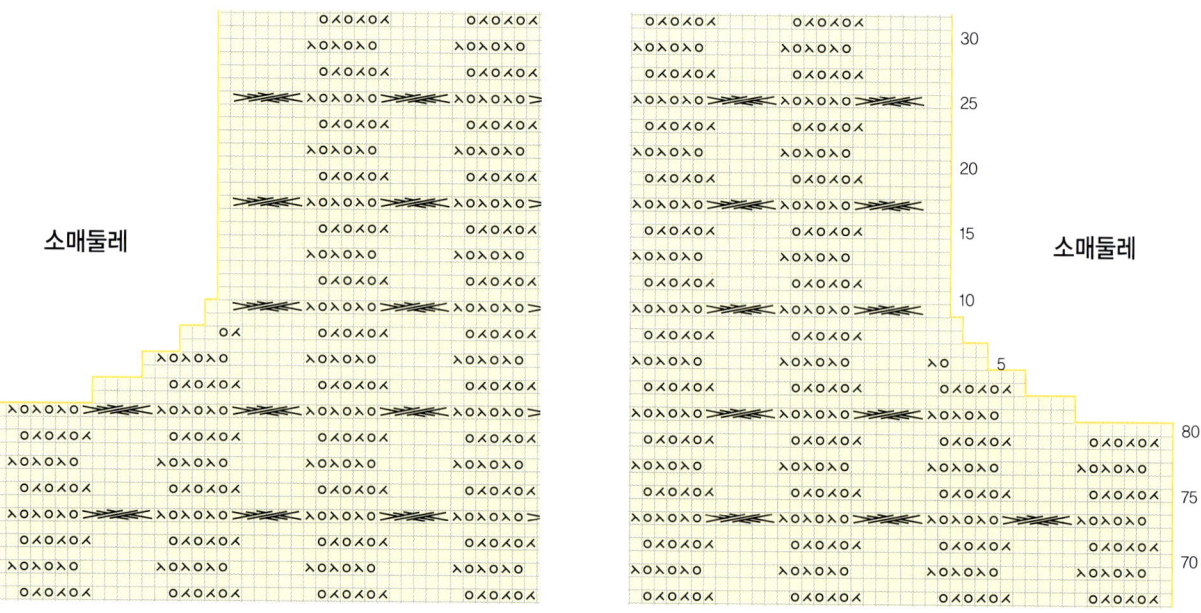

앞목둘레

소매둘레   소매둘레

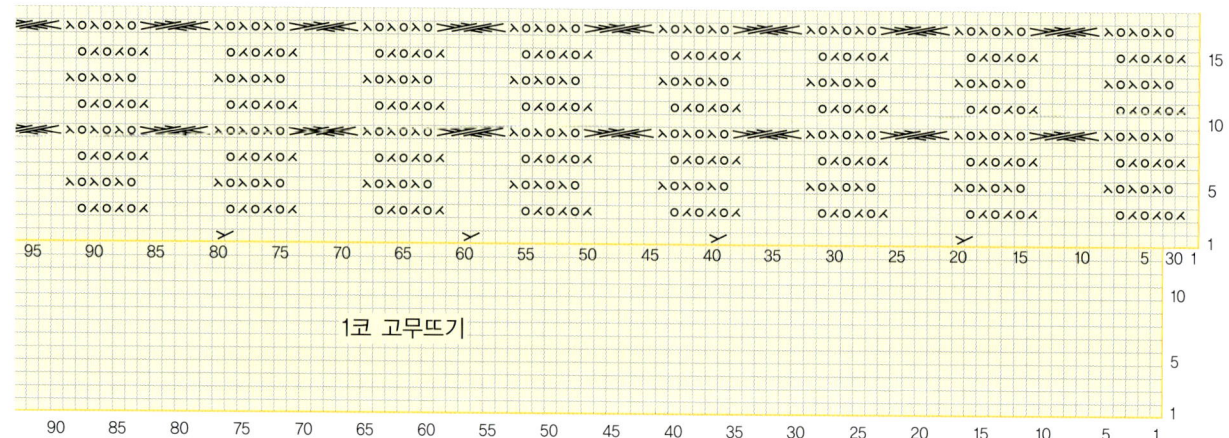

1코 고무뜨기

소 매

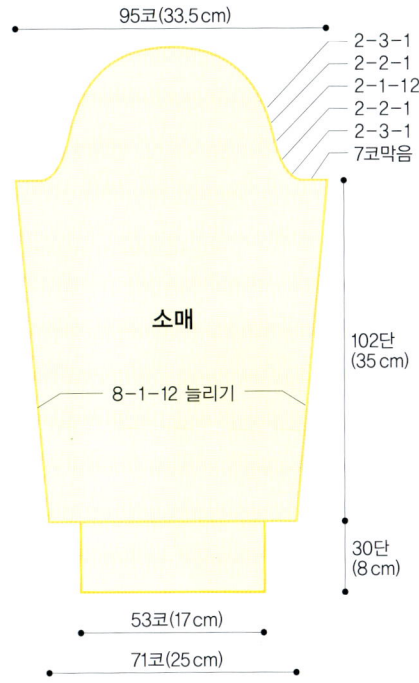

95코(33.5cm)
2-3-1
2-2-1
2-1-12
2-2-1
2-3-1
7코막음
소매
8-1-12 늘리기
102단 (35cm)
30단 (8cm)
53코(17cm)
71코(25cm)

102
100
95
90
85
80
75
70
65
60
55
50
45
40
35
30
25
20
15
10
5
1
45 40 35 30 25 20 15 10 30 5 1
1코 고무뜨기
10
5
1
35 30 25 20 15 10 5 1

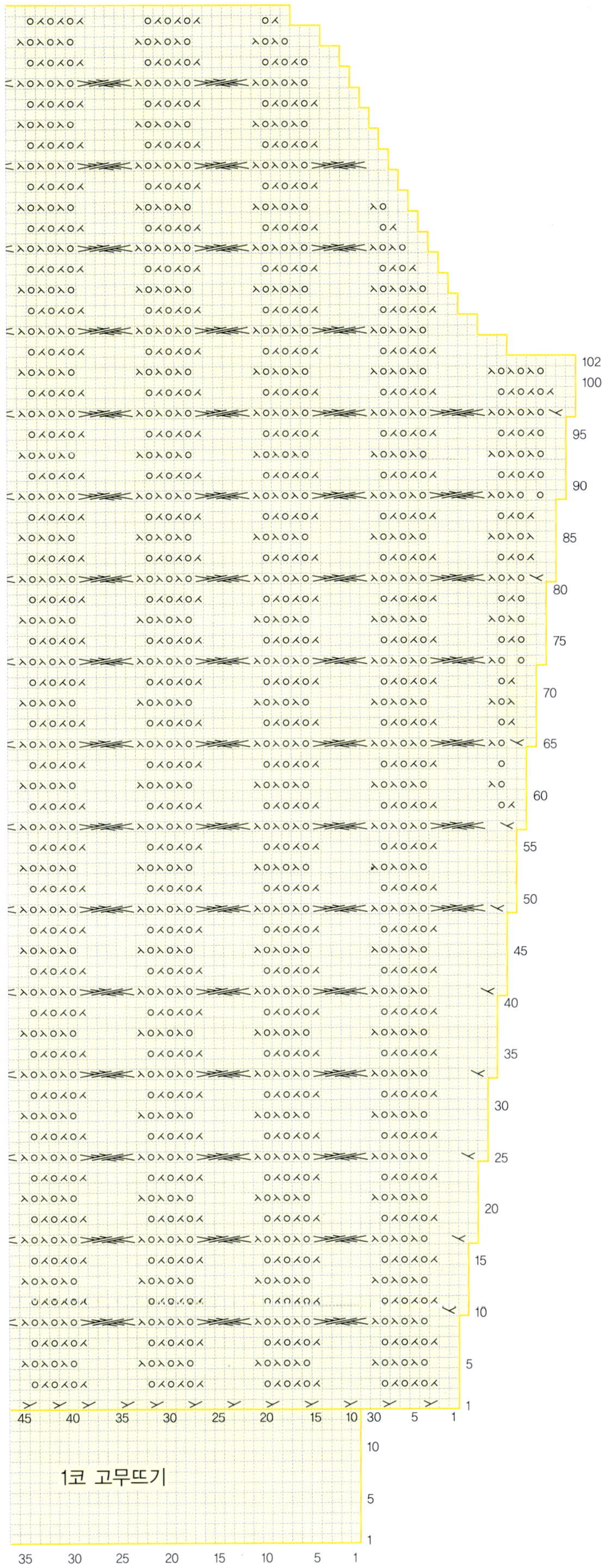

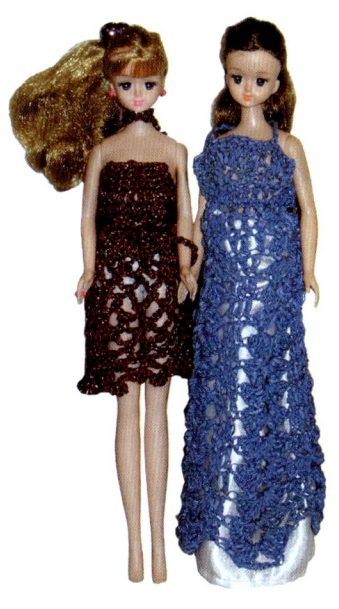

6 knitting
하늘색 남·녀 커플티

1. 목단은 1코 고무뜨기를 한다.
2. 소매 부분 손뜨개
3. 몸판 밑단은 1코 고무뜨기로 한다.
4. 몸판 무늬뜨기

하늘색 남·녀 커플티

완성 치수
남 : 110 size, 여 : 66 size

재료와 도구
실　쿨울(하늘색) 2올
바늘　줄바늘 2.5mm, 줄바늘 4mm, 돗바늘, 핀셋

 뜨는 방법

【여성용 티셔츠】

① 뒤판은 줄바늘 2.5mm와 실로 153코 흔들코를 만들어 36단을 1코 고무뜨기하고, 줄바늘 4mm로 바꾸면서 무늬뜨기 A 15개+3코를 114단 뜨고 무늬뜨기 B를 4단 뜬다.

② 뒤판 소매둘레는 9코 막음한 후 2단마다 3코, 2코, 1코 순으로 줄이고 74단까지 뜨고 양 어깨코 각 36코만 5단 더 뜨고 마친다.

③ 앞판은 줄바늘 2.5mm와 실로 163코 흔들코를 만들어 36단을 1코 고무뜨기하고, 줄바늘 4mm로 바꾸면서 무늬뜨기 A 16개+3코를 114단 뜨고 무늬뜨기 B를 4단 뜬다.

④ 앞판 소매둘레는 10코 막음한 뒤 2단마다 4코, 3코, 2코, 1코 순으로 줄이고 46단까지 뜨고 앞목둘레를 만든다.

⑤ 앞목둘레는 중심에 21코를 핀셋에 남기고 양옆을 각각 2단마다 5코, 4코, 3코, 2코, 1코 순으로 줄여 어깨코 36코가 되게 하여 79단까지 뜨고 뒤판 어깨코와 마주 붙인다.

⑥ 소매는 줄바늘 2.5mm와 실로 63코 흔들코를 만들어 36단을 1코 고무뜨기 하고, 줄바늘 4mm로 바꾸면서 103코가 되게 늘려주고 무늬뜨기 A 10개+3코를 162단 뜨는데 8단마다 양옆 가장자리에서 각 1코씩 늘리기 20회 한다.

⑦ 162단까지 뜬 뒤 소매단을 만드는데 양옆에서 각 10코 막음한 뒤 2단마다 3코, 2코, 1코-15회, 2코, 3코 순으로 줄인 후 남는 코는 막음코 마무리한다.

⑧ 돗바늘로 앞·뒤판 소매 옆솔기를 붙여주고 몸판에다 소매를 달아주고 목단을 뜬다. 목단은 2.5mm를 줄바늘로 목둘레코 166코를 주어 16단을 1코 고무뜨기하고 돗바늘로 마무리한다.

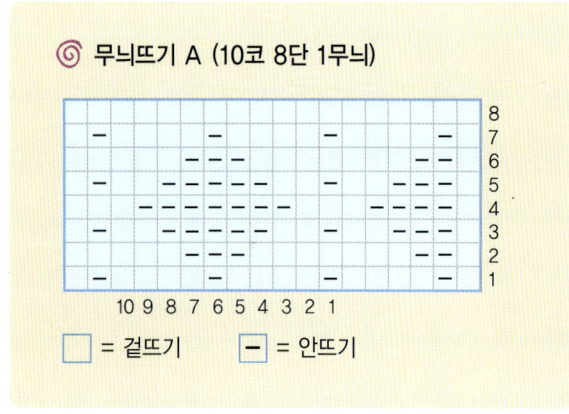

무늬뜨기 A (10코 8단 1무늬)

□ = 겉뜨기　　― = 안뜨기

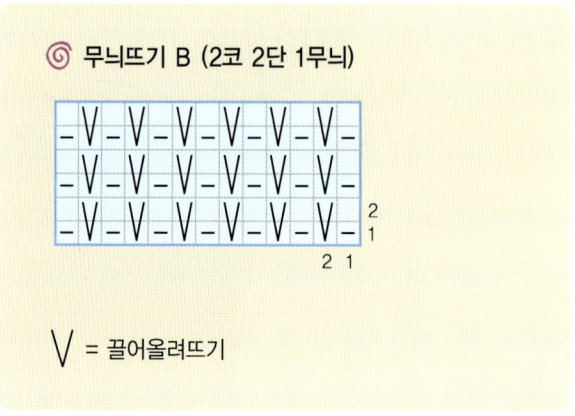

무늬뜨기 B (2코 2단 1무늬)

V = 끌어올려뜨기

38

36코(11cm)
2-1-1
2-2-1
2-3-1
2-4-1
21코
36코(11cm)
33단
(8cm)
46단
(13cm)
C D C
F E
E F
D C D
G
G
2-1-1
2-2-1
2-3-1
2-4-1
9코막음
79단
(21cm)
무늬뜨기 B
118단
(30cm)
무늬뜨기 A
36단
(7cm)
앞판
163코(51cm)

36코(11cm)
36코(11cm)
5단
(2cm)
D C D
C D C
F E
E F
D C D
G
G
2-1-1
2-2-1
2-3-1
2-4-1
10코막음
74단
(19cm)
무늬뜨기 B
무늬뜨기 A
뒤판
153코(49cm)

앞 판

앞목둘레
소매둘레
79
75
70
65
60
55
50
45
40
35
30
25
20
15
10
5
1
118
115
110
105
120 115 110 105 100 95 90 85 80 75 70 65 60 55 50 45 40 35 30 25 20 15 10 5 1

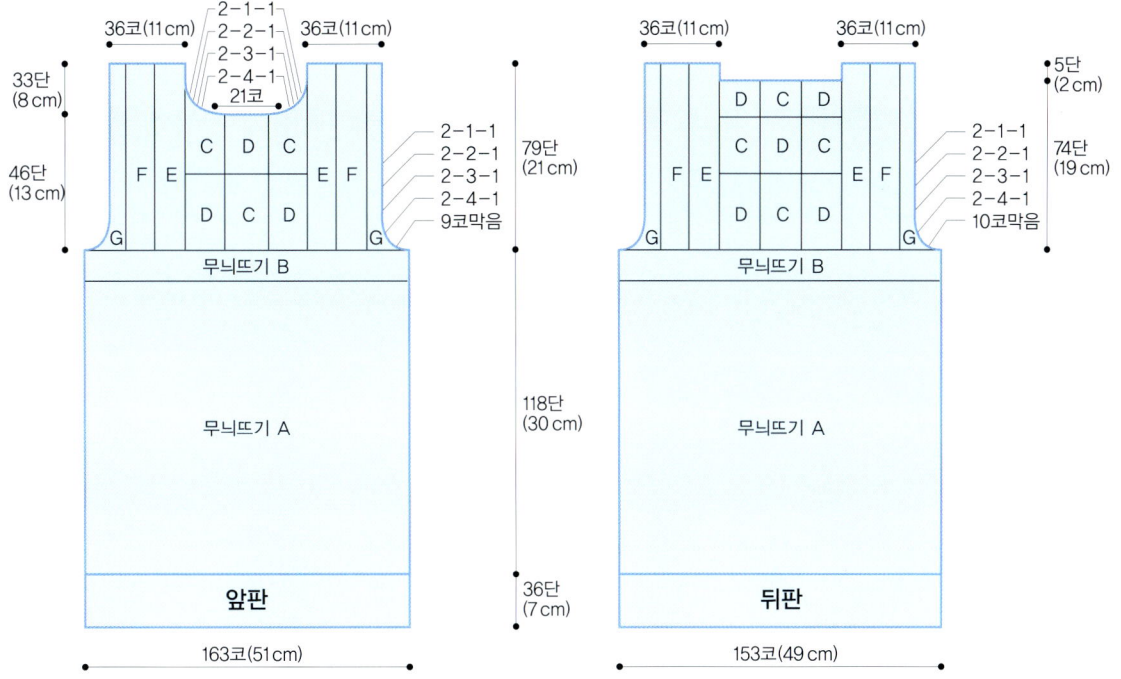

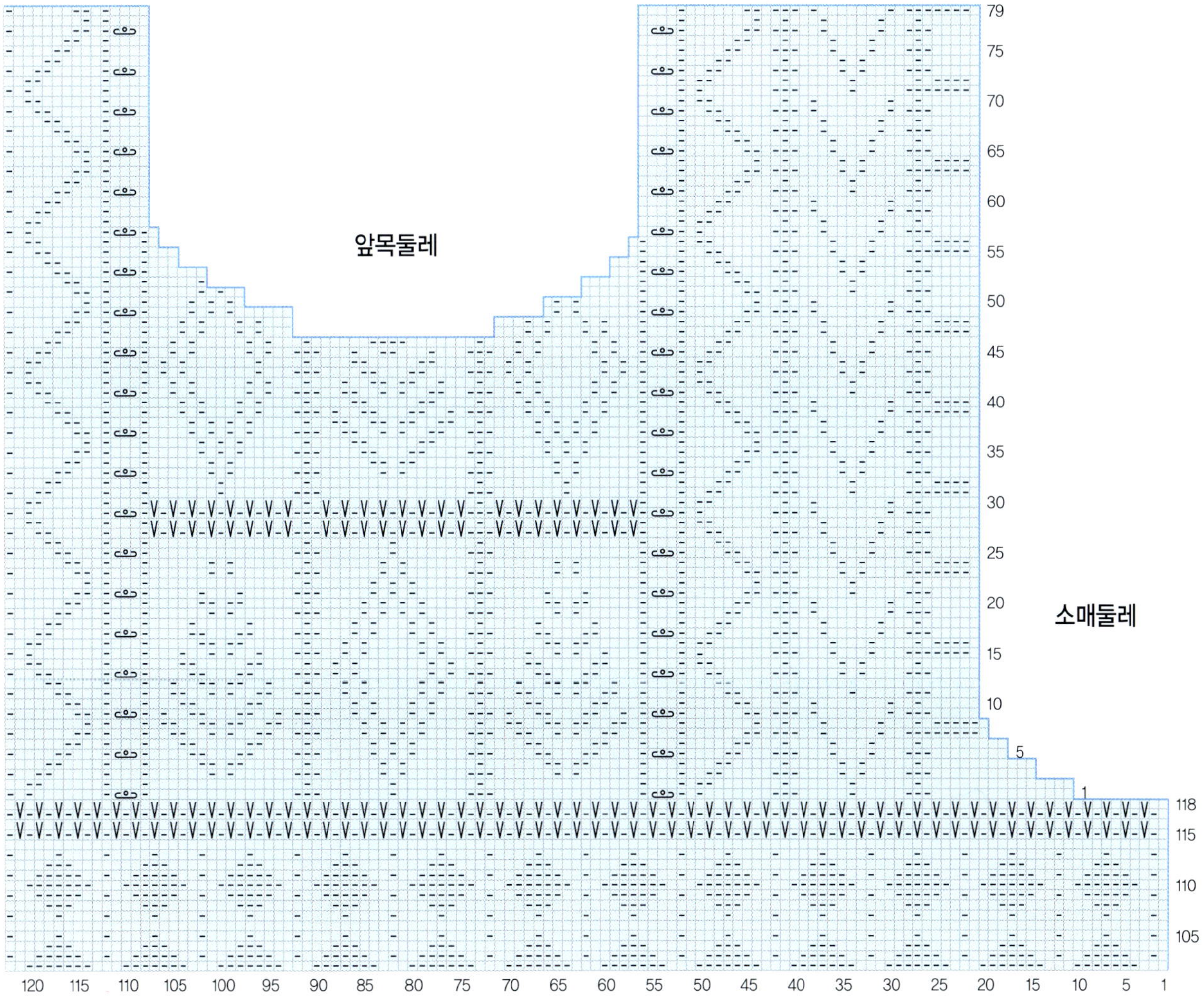

뒤 판

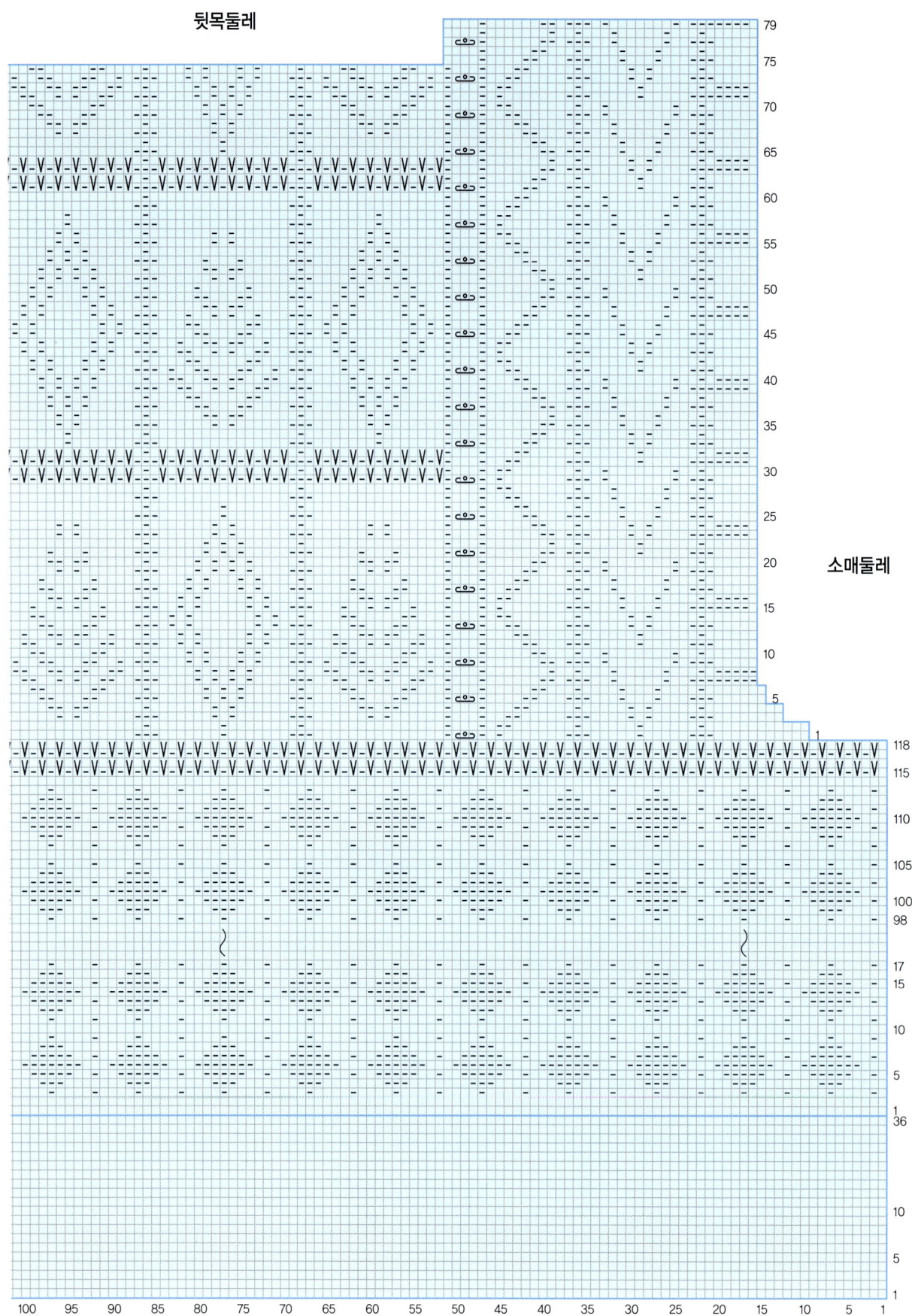

소매

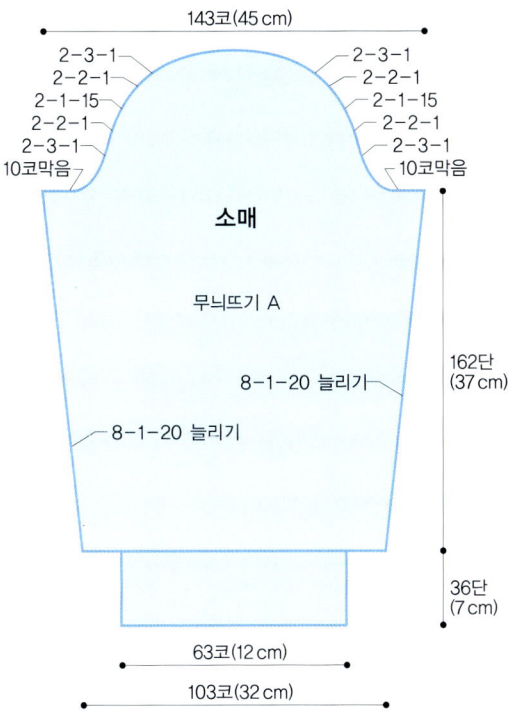
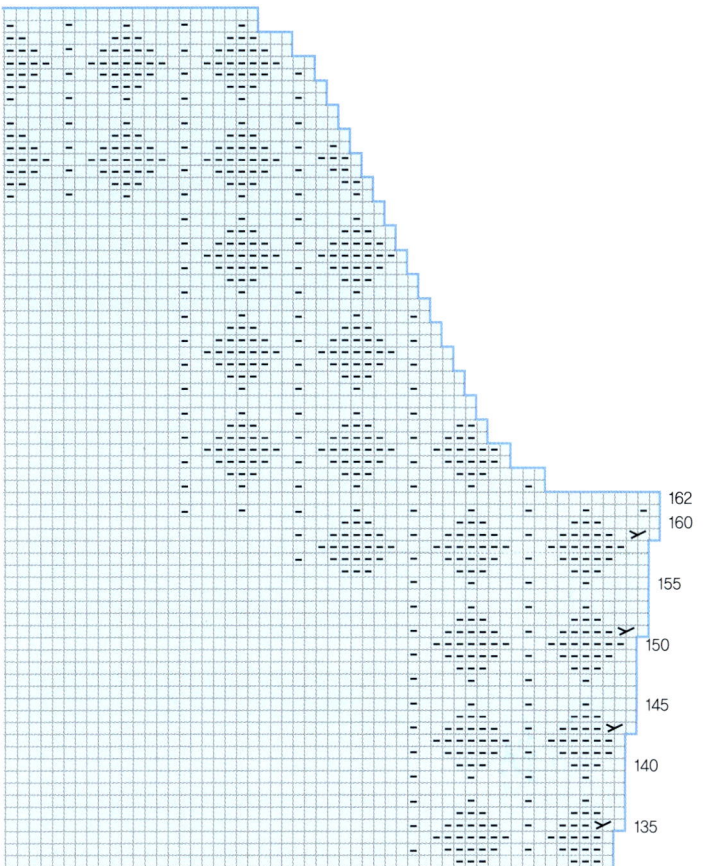

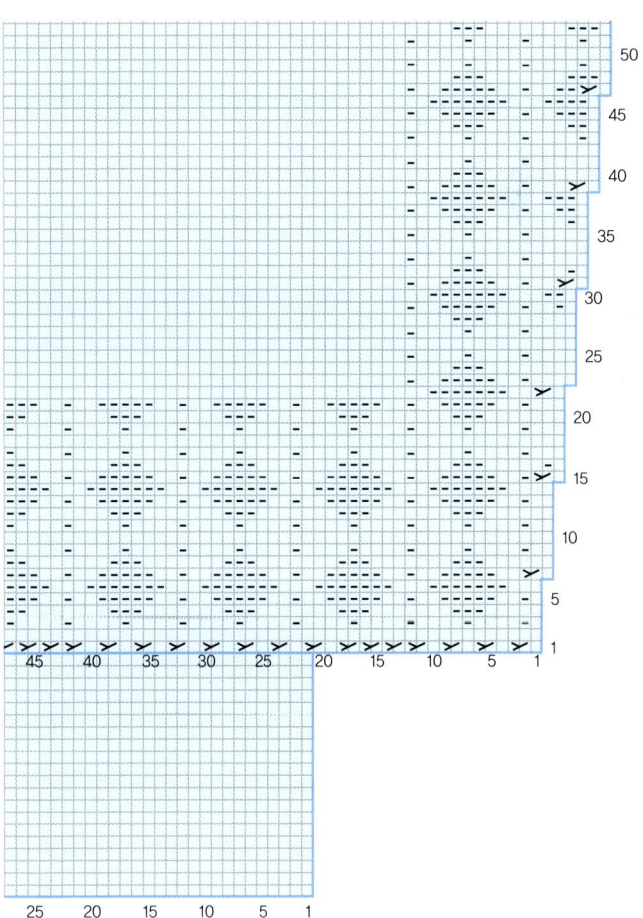

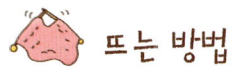
뜨는 방법

【남성용 티셔츠】

1. 뒤판은 줄바늘 2.5mm와 실로 173코 흔들코를 만들어 36단을 1코 고무뜨기하고, 줄바늘 4mm로 바꾸면서 무늬뜨기 A 17개+3코를 138단 뜨고 무늬뜨기 B를 4단 뜬다.

2. 뒷판 소매둘레는 12코 막음한 후 2단마다 4코, 3코, 2코, 1코 순으로 줄여 110단까지 뜨고 양어깨코 각 38코만 5단 더 뜨고 마무리한다.

3. 앞판은 줄바늘 2.5mm와 실로 173코 흔들코를 만들어 36단을 1코 고무뜨기하고, 줄바늘 4mm로 바꾸면서 무늬뜨기 A 17개+3코를 138단 뜨고 무늬뜨기 B를 4단 뜬다.

4. 앞판 소매둘레는 12코 막음한 뒤 2단마다 4코, 3코, 2코, 1코 순으로 줄이고 82단 뜨고 앞목둘레를 만든다.

5. 앞목둘레는 중심에 21코를 핀셋에 남기고 양옆을 각각 2단마다 5코, 4코, 3코, 2코, 1코 순으로 줄여 어깨코 38코가 되게 하여 115단까지 뜨고 뒤판 어깨코와 마주 붙인다.

6. 소매는 줄바늘 2.5mm와 실로 63코 흔들코를 만들어 36단을 1코 고무뜨기하고, 줄바늘 4mm로 바꾸면서 103코가 되게 늘려주고 무늬뜨기 A 10개+3코를 180단 뜨는데 8단마다 양옆 가장자리에서 각 1코씩 늘리기 20회 한다.

7. 180단까지 뜬 뒤 소매단을 만드는데 양옆에서 각 10코 막음한 뒤 2단마다 3코, 2코, 1코-18회, 2코, 3코 순으로 줄인 후 남는 코는 막음코로 마무리한다.

8. 돗바늘로 앞·뒤판 소매 옆솔기를 붙여주고 몸판에다 소매를 달아준 후 목단을 뜬다. 목단은 2.5mm 줄바늘로 목둘레코 172코를 주어 16단을 1코 고무뜨기하고 돗바늘로 마무리한다.

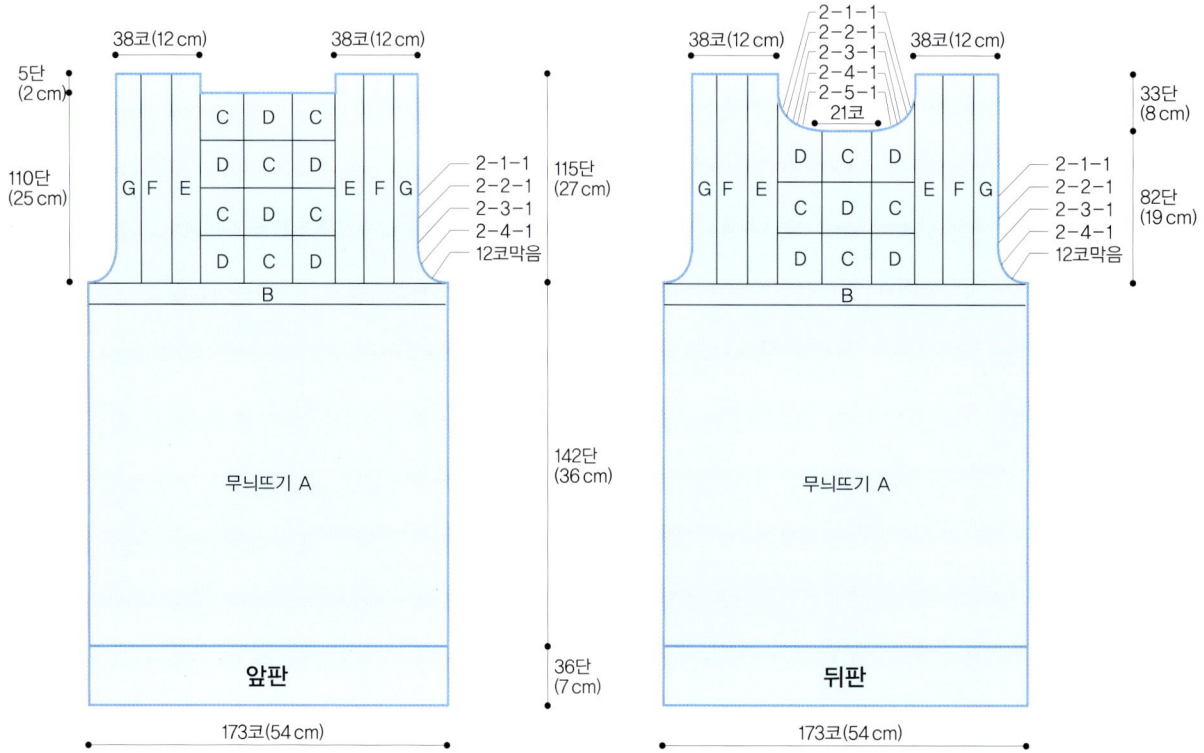

무늬뜨기 C (21코 32단 1무늬)

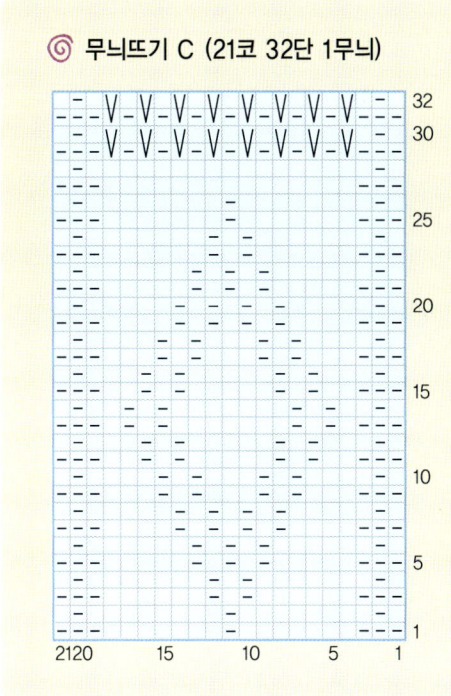

무늬뜨기 D (15코 32단 1무늬)

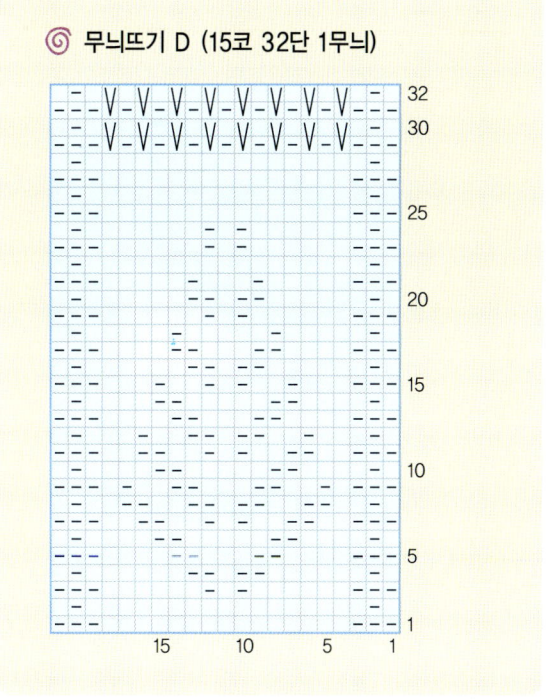

무늬뜨기 E (12코 14단 1무늬)

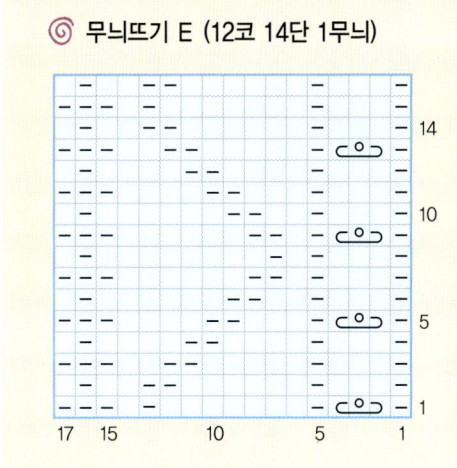

무늬뜨기 F (14코 10단 1무늬)

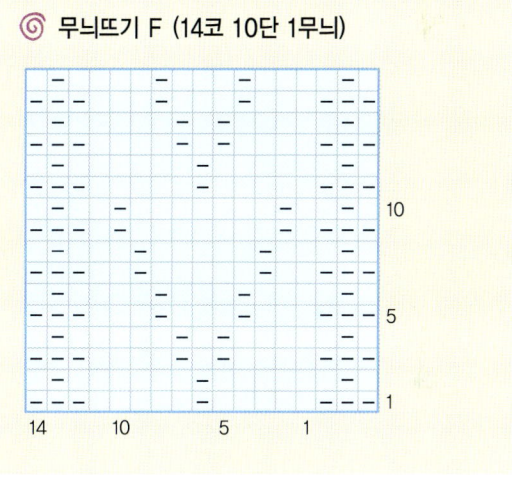

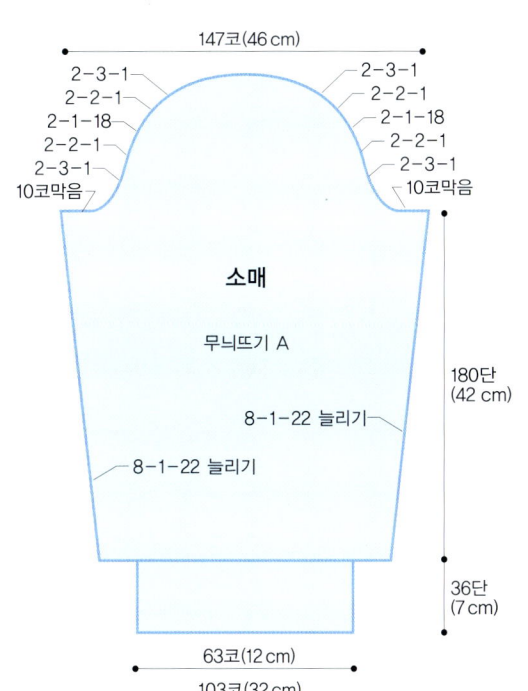

무늬뜨기 G (1코 8단 1무늬)

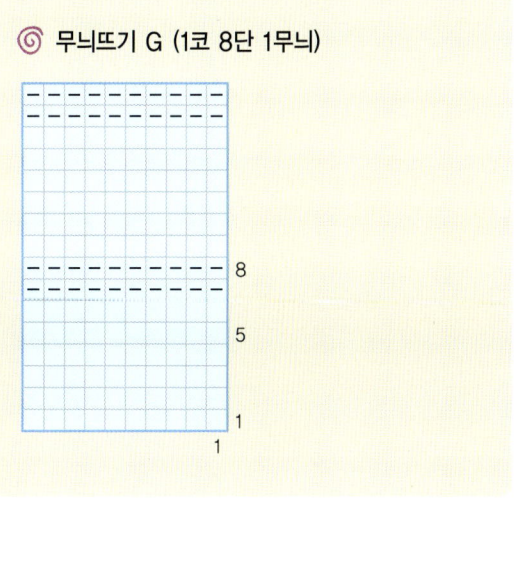

43

앞 판

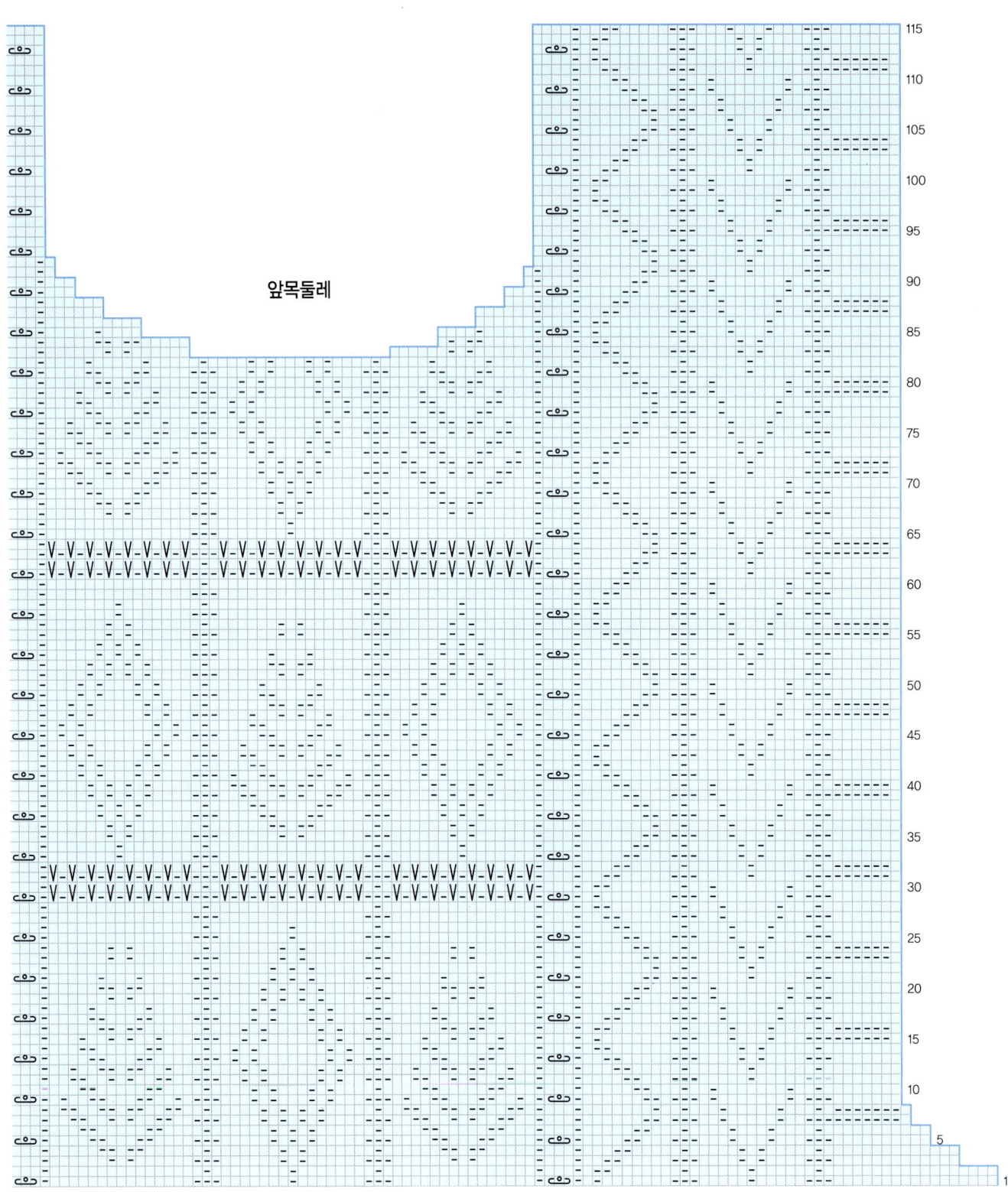

44

여름에 입는 패션

Part 2

1_ 핑크색 나비 볼레로
2_ 검정 반짝이 민소매
3_ 녹두색 반팔 티셔츠
4_ 테이프사 꽃무늬 티셔츠
5_ 보라색 원피스
6_ 그린색 투피스

knitting

1 핑크색 나비 볼레로

The pink butterfly bolero

1. V넥 목부분 손뜨개
2. 어깨 붙임선
3. 중심 연결 부분
4. 옆솔기 중심 시작 부분

핑크색 나비 볼레로

완성 치수
66 size

재료와 도구
실　썸머울(진분홍색)
바늘　코바늘 2호

 뜨는 방법

① 사슬 6코를 빼뜨기로 이어 고리를 만들고 도안대로 오각을 만든 다음 11단을 칸뜨기한 뒤 무늬뜨기 A로 12단을 뜬다.

② ①이 끝나면 무늬뜨기 B로 4단을 뜬다.

③ 짧은뜨기로 뜨다가 앞과 뒤 중심은 무늬뜨기 B로 5단째 무늬를 떠 준다.

④ ①~③처럼 1장 더 떠서 피코뜨기로 장식뜨기하고, 앞과 뒤 중심은 짧은뜨기로 붙이고, 소매는 Ⓐ라는 부분을 표시대로 연결해서 만든다.

■ 전체 모양

🐌 무늬뜨기 A (6코 4단 1무늬)

🐌 무늬뜨기 B

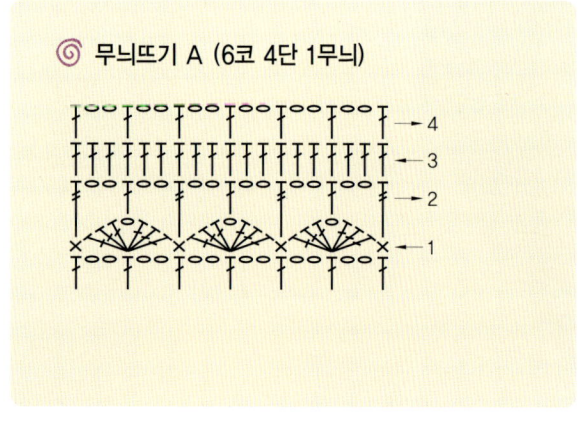

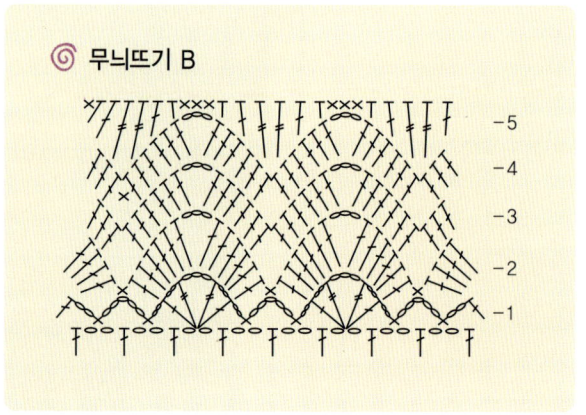

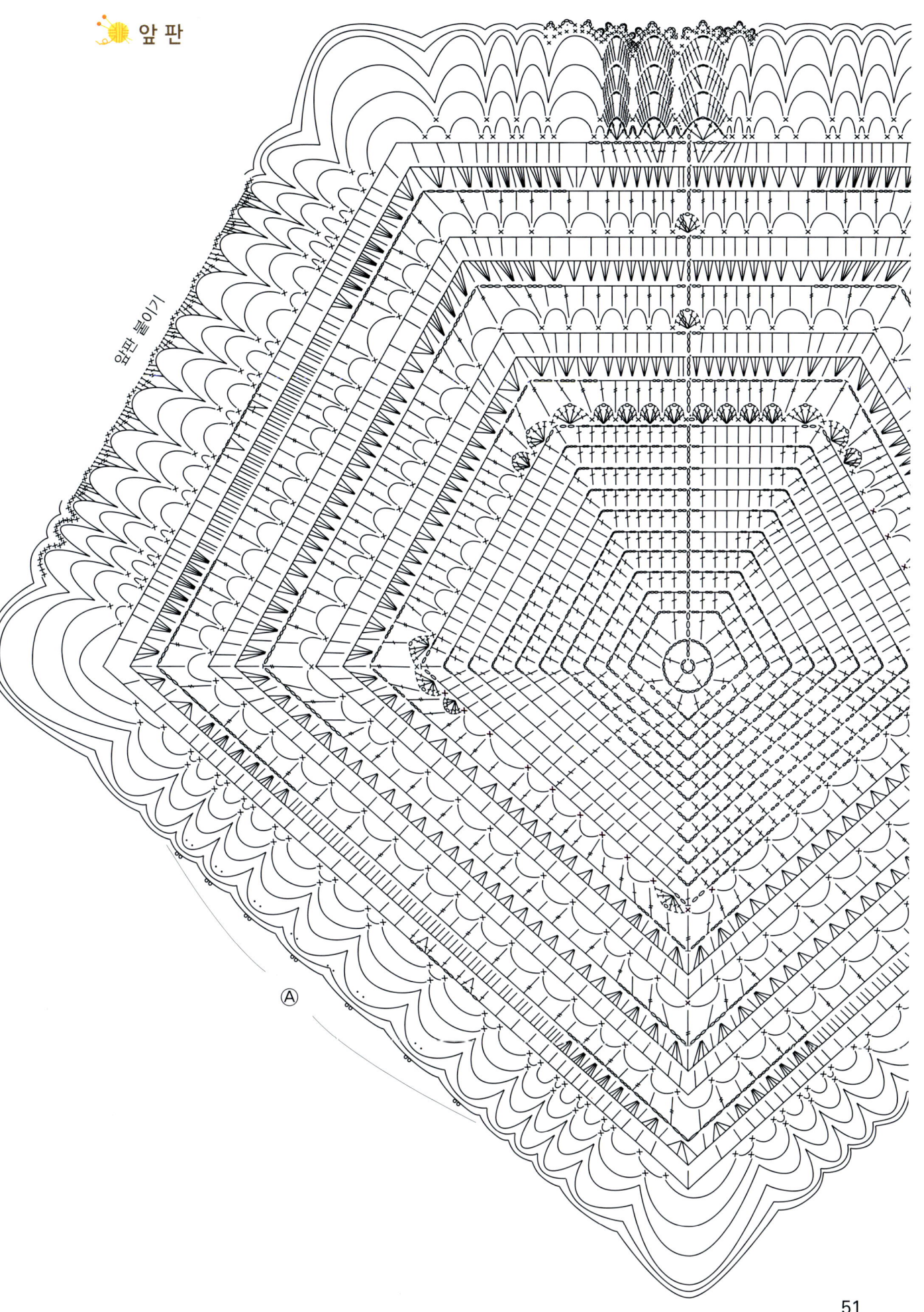

2 knitting
검정 반짝이 민소매

1. 목선은 반폴라가 되게 한다.
2. 뒷판에 입기 편하게 지퍼를 달아준다.
3. 몸판 밑단뜨기
4. 몸판 무늬뜨기

검정 반짝이 민소매

완성 치수
66 size

재료와 도구
실　슈퍼실크(검정 반짝이)
바늘　코바늘 3호
부속품　지퍼

뜨는 방법

1. 사슬 238코를 만들어 무늬뜨기 A 17개로 시작하여 앞·뒤판 전체를 원통뜨기로 29단 뜬다.
2. 앞판은 무늬 9개, 뒤판은 무늬 8개가 되게 나누고 도안 1처럼 소매 둘레를 만든다.
3. 뒤판은 35단째에는 둘로 나누어 가운데 오픈시켜 도안 2처럼 지퍼 달 곳 11단을 뜨고 양 어깨코 각 29코를 3단 더 뜨고 마무리한다.
4. 앞판은 43단째 앞목둘레를 도안 3처럼 만든다.
5. 밑단은 무늬뜨기 B를 5단 뜨고 마무리한다.
6. 양어깨는 앞·뒤판 마주 붙이고, 목둘레는 무늬뜨기 A 9개를 만들어 5단 뜬다.
7. 지퍼 달 곳은 짧은뜨기로 2단 뜨고 되돌아짧은뜨기로 목둘레까지 전체 떠서 장식한다.
8. 양 소매단은 90코를 짧은뜨기로 2단 뜨고 3단째는 피코뜨기로 장식 마무리한다.

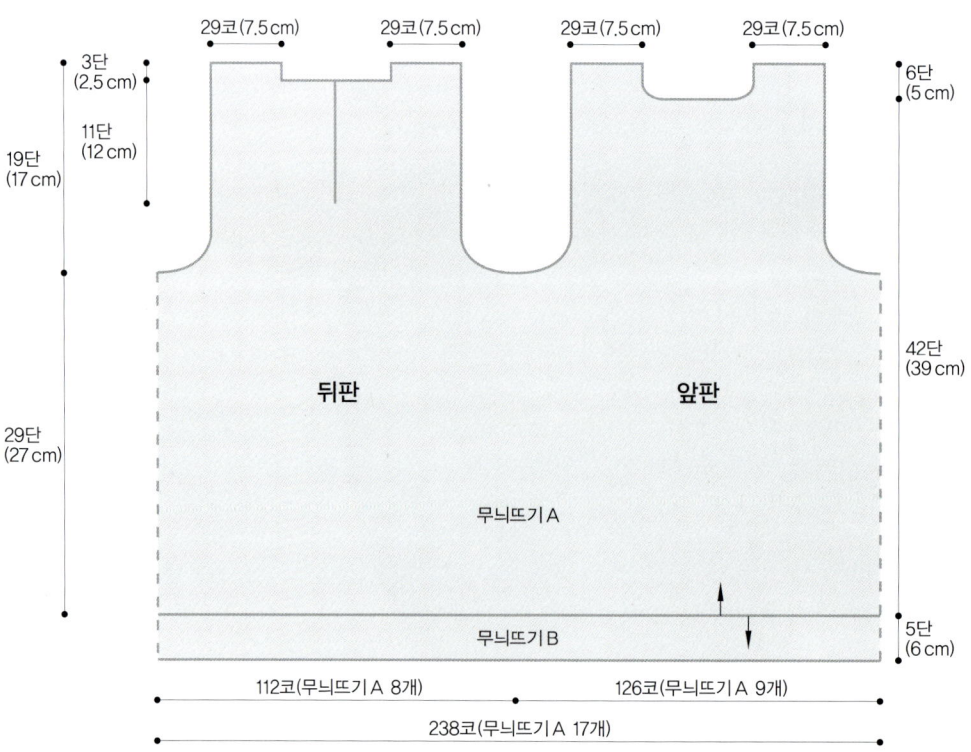

도안 1 (소매둘레)

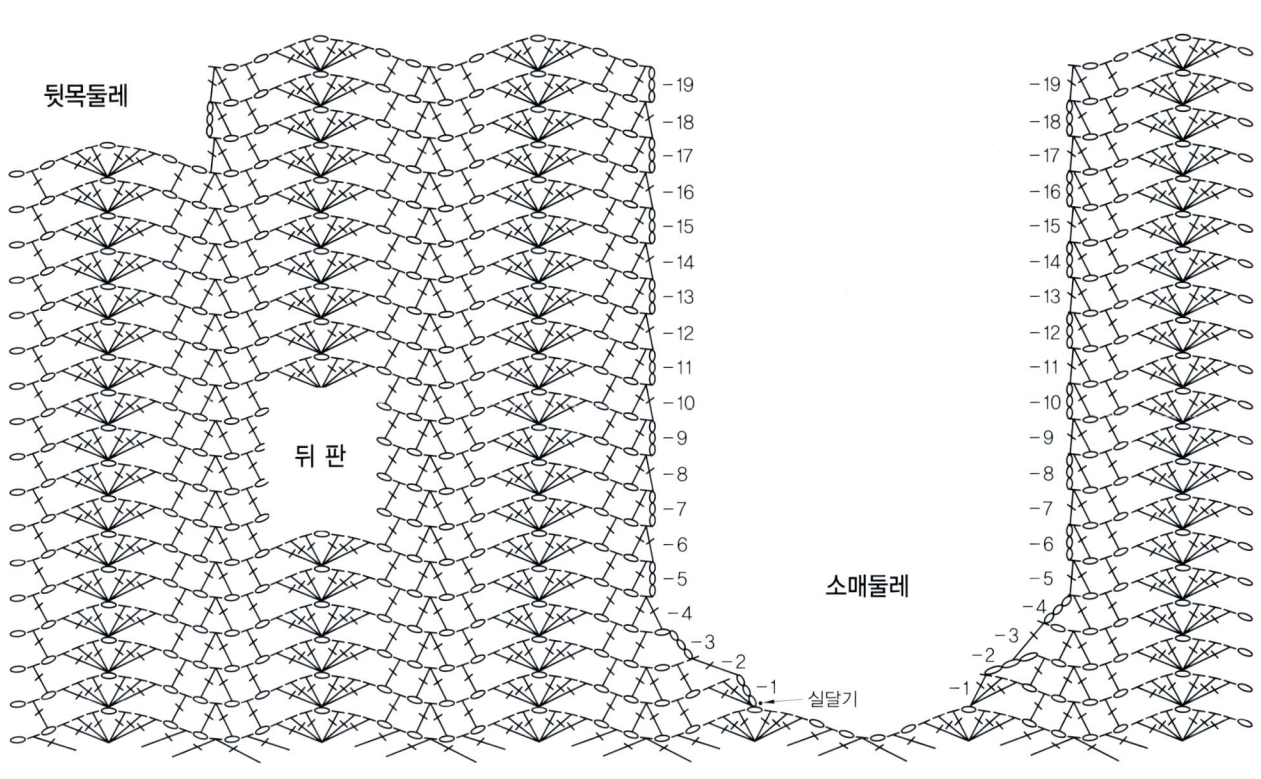

뒷목둘레, 뒤 판, 소매둘레, 실달기

무늬뜨기 A (14코 1단 1무늬)

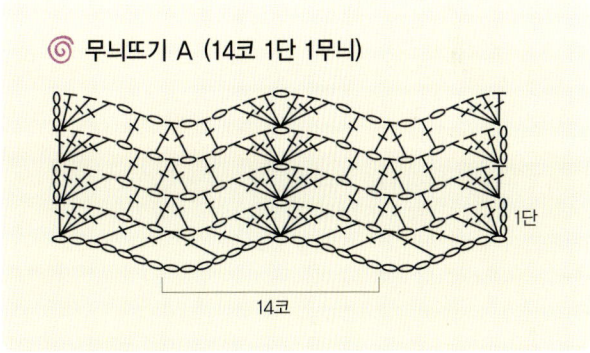

무늬뜨기 B (16코 1단 1무늬)

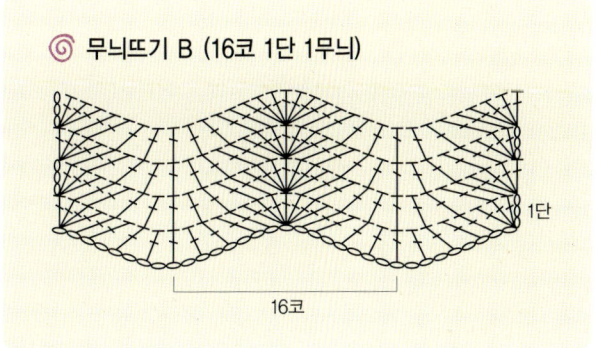

도안 2 (뒤판 – 지퍼 달 곳)

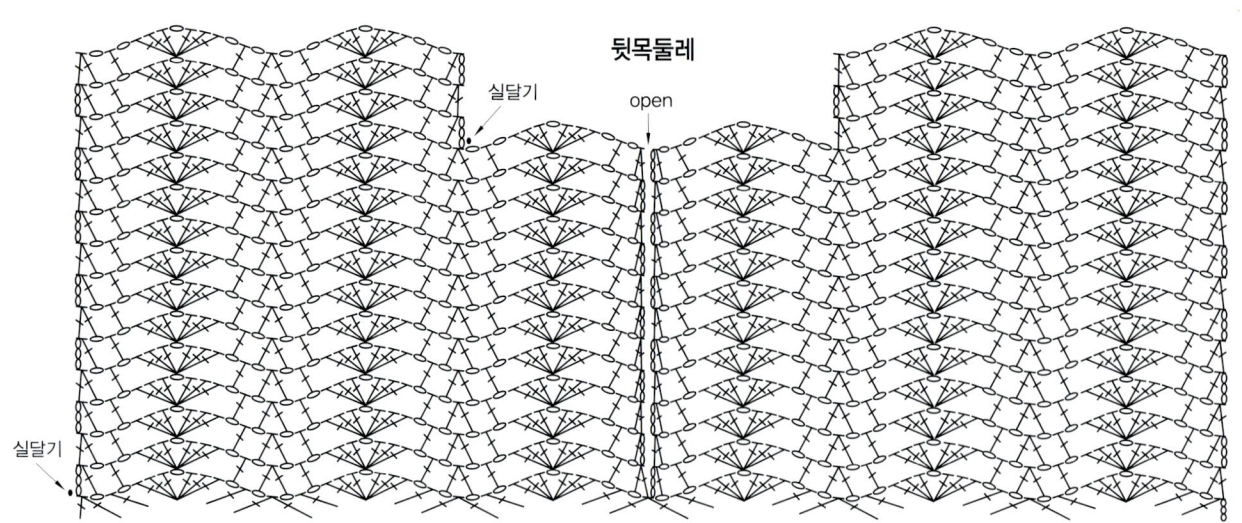

 도안 3 (앞판 – 앞목둘레)

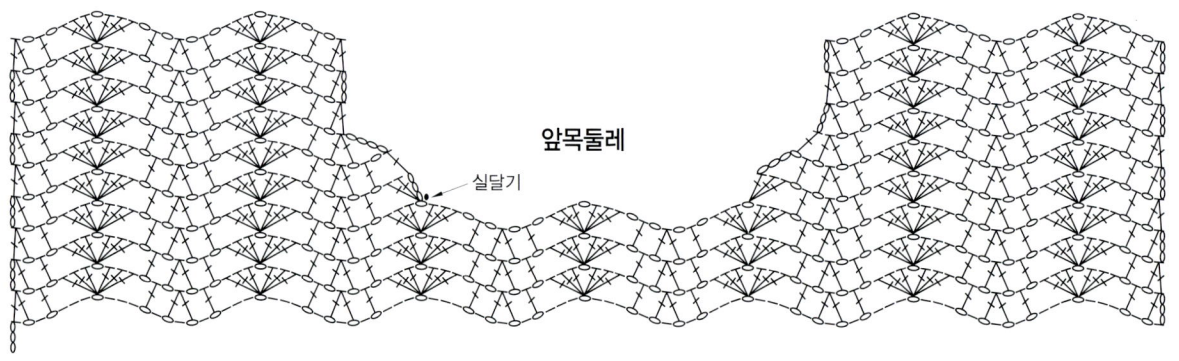

뜨개실의 종류

알아두세요!

* **초극세모사 :** 모사 중에서에 가장 가는 실이다. 다른 소재와 섞어서 쓰거나, 색깔이 다른 실과 합사해서 변화를 줄 때 쓴다.
* **극세모사 :** 초극세모사를 2올로 꼰 정도 굵기의 실이다. 한 올로 뜨면 아무래도 모양이 흐트러지기 쉬우므로, 코바늘뜨기에서는 약간 촘촘하게 뜨도록 한다.
* **준세모사 :** 극세모사와 중세모사의 중간 굵기의 실이다. 비교적 되게 꼬여 있어서 뜨개코가 깨끗하고 탄력이 있으므로 코바늘뜨기는 물론 편물기에도 모두 적합하다.
* **중세모사 :** 가장 이용도가 높은 모사로서, 실용적인 것에 많이 이용되고 있다. 튼튼하고 뜨기 쉬우므로 특히 편물기에는 최적이다. 중세모사에는 되게 꼰 것, 희끗희끗한 것, 곱슬마디가 있는 것 등 색다른 실도 있는데, 모두 화사한 느낌을 풍기므로 뜨개코에는 너무 구애되지 말고 단순한 것을 택하는 편이 좋다.
* **준태모사 :** 중세모사보다 굵은 실로서 실용도가 높다. 실이 굵기 때문에 대바늘뜨기로도 능률적으로 뜰 수 있으며, 또 편물기로도 뜰 수 있다. 두텁고 튼튼한 뜨개감이 되므로 스포티한 것, 방한용 등에 알맞다.
* **극태모사 · 초극태모사 :** 극태모사는 준태모사보다 굵은 모사이며, 초극태모사는 극태모사보다 굵은 실이다. 초극태모사는 메이커에 따라 굵기가 다르며, 상당히 굵은 것도 있다.

> *시중에서 실을 판매할 때에는 세사 · 준세사 · 중사로 판매하기 보단 3P · 4P · 5P · 7P · 8P · 10P · 12P … 등의 기호를 사용하여 실을 판매한다. 이 말은 세사들을 몇 겹으로 꼬아서 1올의 실을 만드는지를 나타내는 것으로, 숫자가 클수록 실이 두껍다고 보면 된다. 보통 사용되는 중세사 굵기의 실은 4P~5P 정도의 실이라고 생각하면 된다.

* **캐시미어 :** 인도 카슈미르 지방의 염소 털로 만든 실이다. 부드럽고 보온성이 뛰어난 고급사지만 약하다는 결점이 있다. 용도는 볼레로처럼 위에 걸쳐 입는 여자용 재킷, 숄 · 머플러 등 화려한 느낌으로 뜨면 효과적이다.
* **앙고라 :** 앙고라 토끼털로 만든 실이다. 가볍고 부드러우며 보온성도 높아 값비싼 소재이다. 양모와 혼방하여 중세모사 굵기로 뽑은 모사가 편물용으로 나와 있다. 용도는 블라우스, 카디건, 볼레로 등의 드레시한 외출용에 적합하다.
* **모헤어 :** 앙고라 염소털로 만든 실이다. 털이 길고 광택이 있다. 털이 서로 얽히기 때문에 특히 메리야스뜨기 등 단순한 뜨개코 편물에 효과적이다. 용도는 카디건, 숄, 재킷 등에 적합하다.

3 knitting
녹두색 반팔 티셔츠

1. 목은 라운드 넥으로 만든다.
2. 소매 단 부분 손뜨개
3. 몸판 밑단 무늬뜨기
4. 몸판 무늬뜨기

녹두색 반팔 티셔츠

완성 치수
66 size

재료와 도구
실   포시즌(녹두색)
바늘 3.5mm 줄바늘, 돗바늘, 코바늘 3호

 뜨는 방법

1. 뒤판은 3.5mm 줄바늘과 실로 흔들코 179코를 만들어 무늬뜨기 A 8개+3코를 36단 뜨고, 무늬뜨기 B 7개+3코를 146단 뜨는데 8단마다 양옆 가장자리에서 각 1코씩 줄이기 13회 한다.

2. 뒤판 소매둘레는 10코 막음한 뒤 2단마다 4코, 3코, 2코, 1코 순으로 줄이고 43단 더 뜬 뒤 뒷목둘레를 만든다.

3. 뒷목둘레는 중심에 49코 막음코하고 양옆을 각각 2단마다 4코, 3코, 2코, 1코 순으로 줄여 양 어깨코가 각 22코가 되게 하여 71단까지 뜨고 마친다.

4. 앞판은 뒤판 시작코와 똑같이 흔들코 179코를 만들어 무늬뜨기 A 8개+3코를 36단 뜨고, 무늬뜨기 B 7개+3코를 146단 뜨는데 8단마다 양옆 가장자리에서 각 1코씩 줄이기 13회 한다.

5. 앞판 소매둘레는 10코 막음한 뒤 2단마다 4코, 3코, 2코, 1코 순으로 줄이고 26단 더 뜬 뒤 앞목둘레를 만든다.

6. 앞목둘레는 중심에 49코 막음하고 양옆을 각각 2단마다 4코, 3코, 2코, 1코 순으로 줄여 양 어깨코가 각 22코 되게 하여 71단까지 뜨고 뒤판 어깨와 마주 붙인다. 옆솔기는 돗바늘로 붙인다.

7. 목둘레는 코바늘 3호로 172코를 이랑뜨기로 6단 뜬다.

8. 소매는 기본코 만들기로 99코를 만들고 안뜨기 1단 떠준 뒤 무늬뜨기 B 4개+3코를 12단까지 평으로 뜨고 양옆 가장자리에서 각 2단마다 1코-13회, 2코, 3코 순으로 줄이고 남는 코는 막음코로 마무리한다.

9. 소매는 몸판 어깨 중심에 주름을 잡으면서 달아주고, 소매단은 코바늘 3호로 짧은뜨기 1단 뜬 뒤 피코뜨기로 장식 마무리하며 겨드랑이 밑부분은 되돌아짧은뜨기로 장식 마무리한다.

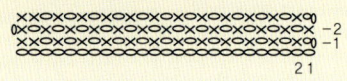

이랑뜨기 (2코 2단 1무늬)

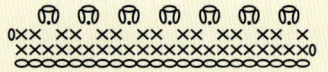

피코뜨기

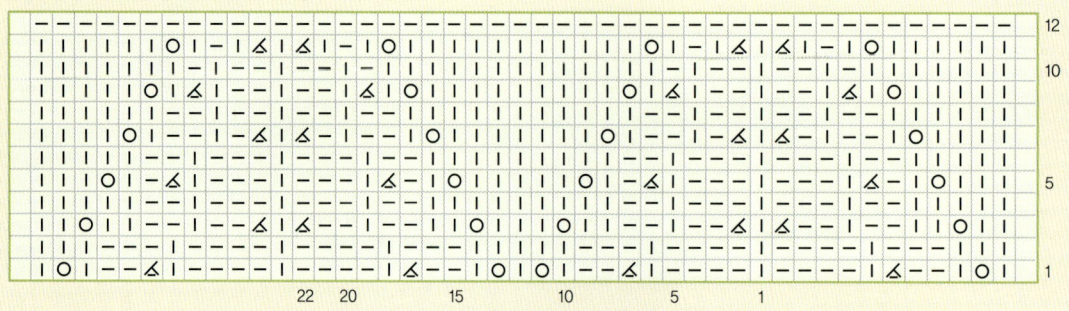

무늬뜨기 A (22코 12단 1무늬)

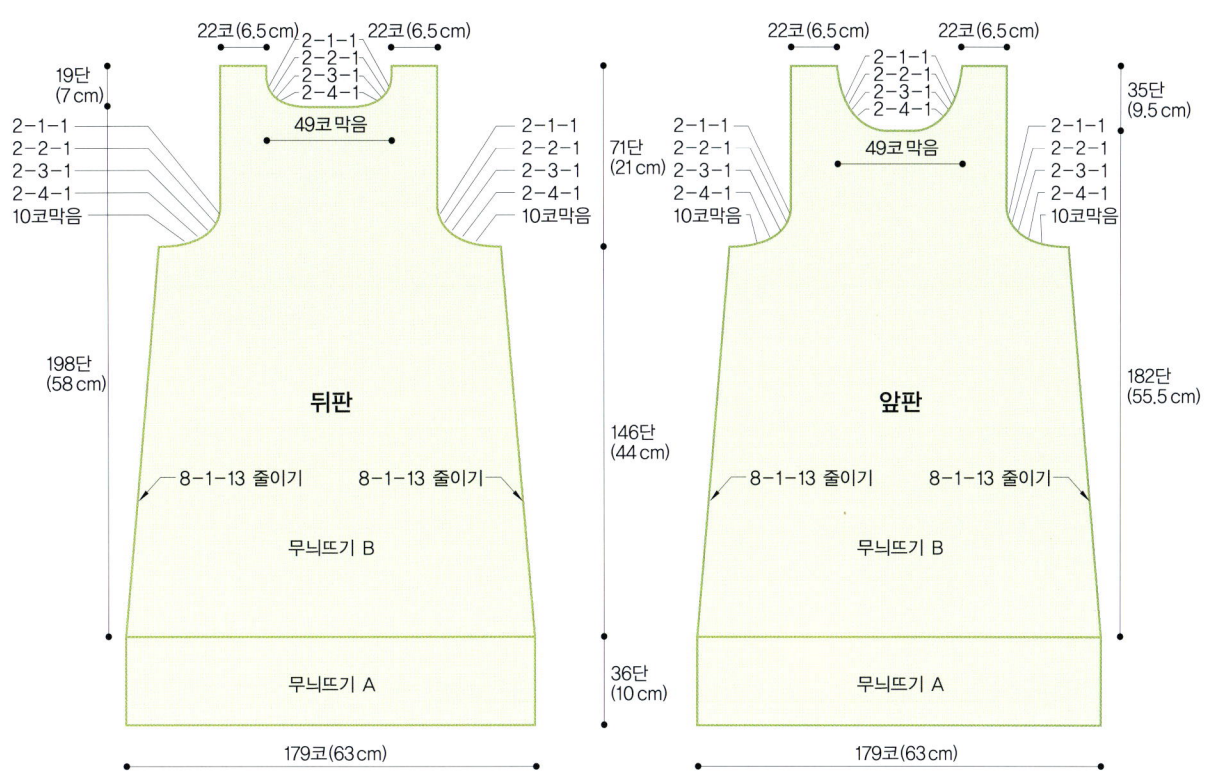

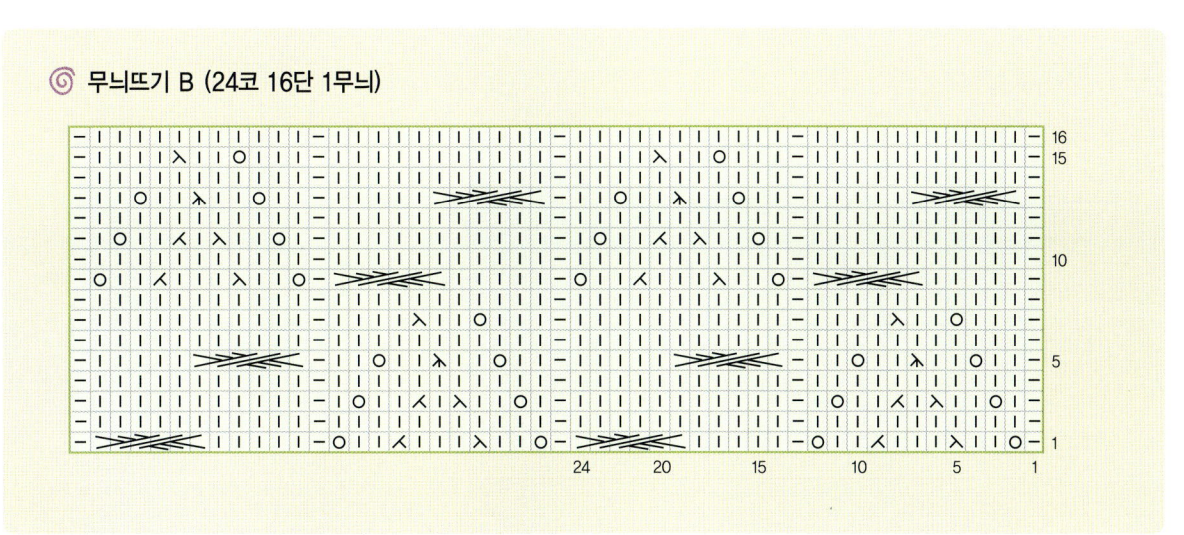

 앞 판

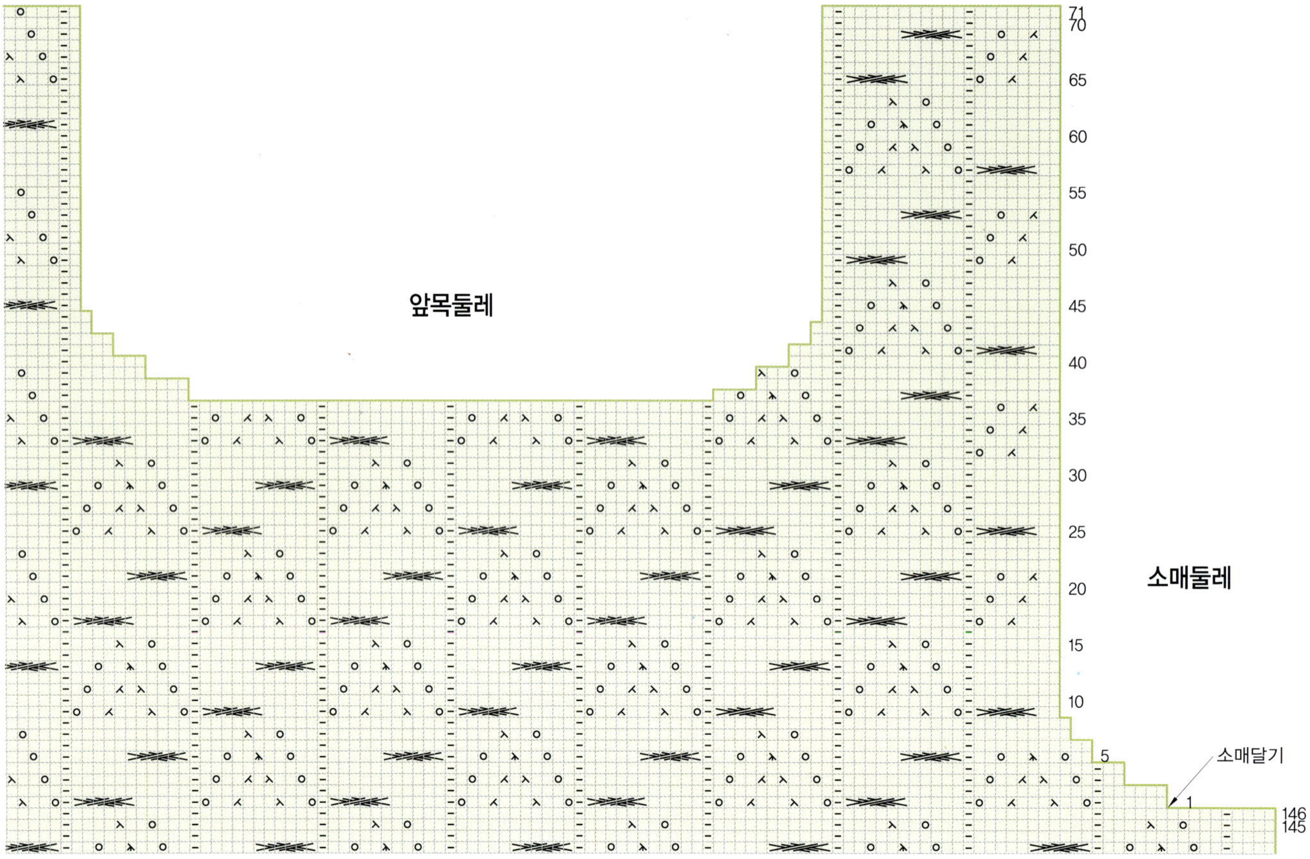

앞목둘레

소매둘레

소매달기

 소 매

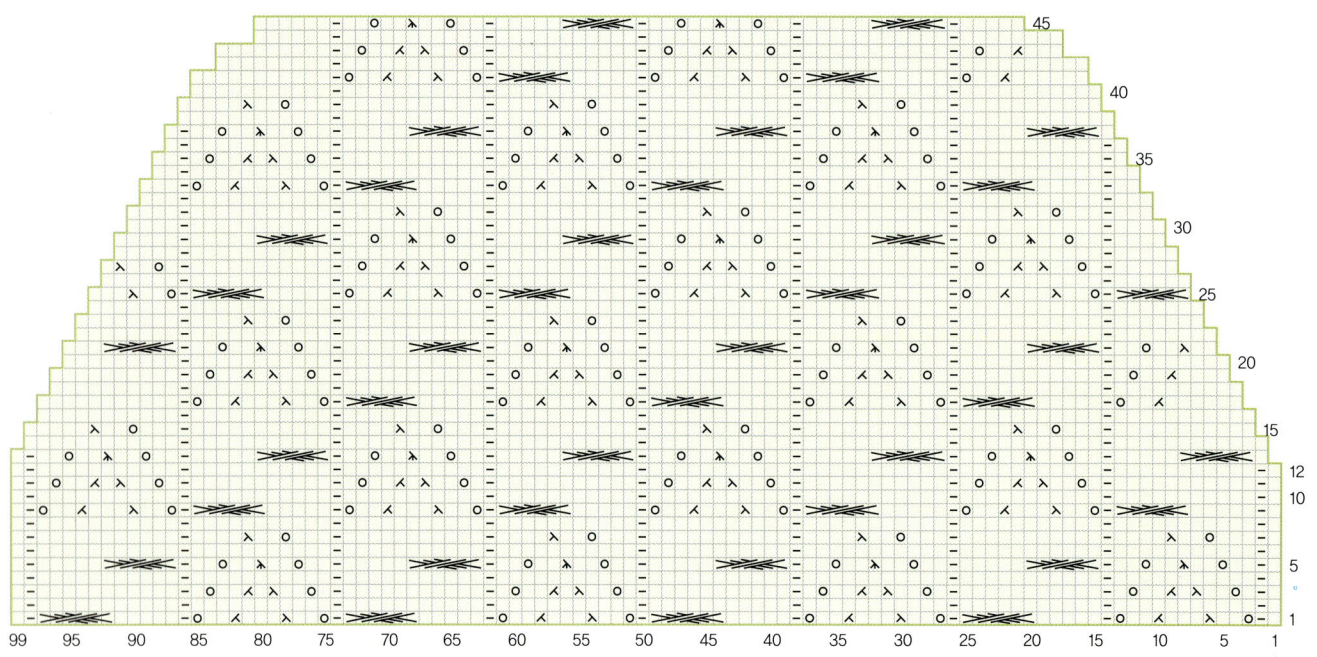

뒤 판

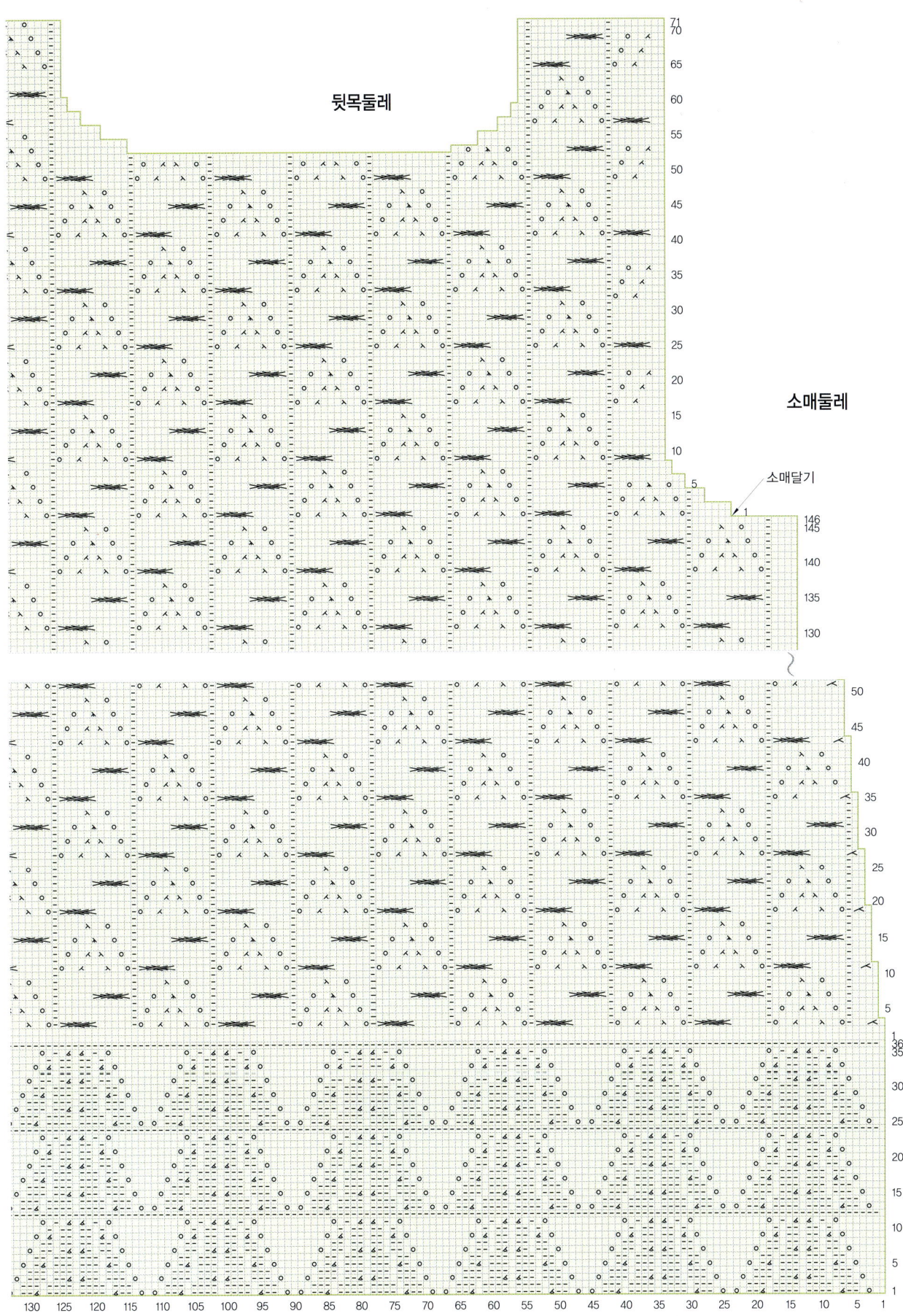

4 knitting
테이프사 꽃무늬 티셔츠

1. 목은 스퀘어 넥으로 한다.
2. 소매 부분 손뜨개
3. 몸판 밑단 무늬뜨기
4. 몸판 무늬뜨기

테이프사 꽃무늬 티셔츠

완성 치수
Free size

재료와 도구
실 　수입 테이프사(파스텔 그린)
바늘　코바늘 2호
부속품　7mm 비즈(58개), 3mm 비즈(1926개)

 뜨는 방법

① 사슬 408코를 시작코로 무늬뜨기 A 34무늬를 만들어 앞·뒤판 몸통을 원통뜨기로 86단 뜨고, 앞·뒤 각각 17무늬씩 나누어 뒤판은 전체 단수 80단까지 뜨고 뒷목을 만들어 준다.

② 뒷목은 양어깨코 각 73코(6무늬+1코)를 6단씩 더 뜨고 마무리한다. (도안 1 참고)

③ 앞목둘레는 전체 단수 70단을 뜬 뒤 도안 1의 뒷목둘레 만들기에서 단수를 16단까지 뜨면 앞목둘레가 된다.

④ 소매는 사슬 144코를 시작코로 무늬뜨기 A 12무늬를 만들어 43단을 원통뜨기로 한다. 똑같은 것 1장 더 뜨고 몸판의 소매 부분에 달아준다.

⑤ 소매 끝단과 몸판 밑단은 무늬뜨기 B를 떠 주는데 소매단에 무늬뜨기 B는 12무늬이고, 몸판 밑단의 무늬뜨기 B는 34무늬를 만들어 준다.

⑥ 목단은 무늬뜨기 C를 54무늬 만들어 3단 뜨고 마친다.

⑦ 옷이 완성되면 소매 끝단과 몸판 밑단에 무늬뜨기 B의 꽃에 7mm 비즈를 달아주고, 몸판과 소매통에 무늬뜨기 A의 꽃에 3mm 비즈를 달아 장식 마무리한다.

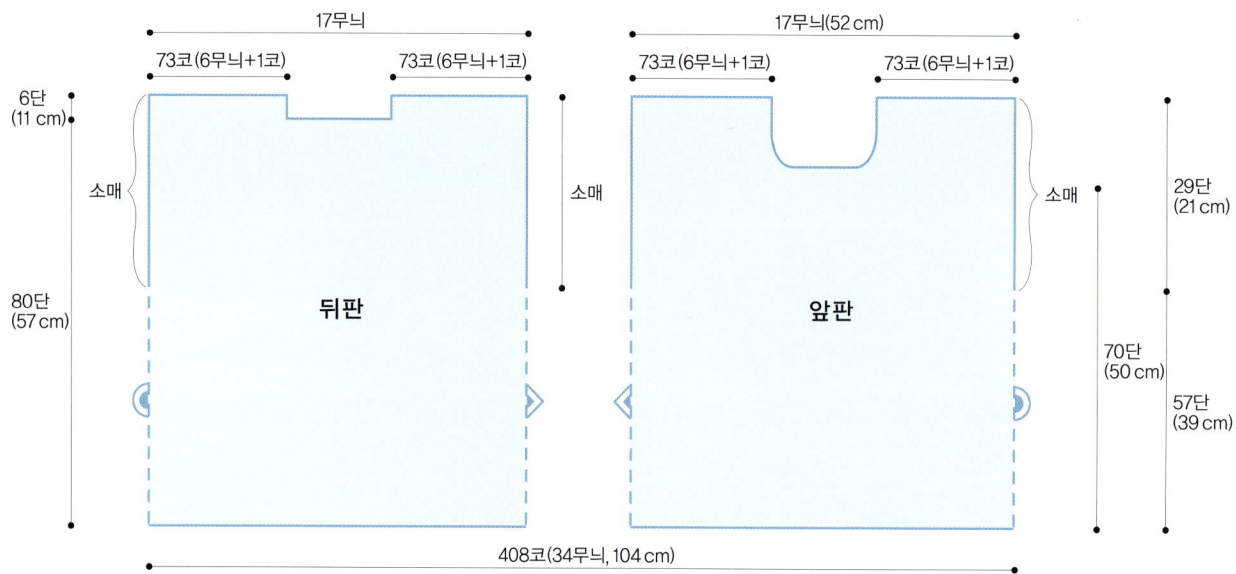

무늬뜨기 A (12코 4단 1무늬)

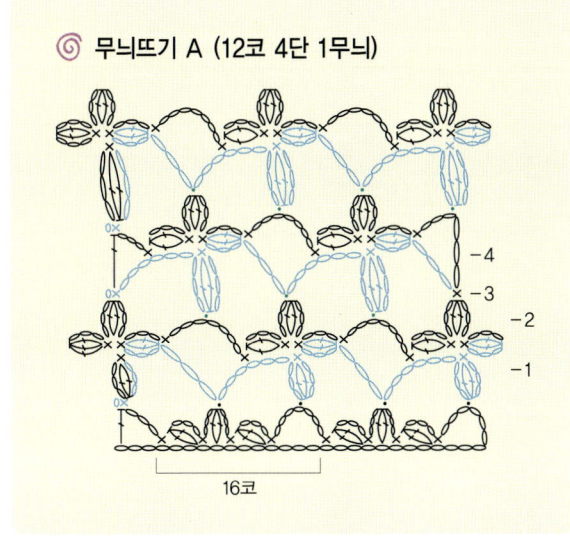

무늬뜨기 B (3단 1무늬)

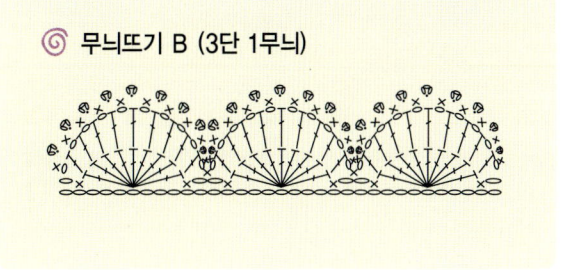

무늬뜨기 C (목단)

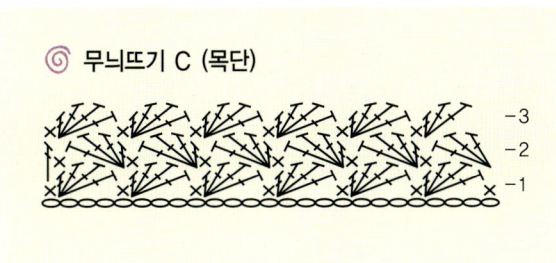

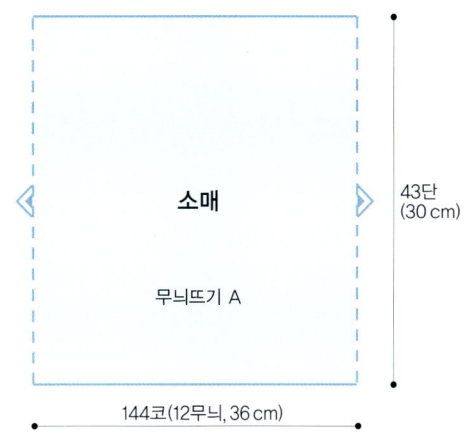

소매

무늬뜨기 A

43단 (30 cm)

144코 (12무늬, 36 cm)

🧶 도안 1

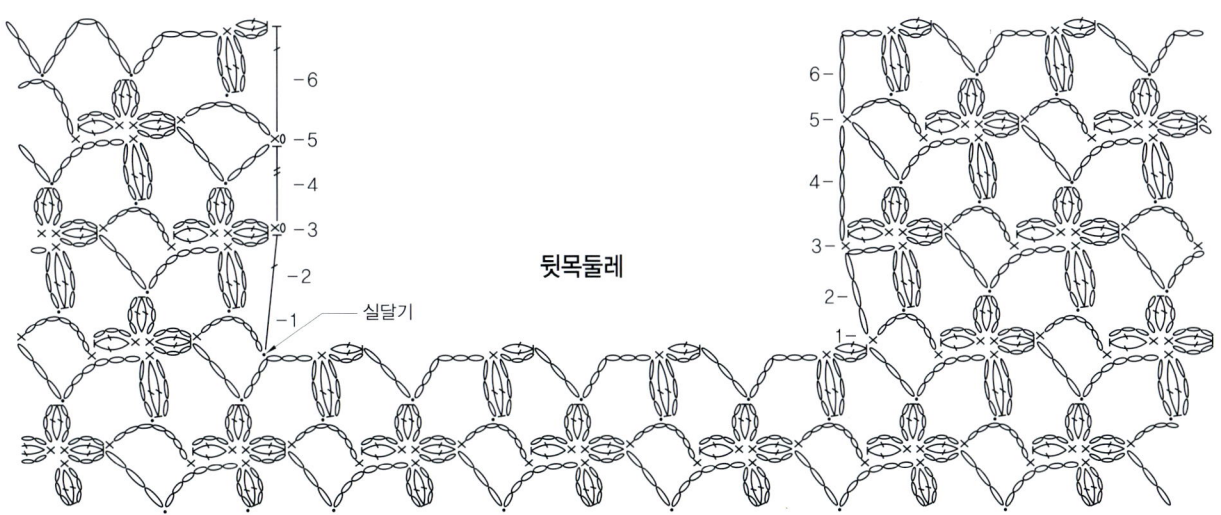

실달기

뒷목둘레

The puple one-piece dress

5 knitting
보라색 원피스

1. 목은 라운드 넥으로 한다.
2. 소매 옆트임 부분
3. 원피스 밑단과 옆트임
4. 원피스 몸판 무늬뜨기

보라색 원피스

완성 치수
66 size

재료와 도구
실   오로라(연보라색)
바늘 4mm 줄바늘, 코바늘 3호, 돗바늘

뜨는 방법

① 뒤판은 실과 4mm 줄바늘로 기본코 142코를 만들어 무늬뜨기 A 8개+6코 시작하여 62단 뜨고 63단째 양옆 가장자리에서 각 2코씩 줄여 138코가 되게 한다.

② 83단째에는 무늬마다 2코씩 줄여 122코가 되게 하여 198단까지 뜨고, 199단에도 무늬마다 2코씩 줄여 106코가 되게 하고 216단까지 뜬다.

③ 뒤판 소매둘레는 3코 막음한 뒤 2단마다 2코-4회, 1코-8회, 4단마다 1코-2회, 6단마다 1코-1회 막음코 처리하여 줄여 62코가 되게 하여 소매둘레 윗단 38단까지 뜬다.

④ 뒤판 소매둘레 윗단 39단에는 가운데 중심에 22코 막음하고 중심 양옆 가장자리를 각각 2단마다 2코, 1코-3회 순으로 막음코하여 양어깨코가 각각 13코가 되게 하여 54단까지 뜬다.

⑤ 앞판은 뒤판뜨기 ①과 ②까지 똑같이 뜨고, 소매둘레는 3코 막음한 뒤 2단마다 2코-4회, 1코-8회, 4단마다 1코-2회, 6단마다 1코-1회 막음코로 처리한 후 줄여 62코가 되게 하여 소매둘레 윗단 28단까지 뜬다.

⑥ 앞판 소매둘레 윗단 29단에는 가운데 중심에 20코 막음하고 중심 양옆 가장자리를 각각 2단마다 3코, 2코-2회, 1코-4회 순으로 막음코하여 양어깨코가 각각 13코가 되게 하여 54단까지 뜬 뒤 뒤판 어깨와 마주 붙인다.

⑦ 옆솔기는 62단까지 오픈시킨 후 63단부터 돗바늘로 붙인다.

⑧ 목둘레는 코바늘 3호로 141코 짧은뜨기 3단 뜬 뒤 4단째는 피코뜨기로 장식 마무리한다.

⑨ 소매는 4mm 줄바늘과 실로 기본코 95코를 만들어 무늬뜨기 B 시작하여 66단까지 뜨고 67단째는 가운데 중심에 9코 막음하고 양옆 가장자리에 각각 2단마다 3코, 2코, 1코-13회, 2코, 3코 순으로 막음코 하고 나머지 코도 막음코로 마무리한다.

⑩ 소매는 양옆 위쪽, 아래쪽 중심점만 붙여주고 코바늘 3호로 되돌아 짧은뜨기로 오픈된 곳을 장식한다.

⑪ 소매단은 무늬뜨기 C로 10단 뜨고 마무리한다. 소매 달 때는 어깨쪽 소매산 부분에 약간의 주름을 잡으며 달아준다.

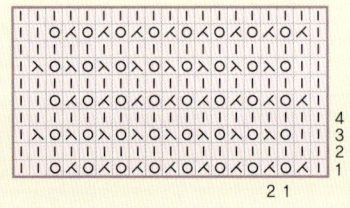

무늬뜨기 B (2코 4단 1무늬)

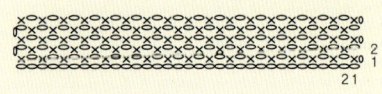

무늬뜨기 C (2코 2단 1무늬)

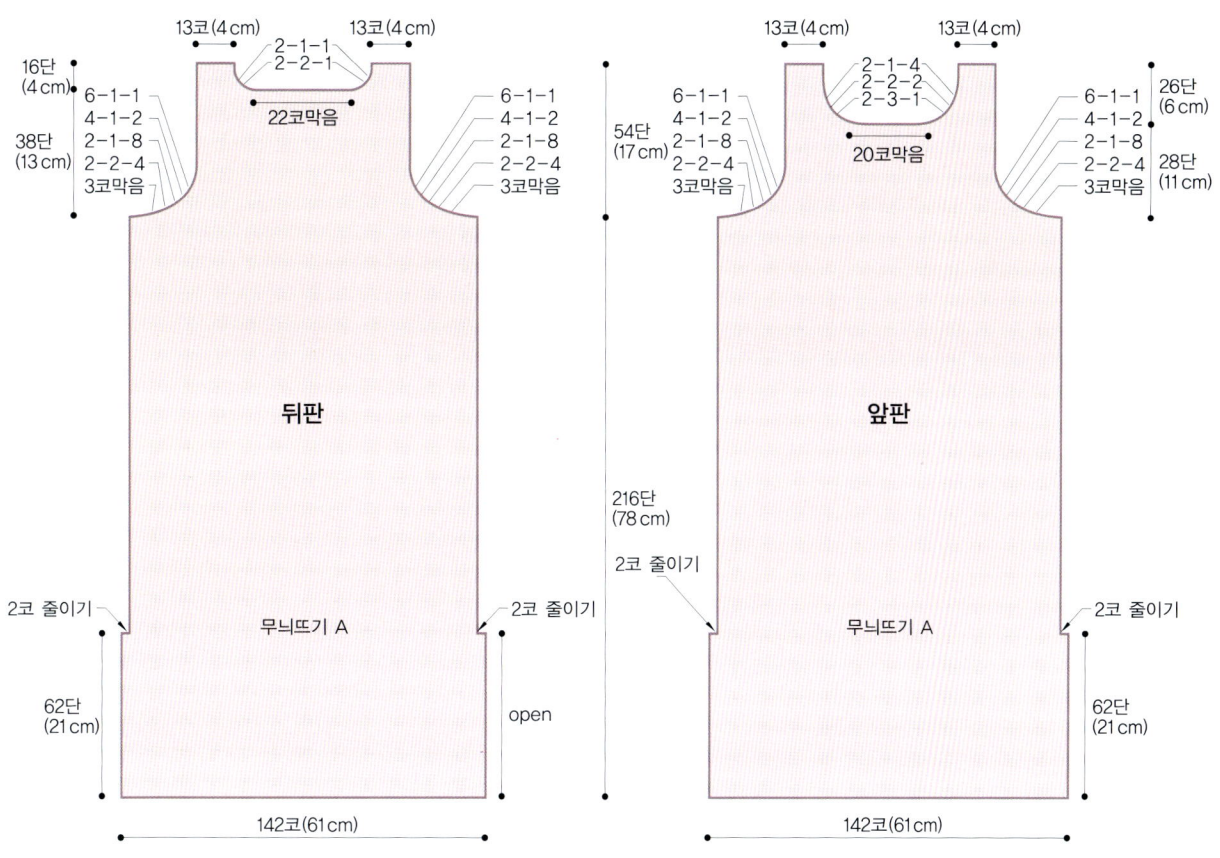
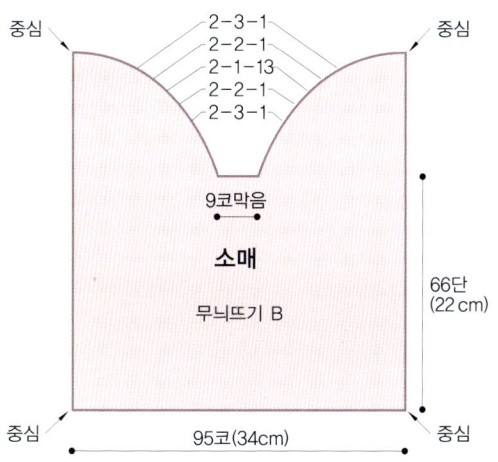
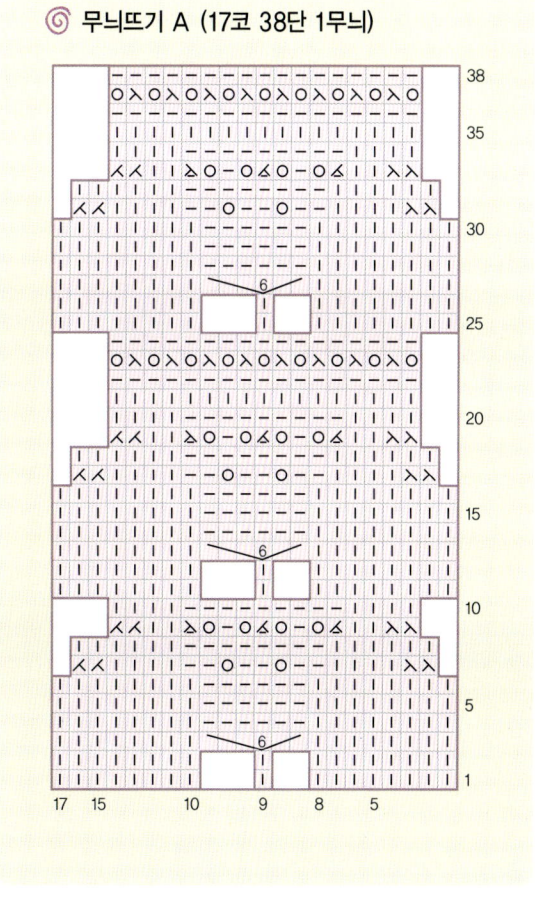

무늬뜨기 A (17코 38단 1무늬)

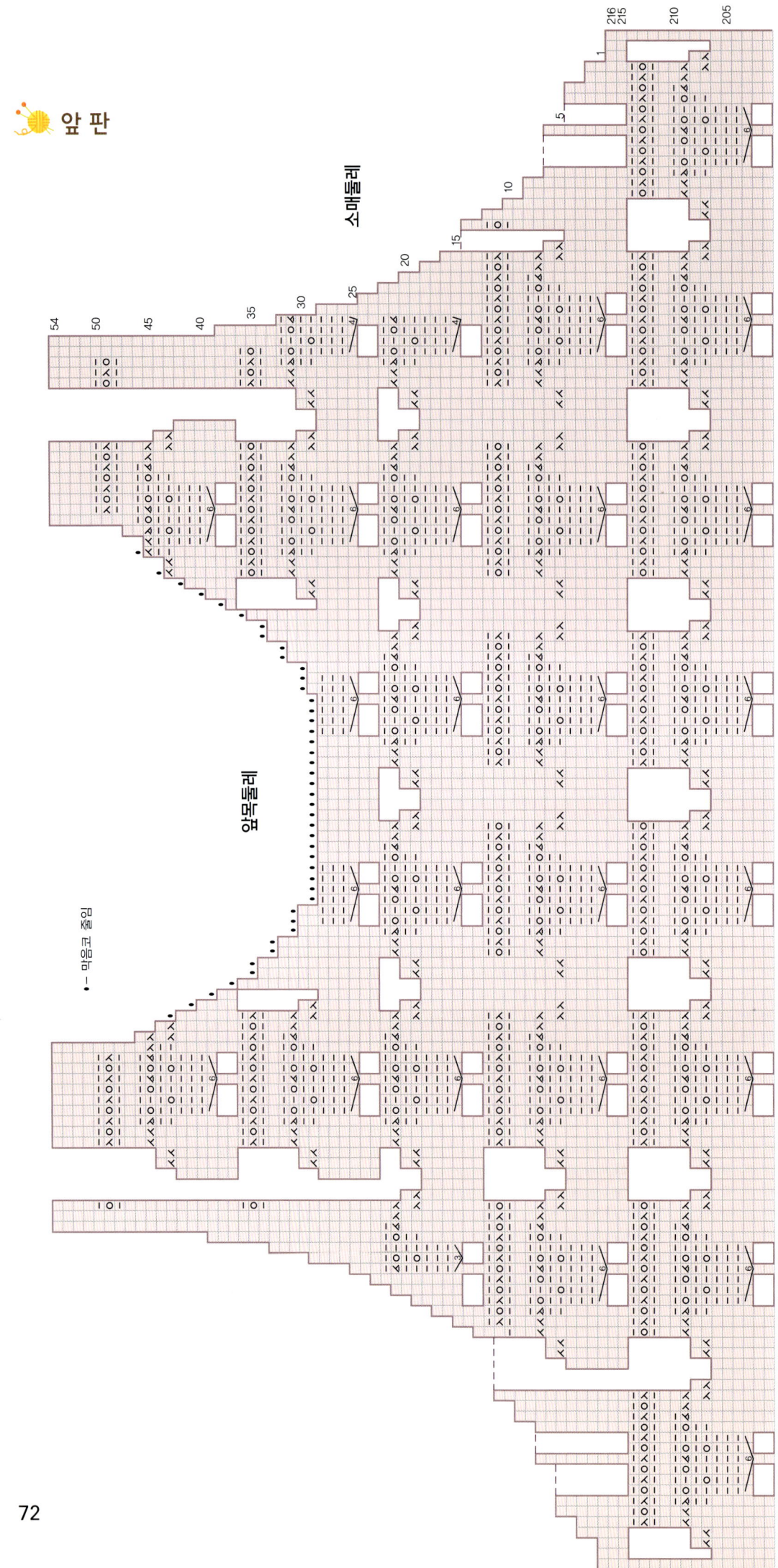

 소 매

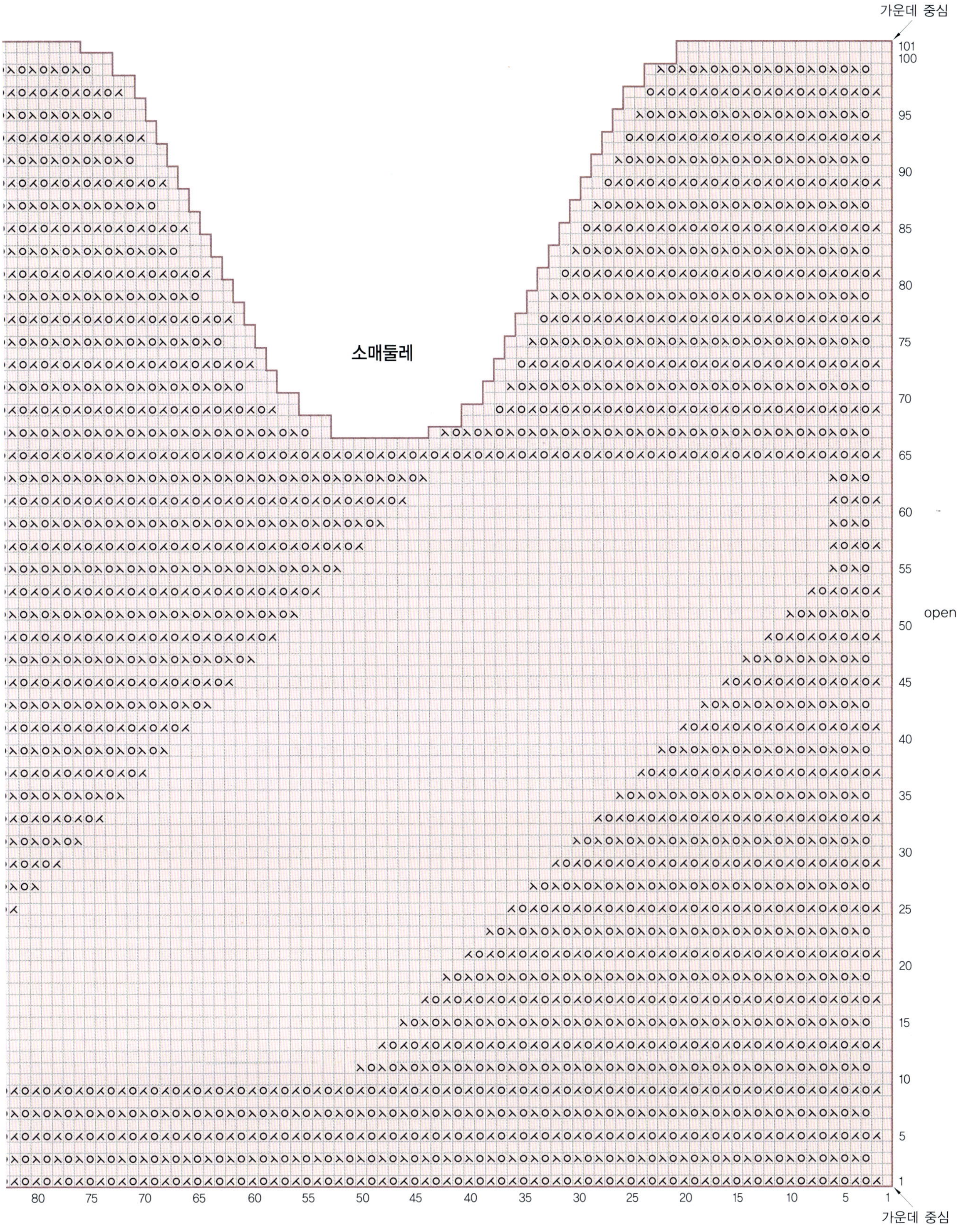

소매둘레

open

가운데 중심

가운데 중심

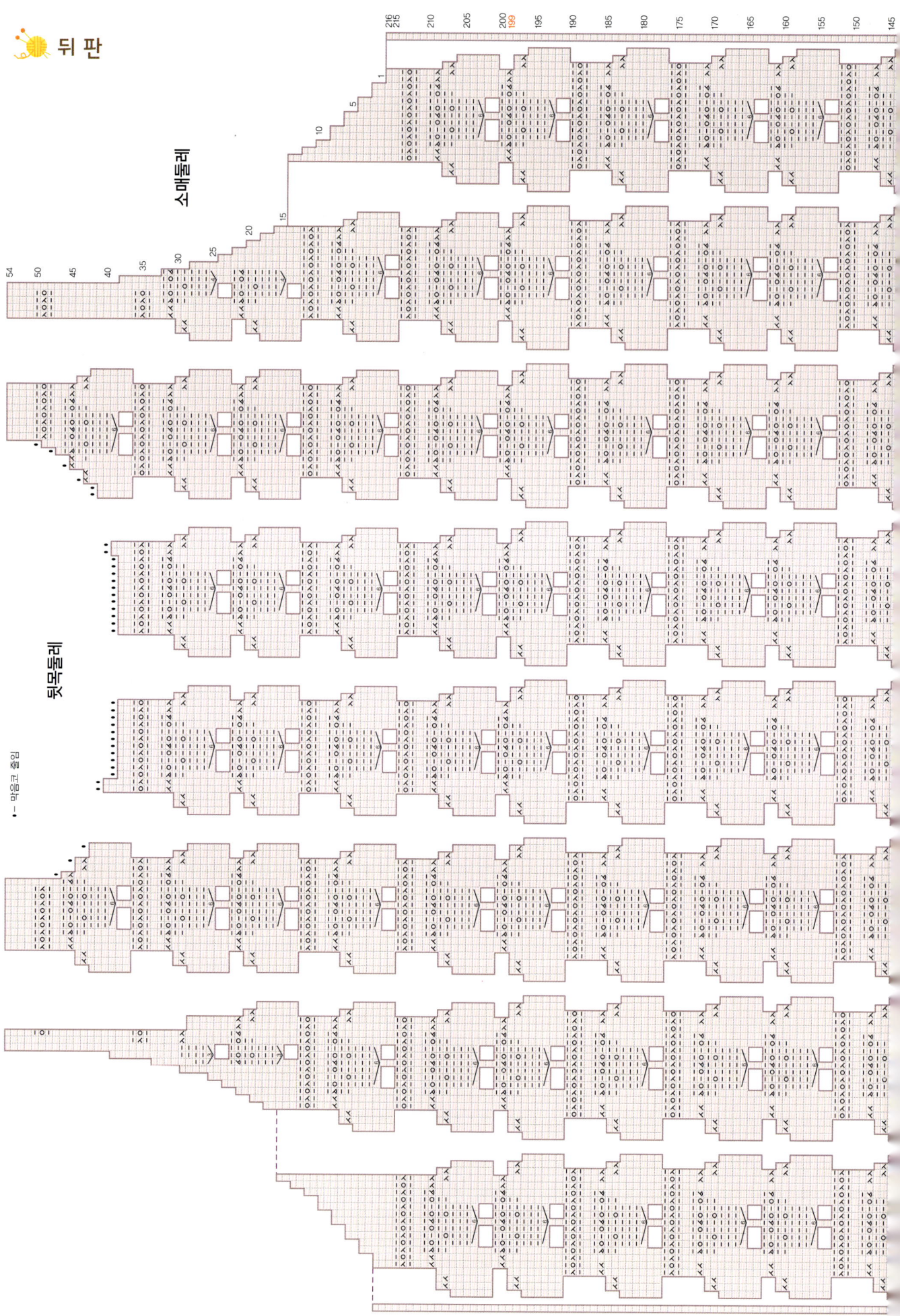

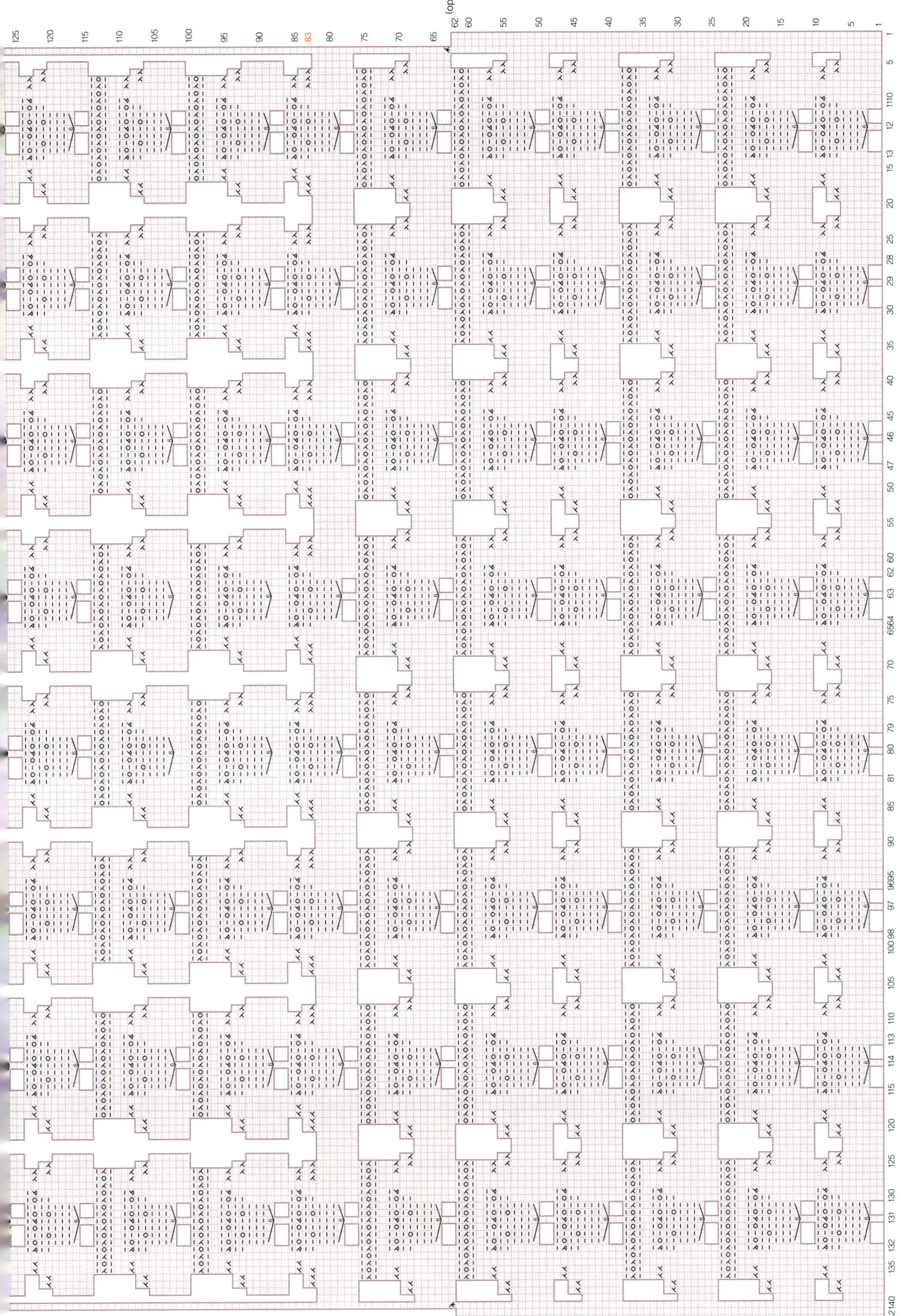

6 knitting
그린색 투피스

1. 목은 라운드 넥으로 한다.
2. 몸판 무늬뜨기
3. 윗도리 몸판 밑단 무늬뜨기
4. 치마 무늬뜨기

그린색 투피스

완성 치수
66 size
재료와 도구
실　　얼음실(그린색)
바늘　코바늘 2호
부속품　고무밸트, 패치코트

 뜨는 방법

【상의】

① 뒤판은 사슬 151코를 시작코로 무늬뜨기 A로 15무늬를 만들어 31단 무늬뜨기한 후 소매둘레(도안 1 참고)를 만들고 전체 단수 55단까지 뜬 후 양 어깨코 각각 26코(2.5무늬＋1코)만 2단씩 더 뜨고 마무리한다.

② 앞판은 사슬 161코를 시작코로 무늬뜨기 A로 16무늬를 만들어 31단 무늬뜨기한 후 소매둘레(도안 1 참고)를 만들고 전체 단수 46단까지 뜨고 도안 2를 참고로 앞목둘레를 만든다.

③ 앞·뒤판을 마주대어 옆솔기와 양 어깨를 이어붙이고 난 후 밑단 부분은 짧은뜨기로 한 바퀴 뜬 후 무늬뜨기 D 15무늬를 만들어 10단 뜨고 마무리한다.

④ 소매는 사슬 121코를 시작코로 무늬뜨기 B를 12무늬 만들어 뜨는데 도안 3을 참고로 소매통 늘리기와 소매산 만들기를 한다.

⑤ ④가 끝나면 소매 옆솔기를 이어주고 소매부리는 무늬뜨기 D 6무늬를 하는데 무늬뜨기 D에서 처음 1단 빼고 9단만 떠서 마친다.

⑥ 목단은 짧은뜨기로 한 바퀴 뜨고 난 뒤 무늬뜨기 C를 38무늬 4단 뜨고 마무리한다.

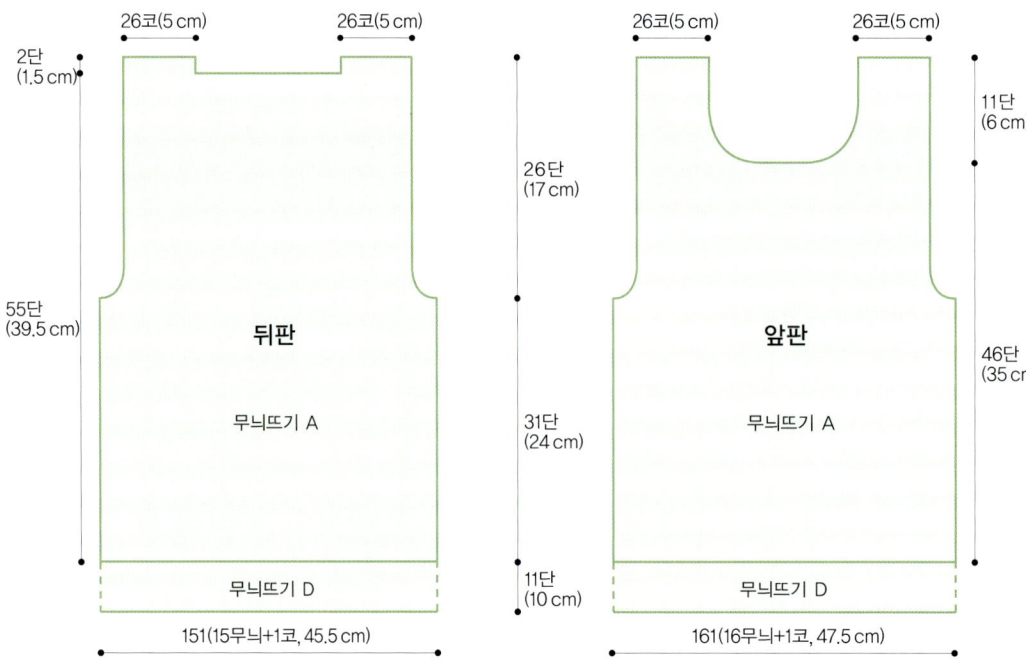

도안 1

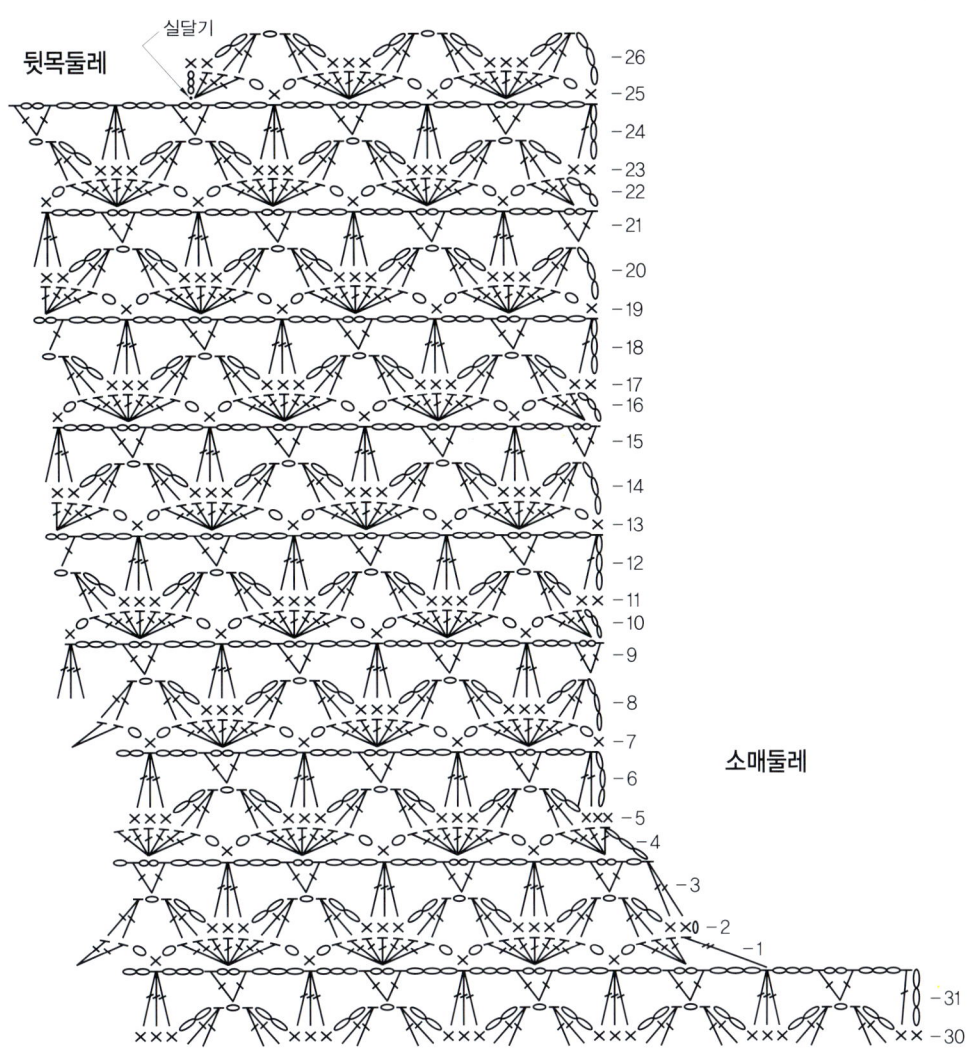

뒷목둘레 실달기

소매둘레

무늬뜨기 A (10코 6단 1무늬)

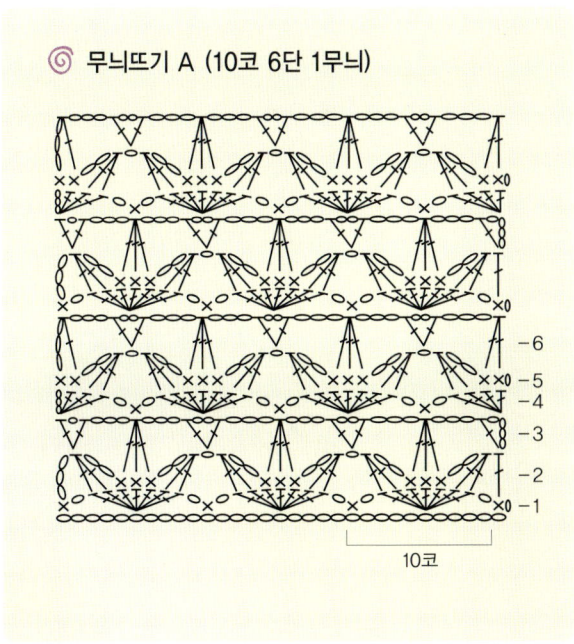

10코

무늬뜨기 B (10코 2단 1무늬)

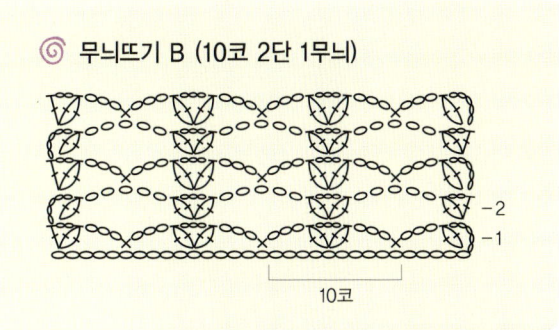

10코

무늬뜨기 C (4코 3단 1무늬)

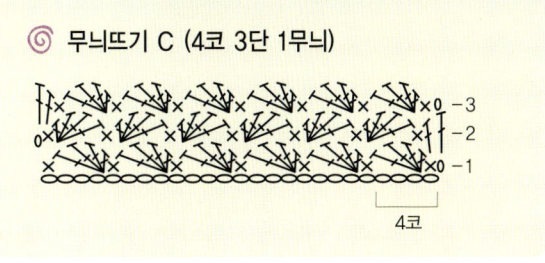

4코

 도안 2

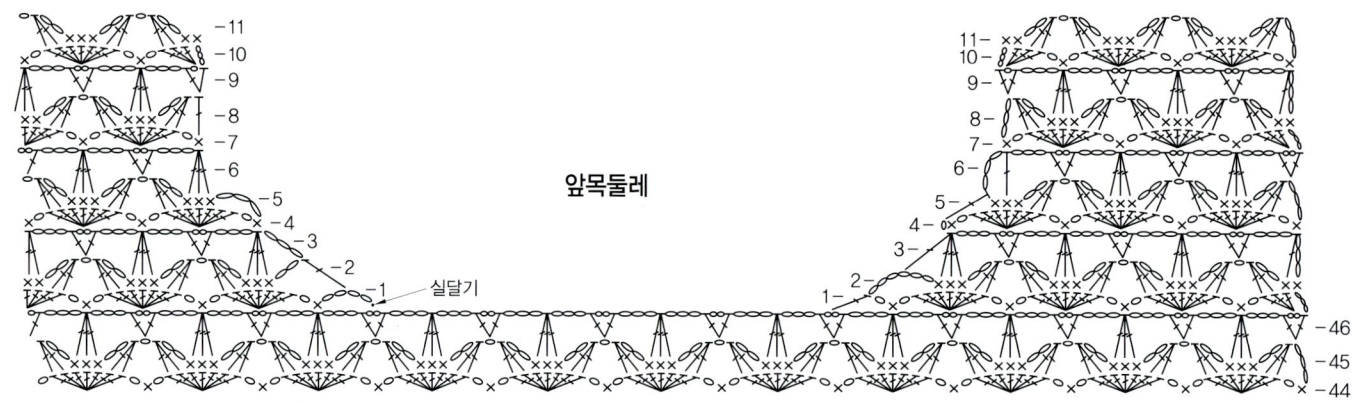

앞목둘레
실달기

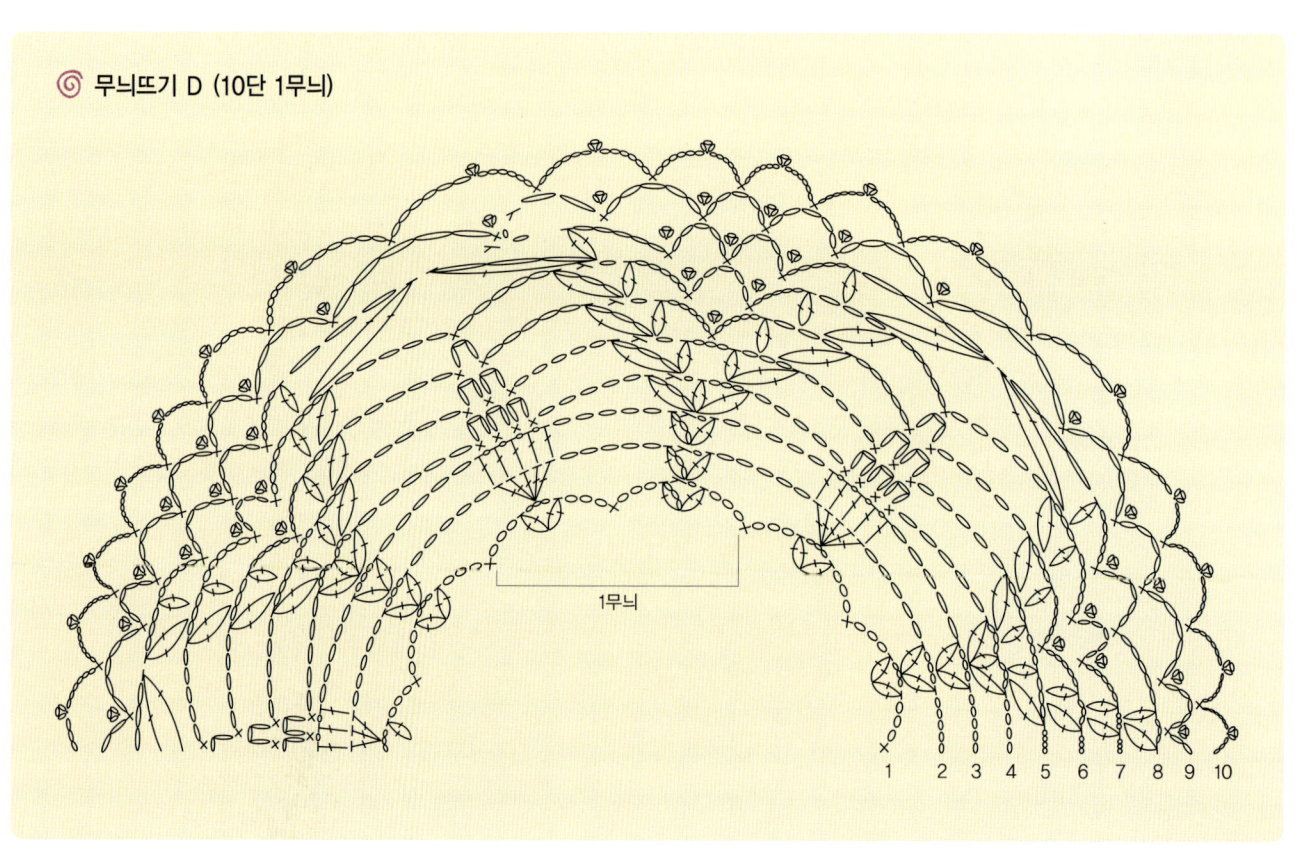

무늬뜨기 D (10단 1무늬)

1무늬

도안 3 (소 매)

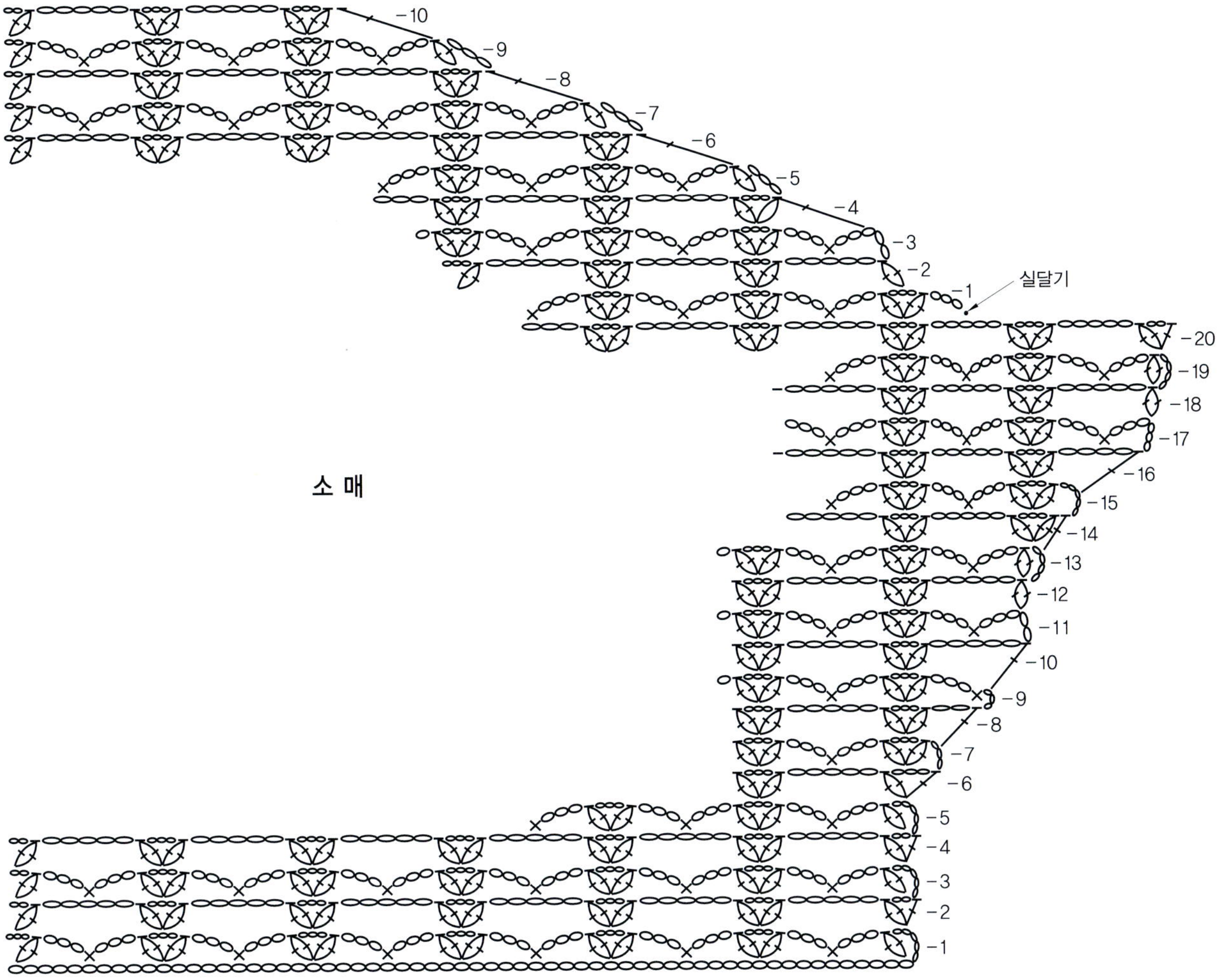

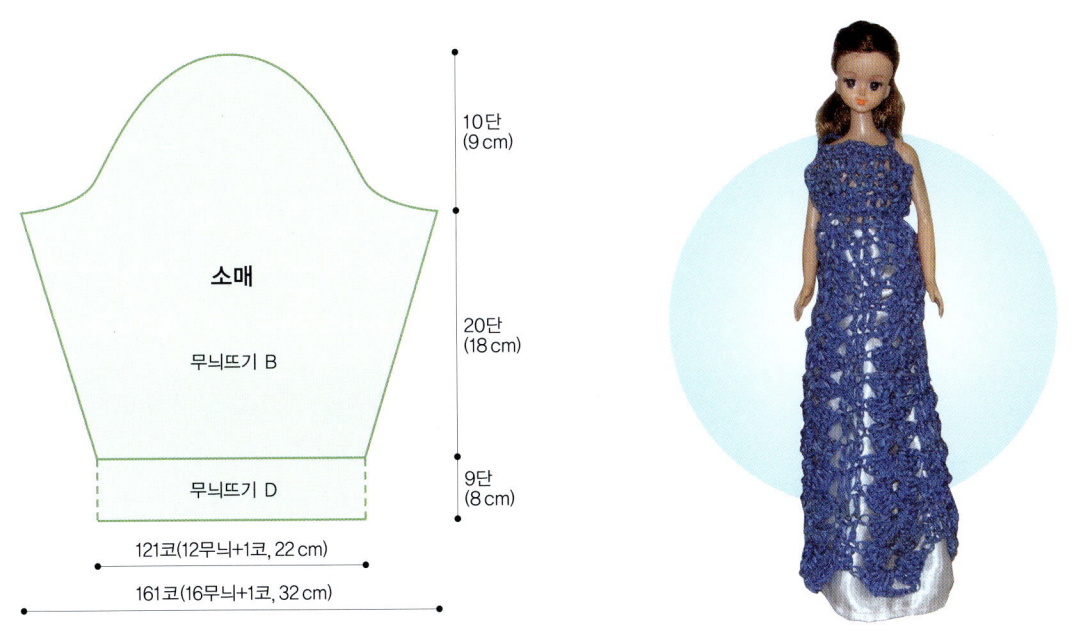

-10
-9
-8
-7
-6
-5
-4
-3
-2
-1
실달기
-20
-19
-18
-17
-16
-15
-14
-13
-12
-11
-10
-9
-8
-7
-6
-5
-4
-3
-2
-1
소 매

10단
(9cm)
20단
(18cm)
9단
(8cm)
소매
무늬뜨기 B
무늬뜨기 D
121코(12무늬+1코, 22cm)
161코(16무늬+1코, 32cm)

 뜨는 방법

【치마】

1. 모티브 A와 B를 교대로 배치하여 16폭이 되게 사슬 288코 시작코로 도안 1을 참고로 63단 뜬다.
2. 치마 밑단은 아래 그림을 참고로 10단 뜨고 마무리한다.
3. 허리단은 짧은뜨기 한 단, 긴뜨기 한 단씩 번갈아 16단을 뜨고 고무밴드를 넣어 반으로 접어 시작점에 감침질한다.
4. 치마가 풍성하므로 안감을 넣지 말고 입을 때 패치코트를 받쳐 입어 풍성하게 보이도록 한다.

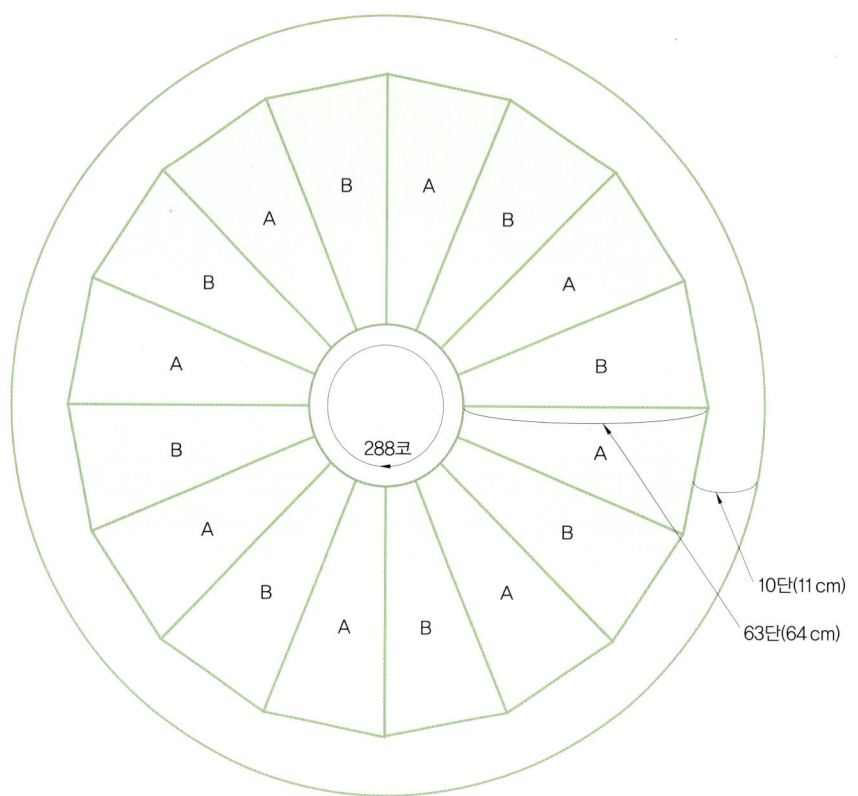

 치마 밑단

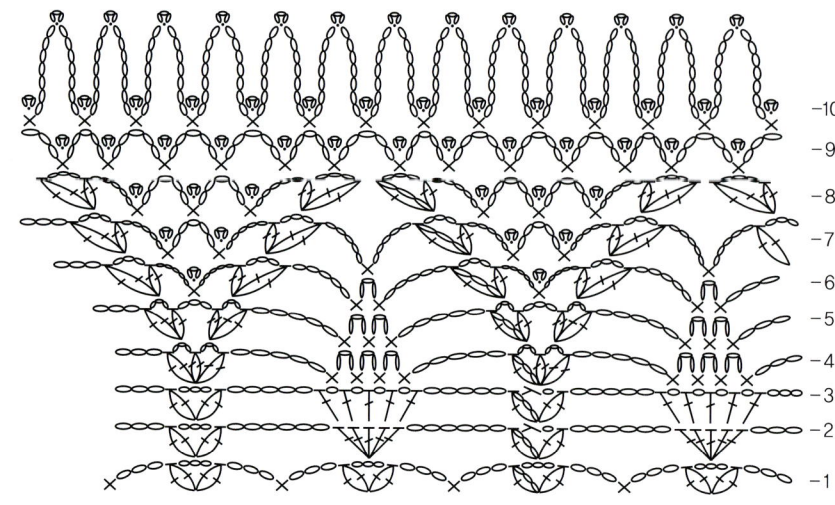

치마폭

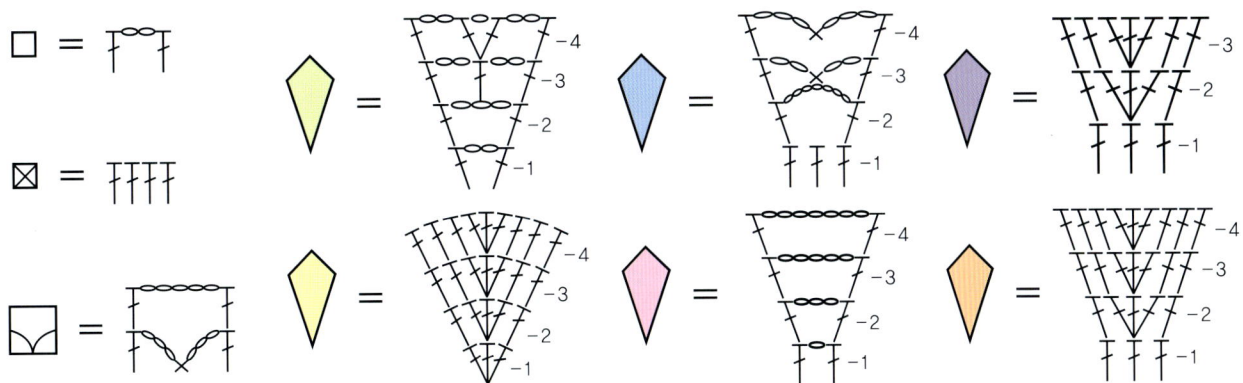

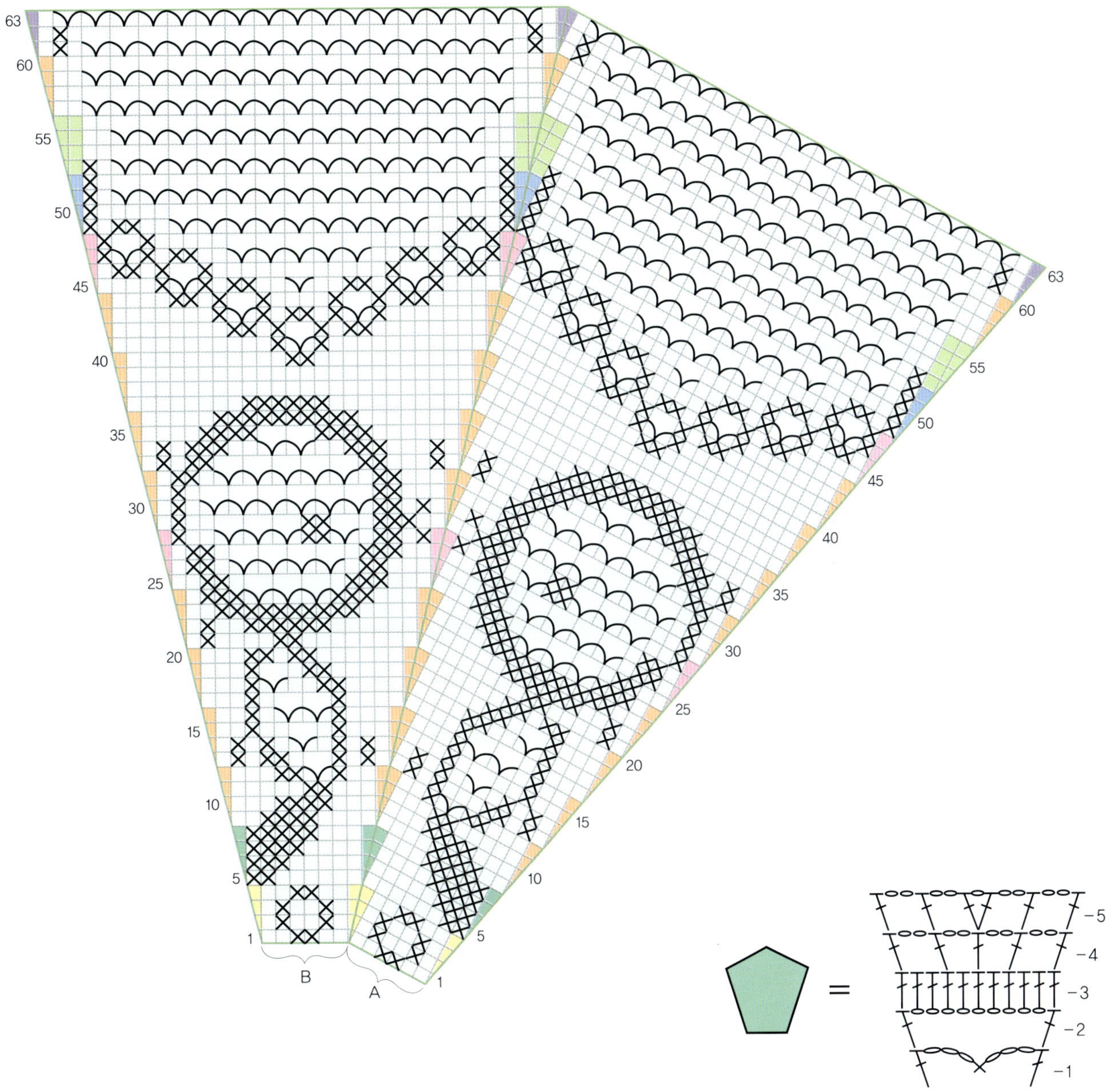

가을에 입는 패션

Part 3

1_자주색 재킷
2_보라색 디스코 티셔츠
3_잿빛 나염 재킷
4_보라색 재킷
5_분홍색 나염 재킷

1 knitting
자주색 재킷

1. 차이니스 칼라 모양의 손뜨개
2. 소매 끝단은 코바늘로 되돌아짧은뜨기한다.
3. 몸판 앞중심단은 2코 고무뜨기하고, 밑단은 코바늘로 되돌아짧은뜨기한다.
4. 몸판 무늬뜨기

자주색 재킷

완성 치수
66 size

재료와 도구
실   퀸(자주색)
바늘 8mm 줄바늘, 4mm 줄바늘, 코바늘 10호, 돗바늘
부속품 단추 4개

 뜨는 방법

① 뒤판은 8mm 줄바늘에 88코를 만들어 무늬뜨기 A를 42단 뜬다.

② ①이 끝나면 소매둘레를 만드는데 5코 막음한 뒤 2단마다 3코, 2코-2회, 1코-2회 순으로 줄이고 32단을 더 뜨고 마친다.

③ 앞판은 뒤판을 반으로 나눠 오른쪽, 왼쪽을 만드는데 44코를 42단이 되게 뜨고 소매둘레를 만드는데 5코 막음한 뒤 2단마다 3코, 2코-2회, 1코-2회 순으로 줄인다.

④ ③이 끝나면 12단을 더 뜬 뒤 앞목을 만드는데 5코 막음한 후 2단마다 3코, 2코, 1코-2회 순으로 줄여 어깨코가 19코가 되게 한다.

⑤ ④까지 모두 끝나면 뒤판 어깨와 맞대어 붙이고, 돗바늘로 양 옆을 붙인다.

⑥ 4mm 줄바늘로 앞중심단 부분에 각각 70코를 주어 2코 고무뜨기 5단을 뜨고 돗바늘로 마무리한다. 단, 오른쪽 단 부분에는 2코 고무뜨기하면서 단추구멍을 4개 만든다.

⑦ 소매는 8mm 줄바늘로 44코를 만들어 무늬뜨기 A를 하는데 8단마다 양옆 가장자리에 1코씩 늘리기 7회하며 64단까지 뜨고, 소매산을 만드는데 3코 막음한 뒤 2단마다 3코-2회, 2코, 1코-5회, 2코, 3코 순으로 줄인 뒤 남는 코는 막음 처리하고 마친다.

⑧ ⑦의 소매뜨기를 한 장 더 떠서 소매통을 돗바늘로 붙인 다음, 몸판에 소매를 붙인다.

⑨ 목단은 8mm 줄바늘로 66코를 주어 무늬뜨기 A를 32단 뜨고 반으로 접어 돗바늘로 목단 시작부분에 감침질해서 붙인다.

⑩ 목단 옆솔기 트인 부분은 돗바늘로 붙여 마무리하고, 밑단과 소매부리단은 코바늘 10호로 되돌아짧은뜨기로 장식 마무리한다.

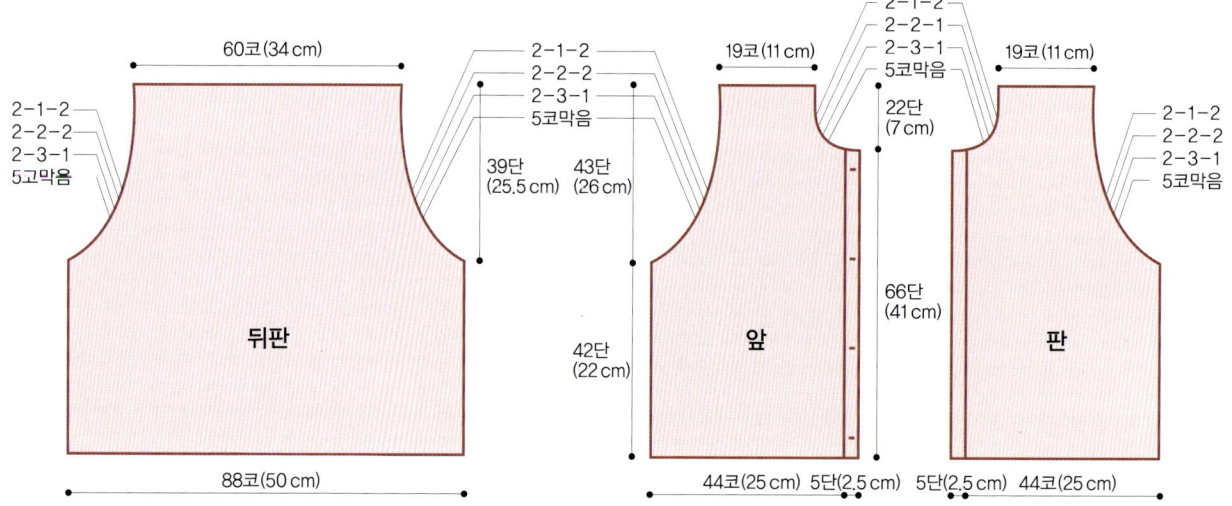

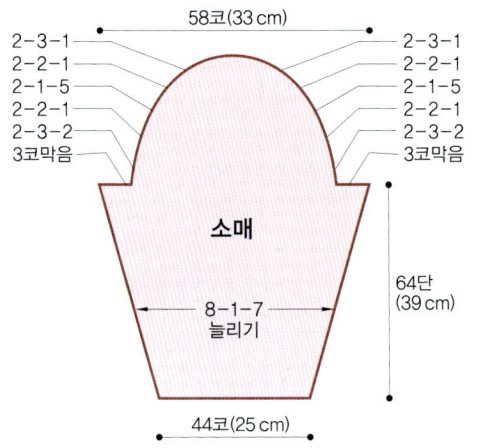
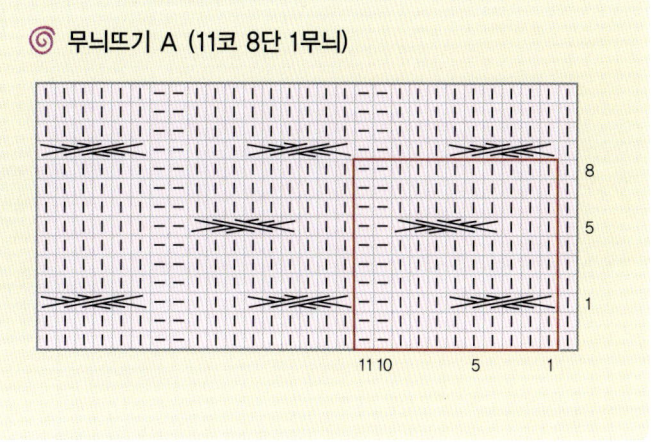

뒷 판

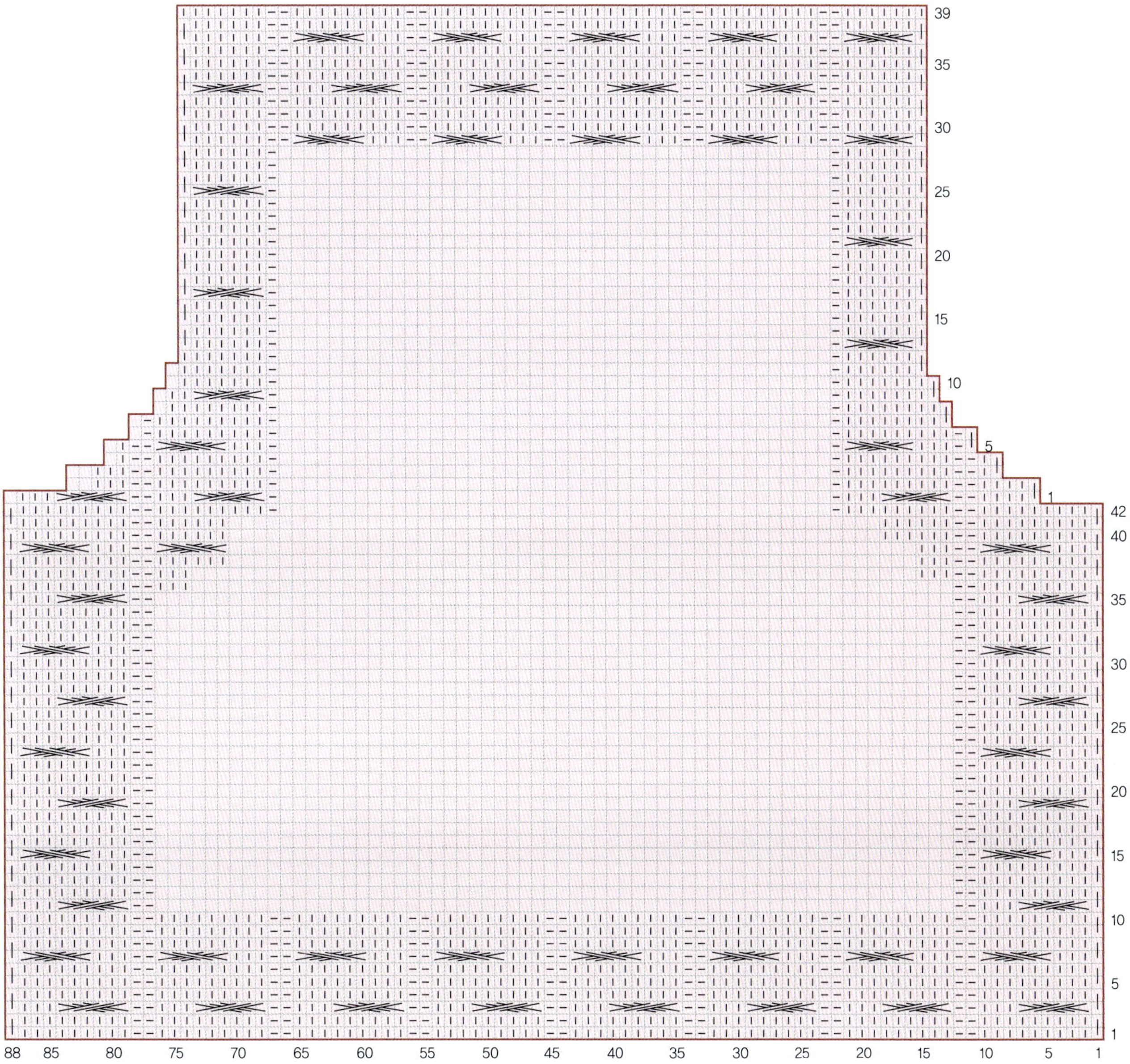

앞 판

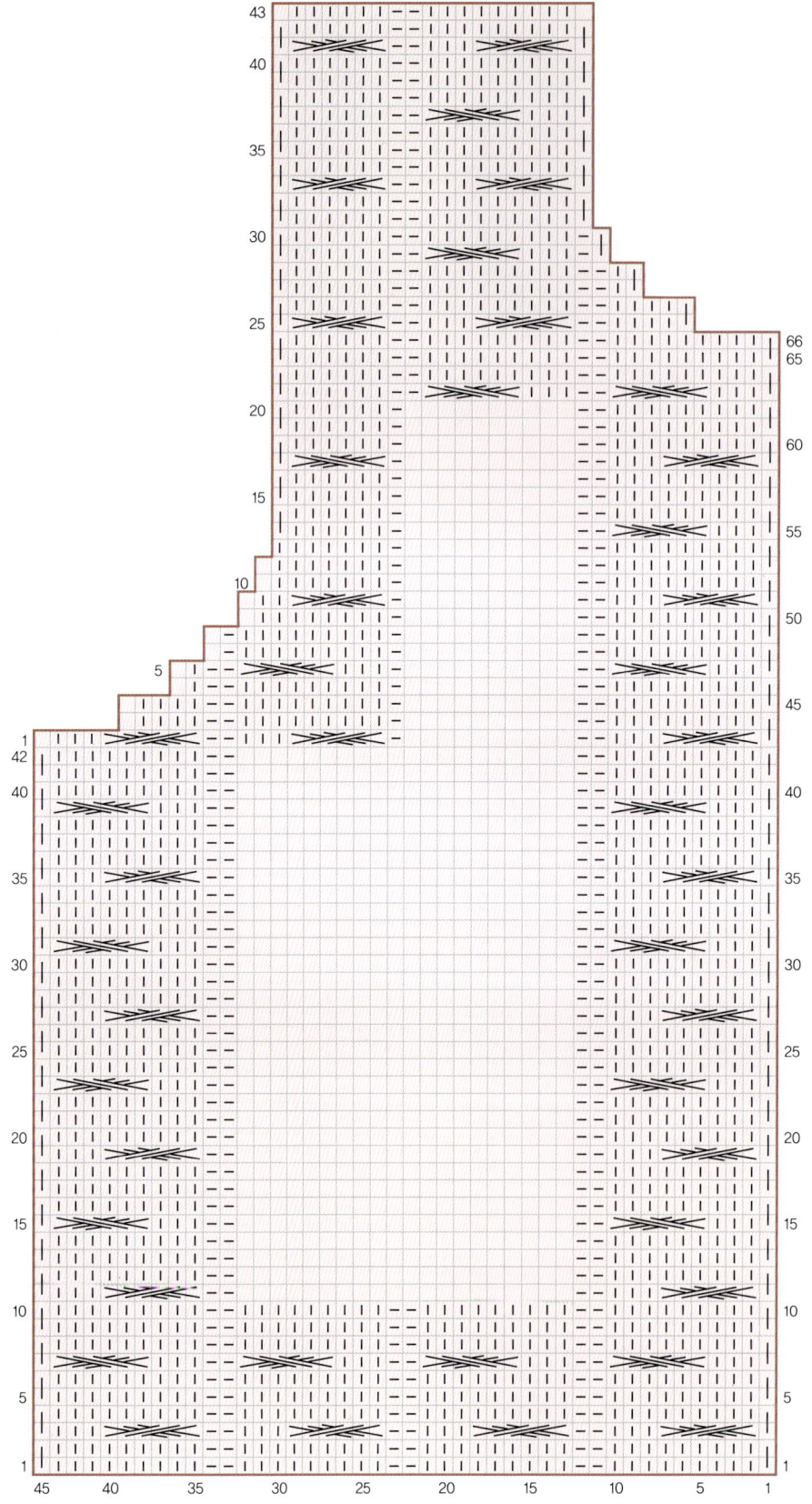

 소매

 칼라

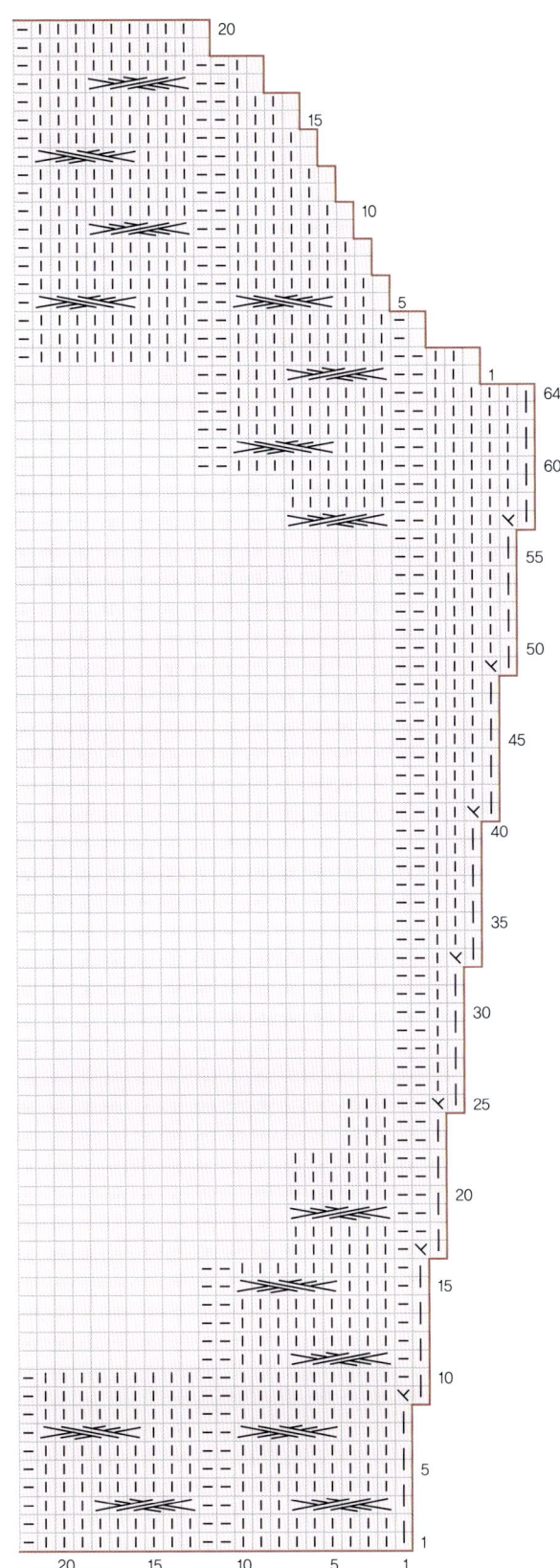
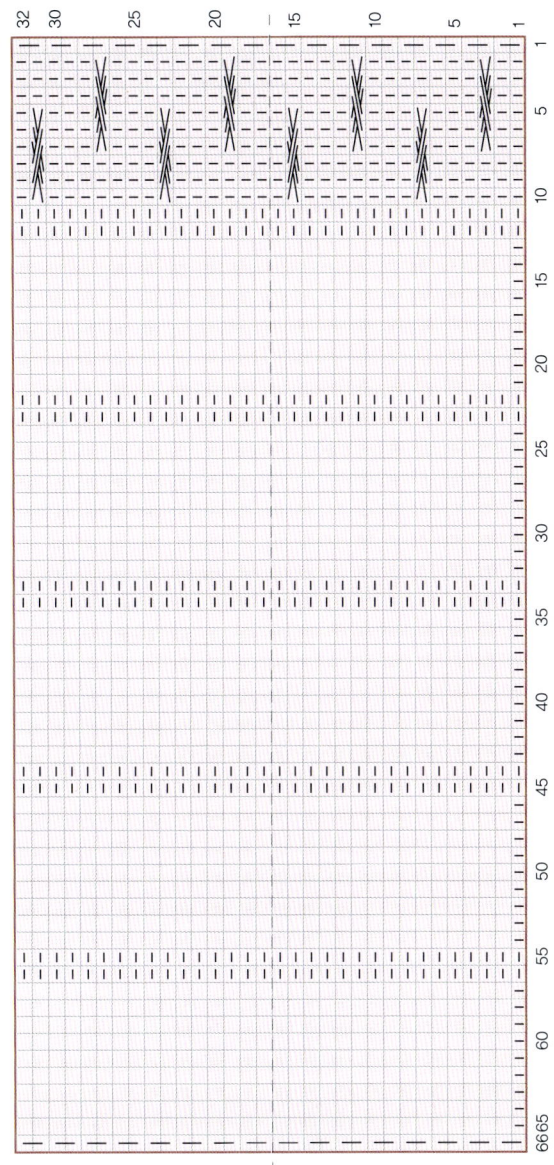

2 knitting 보라색 디스코 티셔츠

The violet disco T-shirt

1. 라운드 넥부분은 1코 고무뜨기한다.
2. 소매단은 1코 고무뜨기한다.
3. 몸판 밑단은 1코 고무뜨기한다.
4. 몸판 무늬뜨기

보라색 디스코 티셔츠

완성 치수
66 size

재료와 도구
실   메리노펄(연보라색)
바늘 3mm 줄바늘, 4mm 줄바늘, 돗바늘

 뜨는 방법

1. 3mm 줄바늘과 실을 이용해 흔들코 101코 만들어 1코 고무뜨기 26단 뜬다. 4mm 줄바늘로 바꾸면서 12코를 줄여 89코가 되게 하여 무늬뜨기 A로 뜬다.

2. 양옆 가장자리에서 각각 4단마다 1코씩 늘리기 6회, 2단마다 1코씩 늘리기 5회, 2단마다 2코씩 늘리기 6회, 2단마다 3코씩 늘리기 10회 한 후 평뜨기 94단을 뜬다.

3. 94단째는 목둘레를 만드는데 가운데 중심에 17코 막음한 뒤 그 중심 양옆을 각각 2단마다 4코, 3코, 2코, 1코씩 줄여주고 평뜨기 22단 뜨면 뒷목코 37코를 만들어 이어 뒷판으로 떠 내려간다.

4. 161단째부터는 양옆 가장자리에서 각각 2단마다 3코씩 줄이기 10회, 2단마다 2코씩 줄이기 6회, 2단마다 1코씩 줄이기 5회, 4단마다 1코씩 줄이기 6회한 후 8코를 늘려 97코를 만들어 1코 고무뜨기 26단 뜨고 돗바늘로 마친다.

5. 양쪽 소매단은 평뜨기 94단한 곳에서 2단에 1코씩 주어 47코가 되게 하여 1코 고무뜨기 26단을 뜨고 돗바늘로 마무리한다. 옆솔기는 돗바늘로 이어 붙여 완성한다.

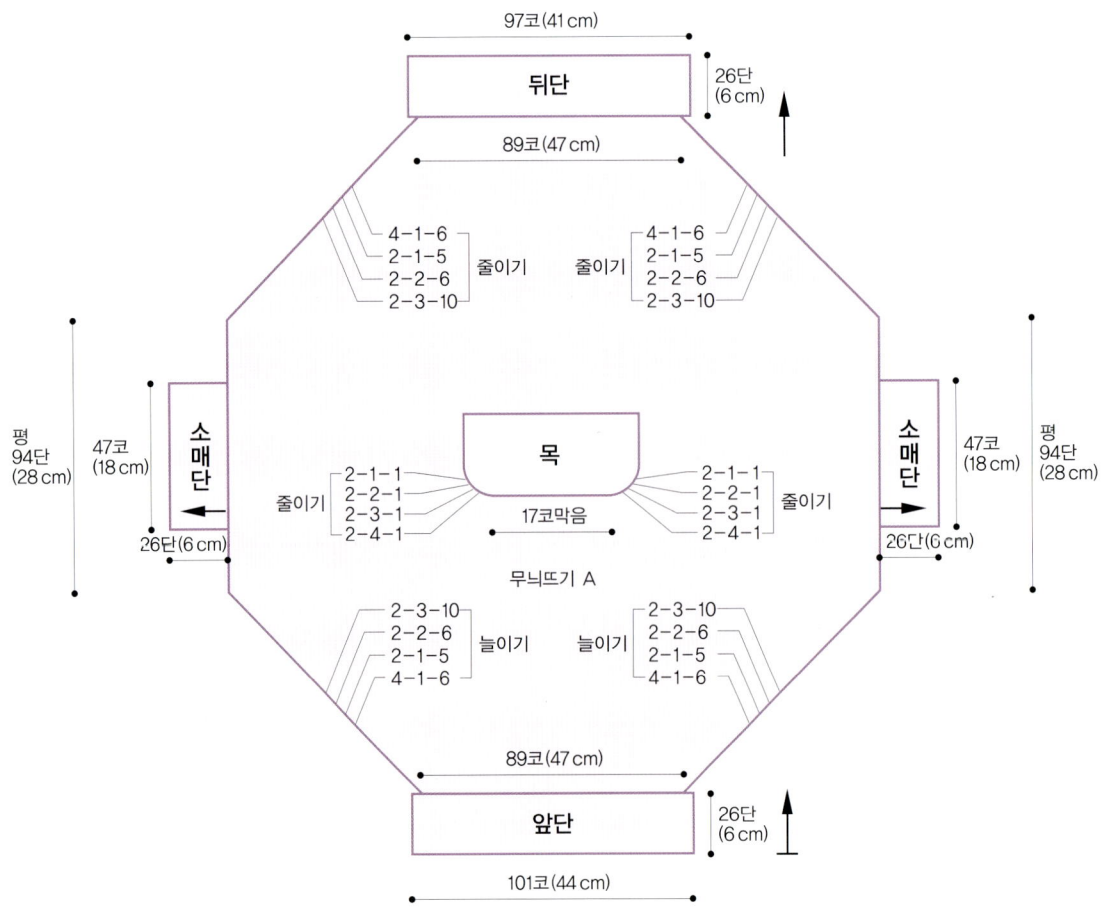

전체 모양

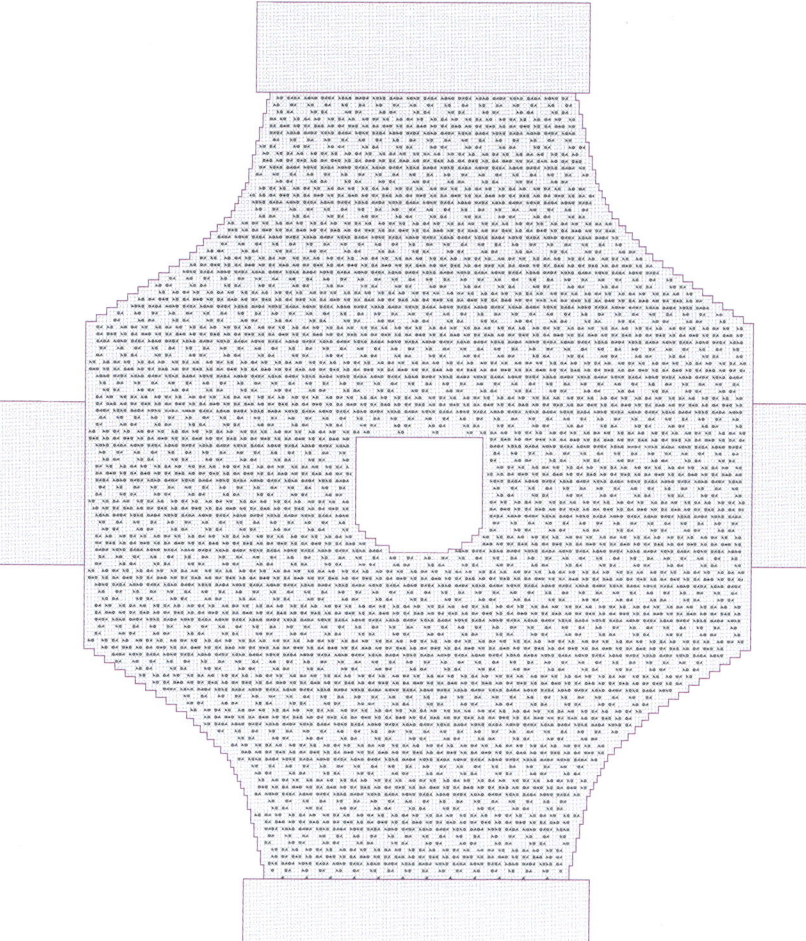

무늬뜨기 A (10코 20단 1무늬)

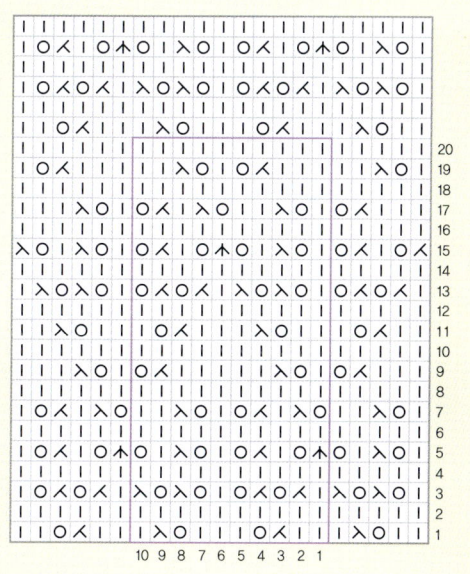

뒤판

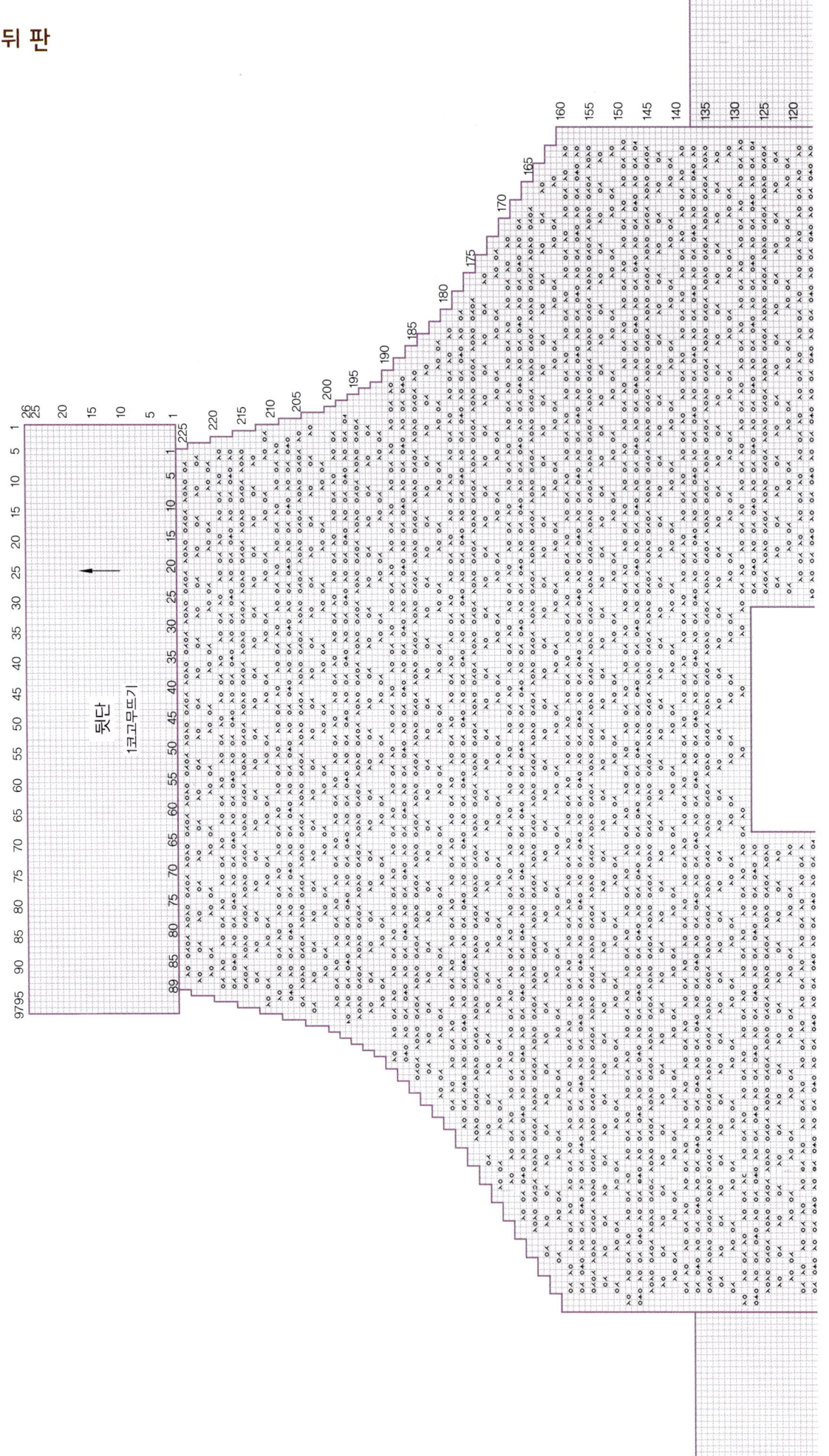

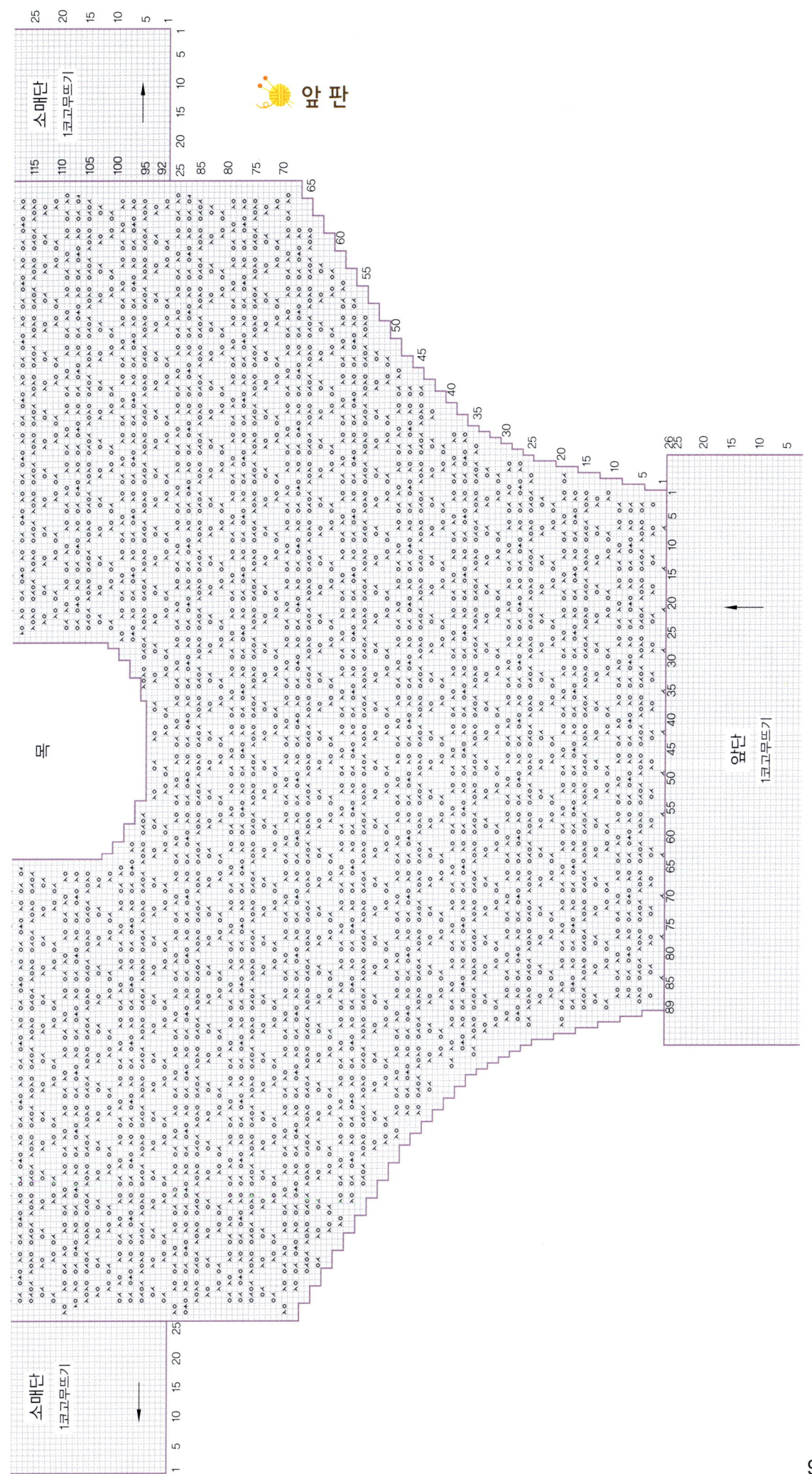

3 knitting
잿빛 나염 재킷

The ash color jacket

1. 목 칼라 부분 손뜨개
2. 벨트와 밑단뜨기
3. 몸판과 소매 늘리기
4. 뒷목 몸판 시작 부분

잿빛 나염 재킷

완성 치수
55 1/2 size

재료와 도구
실　림보(회색 나염)
바늘　코바늘 3호
부속품　단추 3개

 뜨는 방법

1. 사슬 11코를 만들어 무늬뜨기 A를 도안 1처럼 뜬다.
2. ①이 끝나면 3면을 도안 2처럼 양 모서리에 무늬를 늘리며 29단 뜬 뒤 오른쪽 앞판 63코, 양소매는 각각 115코, 뒤판 105코, 왼쪽 앞판은 63코로 나누고 앞뒤 사이에 도안 3처럼 사슬 8코를 만들어 이어 몸통을 뜬다.
3. 몸통은 무늬뜨기 A를 10단 뜬 뒤 무늬뜨기 B를 20단, 무늬뜨기 C를 3단을 떠서 마친다.
4. 소매통은 무늬뜨기 A를 6단 원통뜨기하고, 무늬뜨기 B′를 13단 뜨고 마친다.
5. 칼라는 도안 4처럼 무늬뜨기 B″(13무늬)를 14단 뜨고, 무늬뜨기 C 3단을 3면 장식하고 마무리한다.
6. 앞단은 무늬뜨기 D를 6단 뜨고 마치는데 오른쪽은 단추구멍을 3개 만든다.

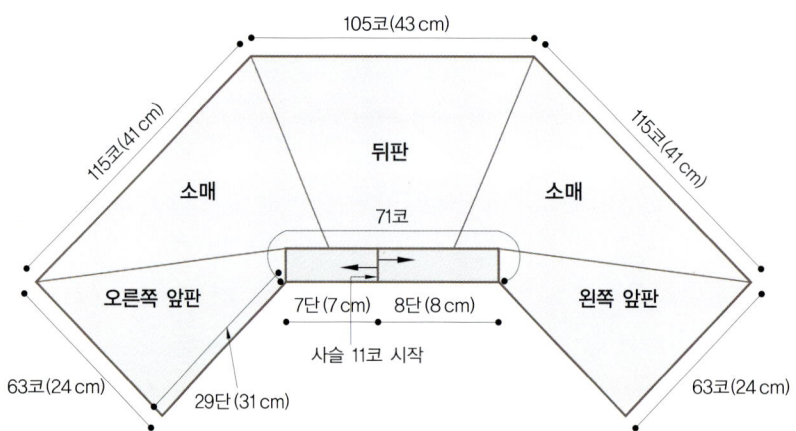

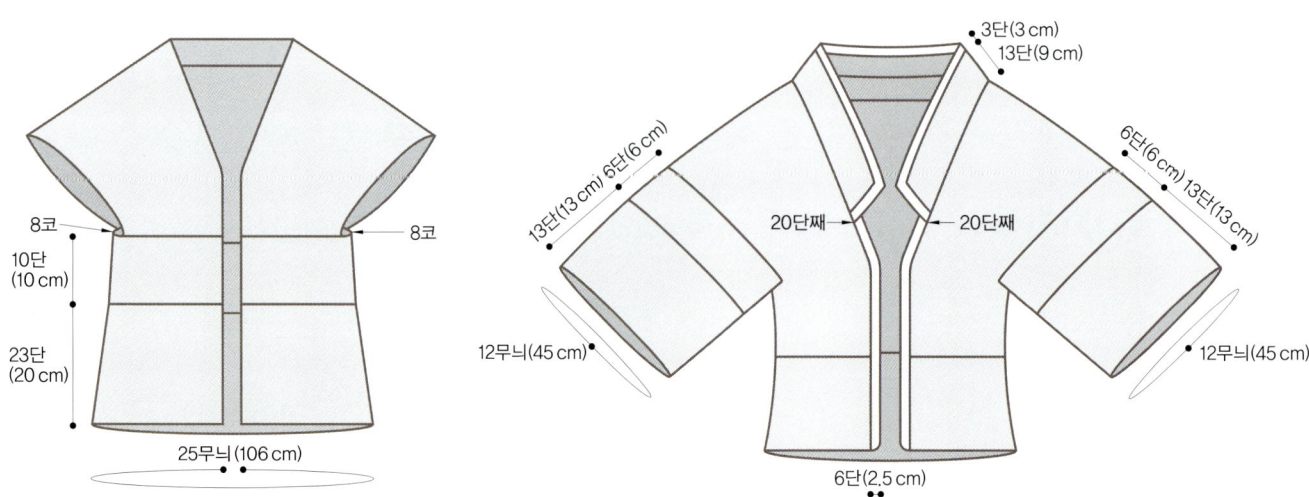

무늬뜨기 A (3코 2단 1무늬)

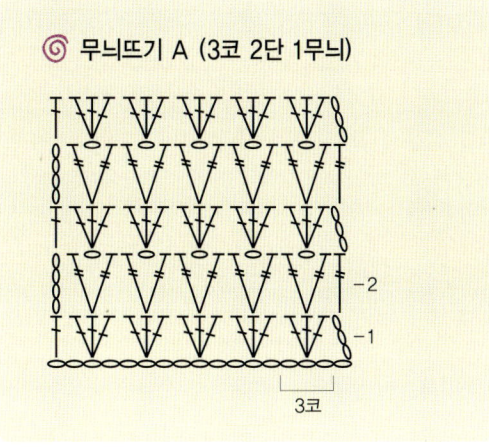

무늬뜨기 B (10코 4단 1무늬)

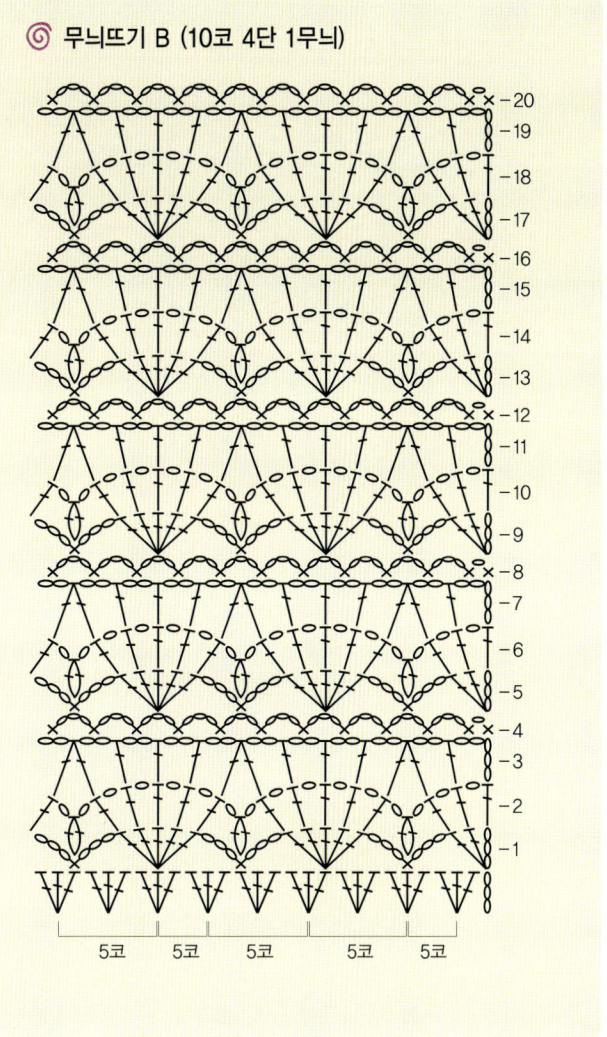

무늬뜨기 B′

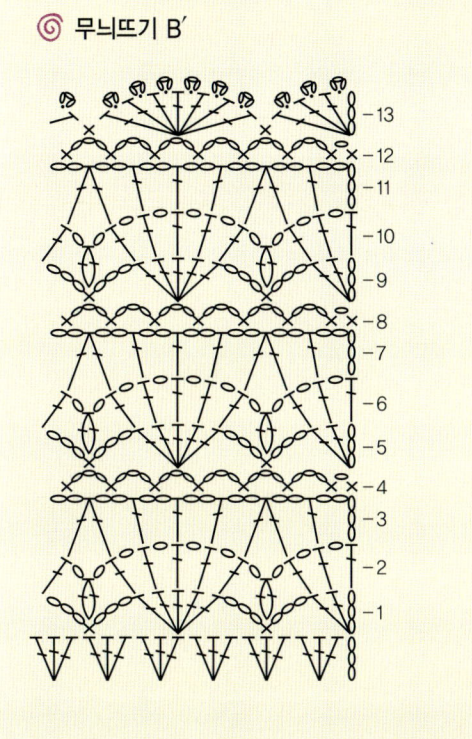

무늬뜨기 B″

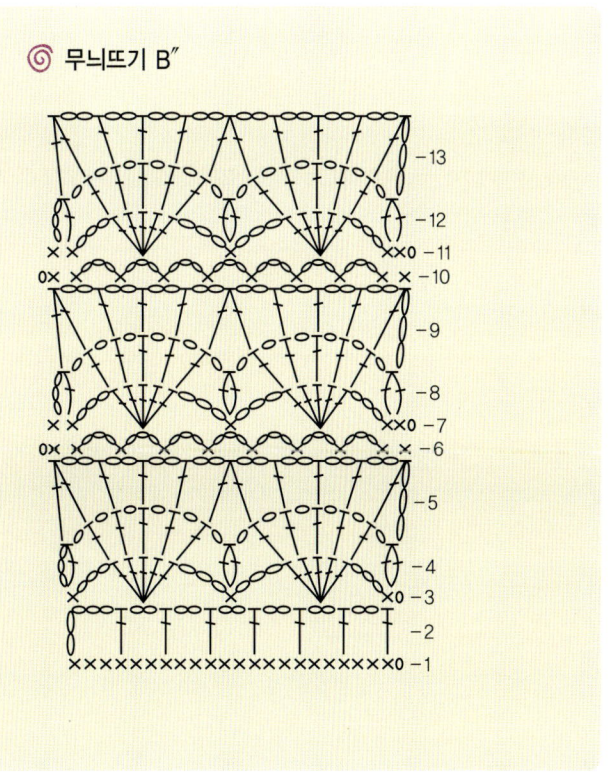

무늬뜨기 C

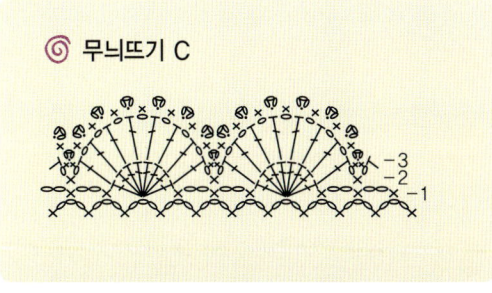

무늬뜨기 D

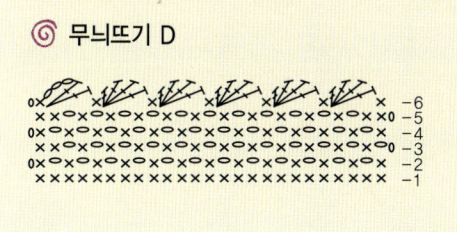

도안 1

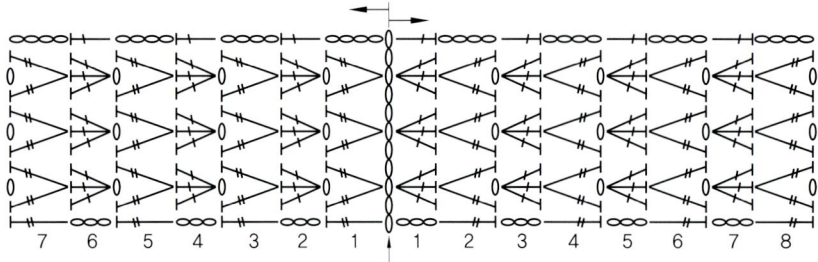

도안 2

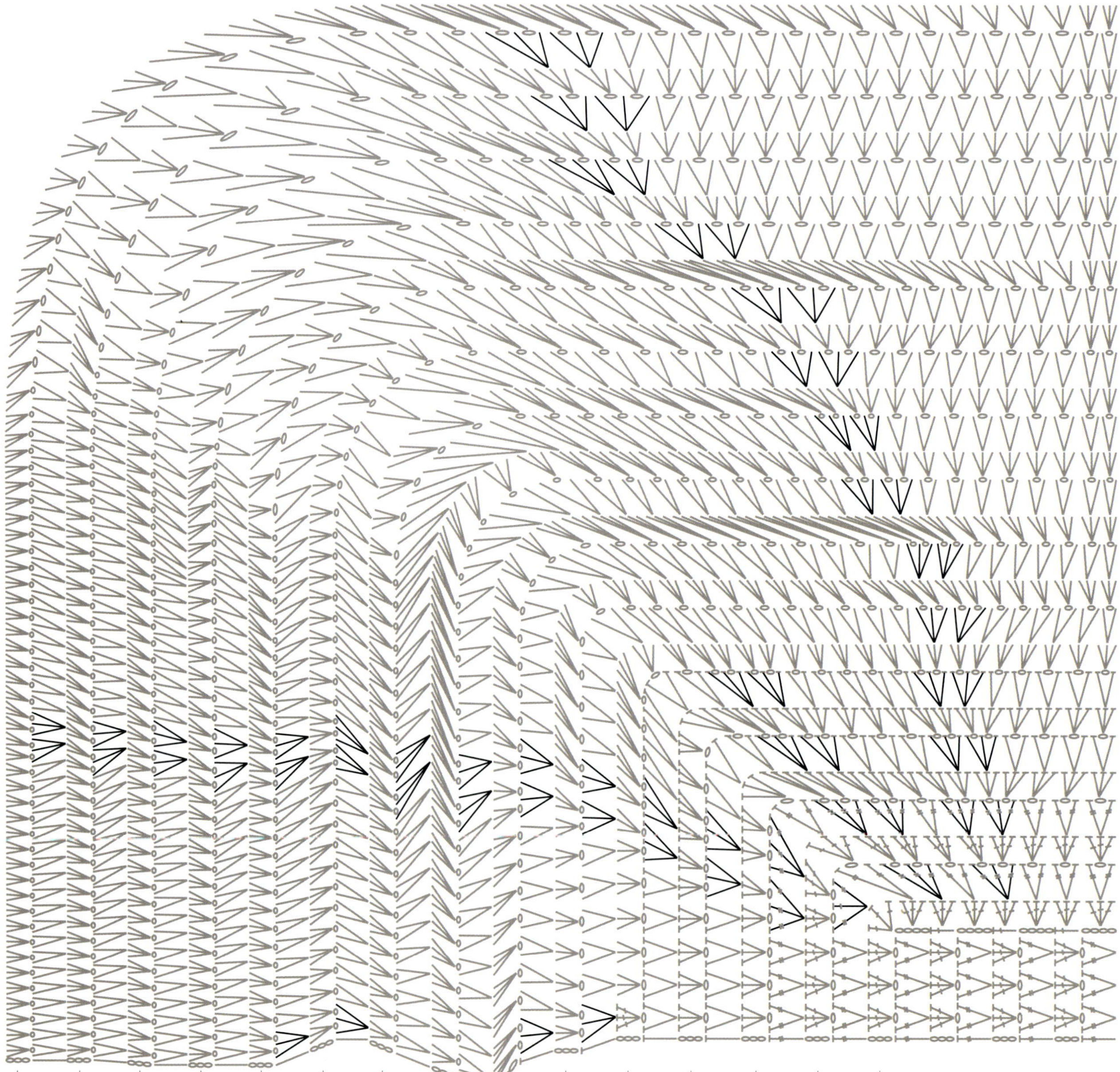

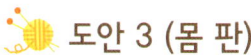 도안 3 (몸 판)

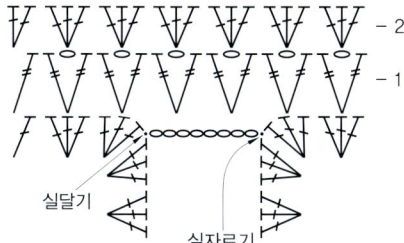

 도안 4 (소 매)

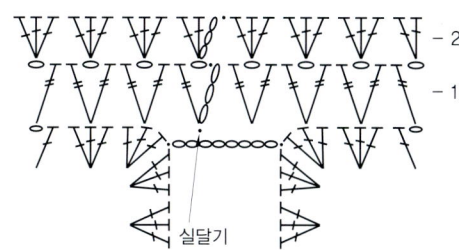

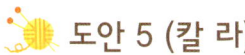 도안 5 (칼 라)

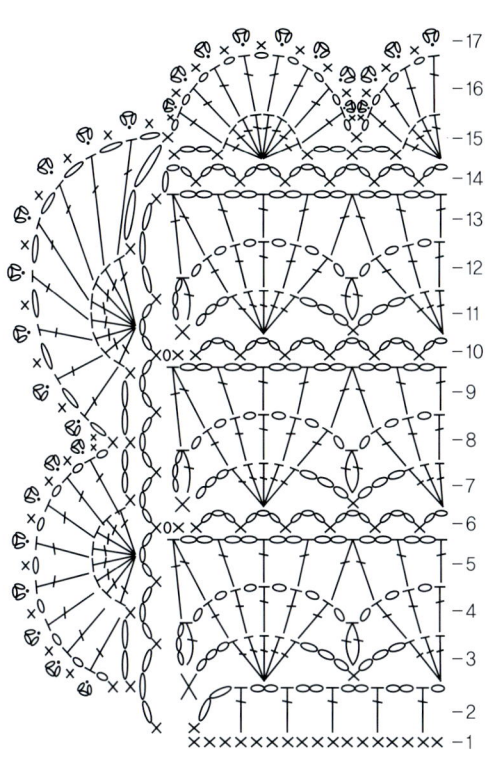

도안 6
(오른쪽 앞단)

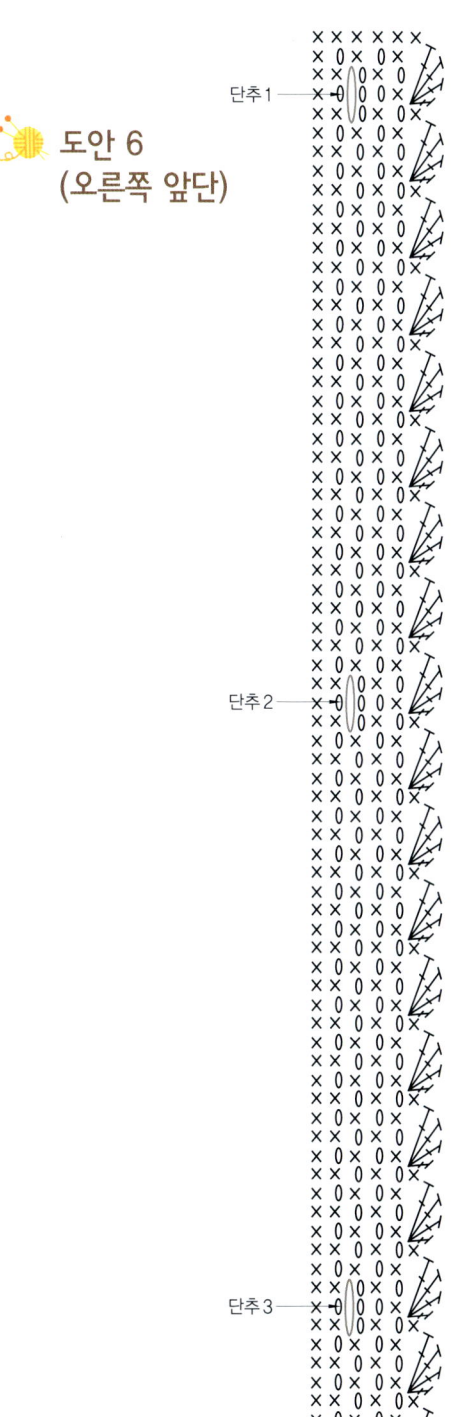

4 knitting
보라색 재킷

1. 차이니스 칼라 모양의 손뜨개
2. 소매 끝은 코바늘로 되돌아짧은뜨기한다.
3. 앞중심단은 2코 고무뜨기하고, 몸판 밑단은 되돌아짧은뜨기한다.
4. 몸판 무늬뜨기

보라색 재킷

완성 치수
66 size

재료와 도구
실   비비디(보라색)
바늘   7mm 줄바늘, 4mm 줄바늘, 코바늘 8호, 돗바늘
부속품 단추 5개

 뜨는 방법

① 뒤판은 7mm 줄바늘에 70코를 만들어 무늬뜨기 B를 48단을 뜬다.

② 48단을 뜬 뒤 소매둘레를 만드는데 4코 막음한 뒤 2단마다 3코, 2코, 1코 순으로 줄이고, 25단을 더 뜨고 끝낸다.

③ 앞판은 오른쪽, 왼쪽으로 나누어 각각 38코를 만들어 무늬뜨기 B를 48단 뜨고 소매둘레를 만드는데 4코 막음한 뒤, 2단마다 3코, 2코, 1코 순으로 줄이고 12단을 더 뜬다.

④ 전체 68단이 되면 앞목둘레를 만드는데 6코 막음한 후 2단마다 4코, 3코, 2코, 1코 순으로 줄여 양 어깨코가 각각 12코 되게 한 뒤 11단을 더 뜬다. 이때 뒤판보다 앞판 소매둘레 길이가 8단 더 길다.

⑤ ④까지 모두 끝나면 뒤판 어깨와 맞대어 붙이고, 돗바늘로 양옆구리를 붙인다.

⑥ 4mm 줄바늘로 앞중심단 부분에 각각 72코를 주어 2코 고무뜨기 7단을 뜨고, 돗바늘로 마친다. 단, 오른쪽 앞중심 단부분에는 2코 고무뜨기하면서 단추구멍을 5개 만든다.

⑦ 소매는 7mm 줄바늘로 34코를 만들어 무늬뜨기 B로 하는데 8단마다 양옆 가장자리에 1코씩 늘리기 7회하며 64단까지 뜨고, 소매산은 3코 막음한 뒤 2단마다 2코, 1코-6회, 2코, 3코 순으로 줄인 뒤 남는 코는 막음 처리하고 마친다.

⑧ ⑦의 소매뜨기를 한 장 더 떠서 소매통을 돗바늘로 붙인 다음, 몸판에 소매를 붙인다.

⑨ 목단은 7mm 줄바늘로 82코를 주어 무늬뜨기 B로 28단까지 뜨고 반으로 접어 돗바늘로 목단 시작부분에 감침질해서 붙인다.

⑩ 목단 옆솔기 트인 부분은 돗바늘로 붙여 마무리하고, 밑단과 소매부리단은 코바늘 8호로 되돌아짧은뜨기로 장식 마무리한다.

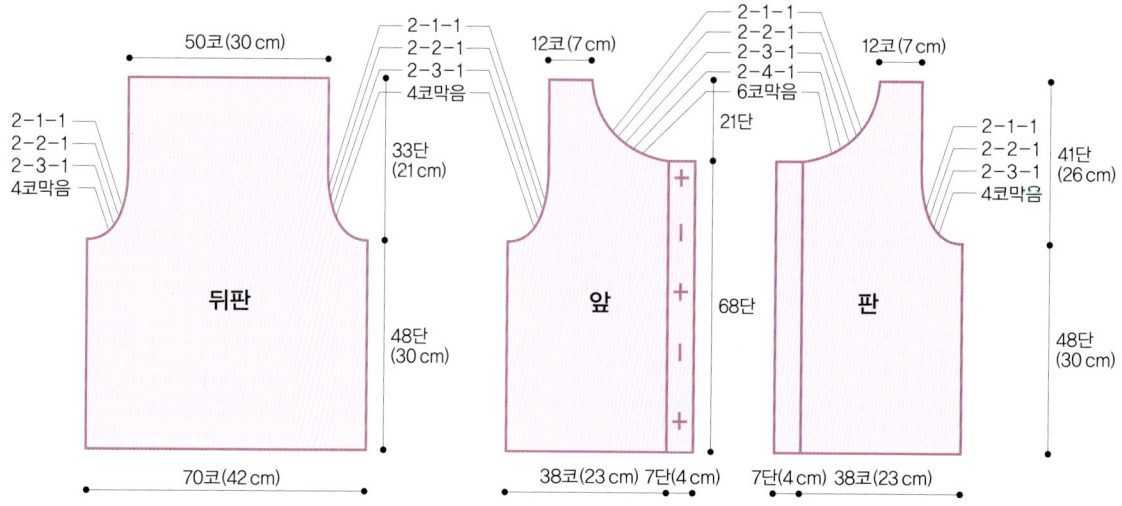

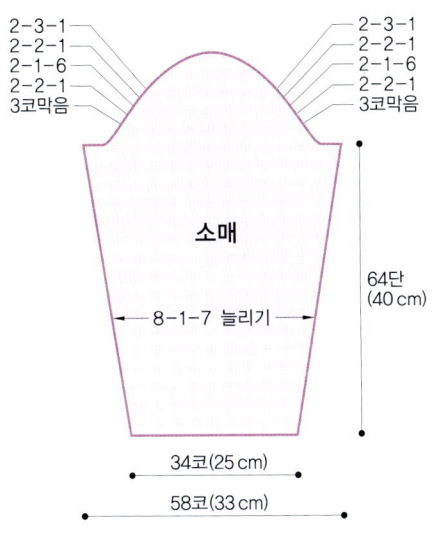

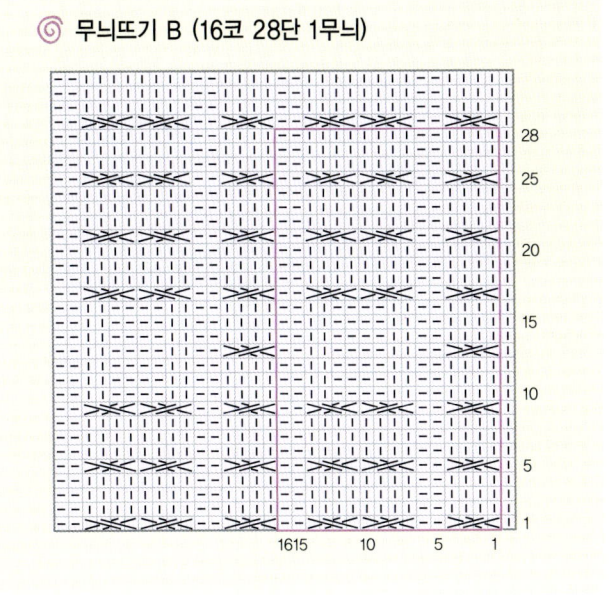

무늬뜨기 B (16코 28단 1무늬)

뒤 판

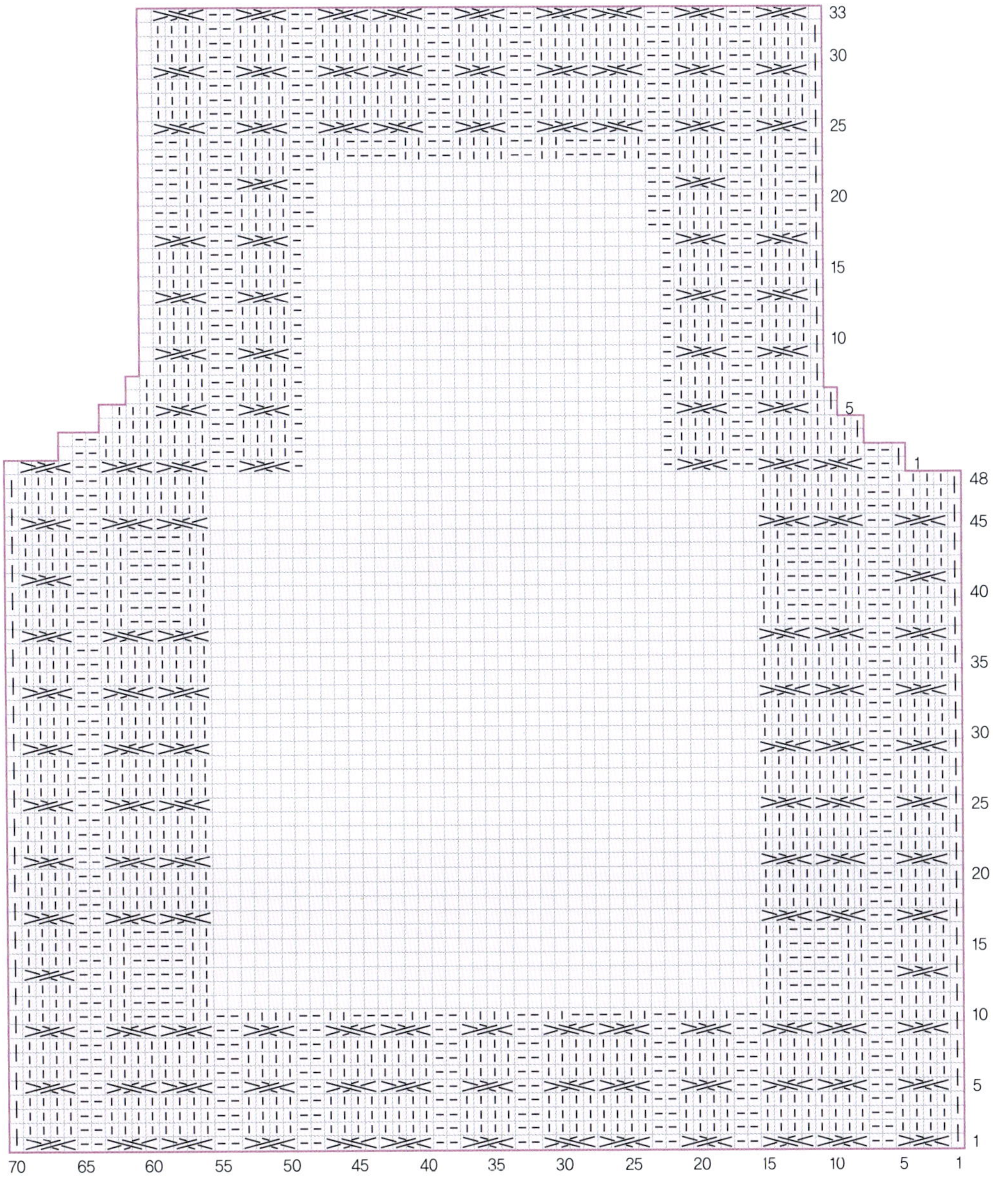

앞 판

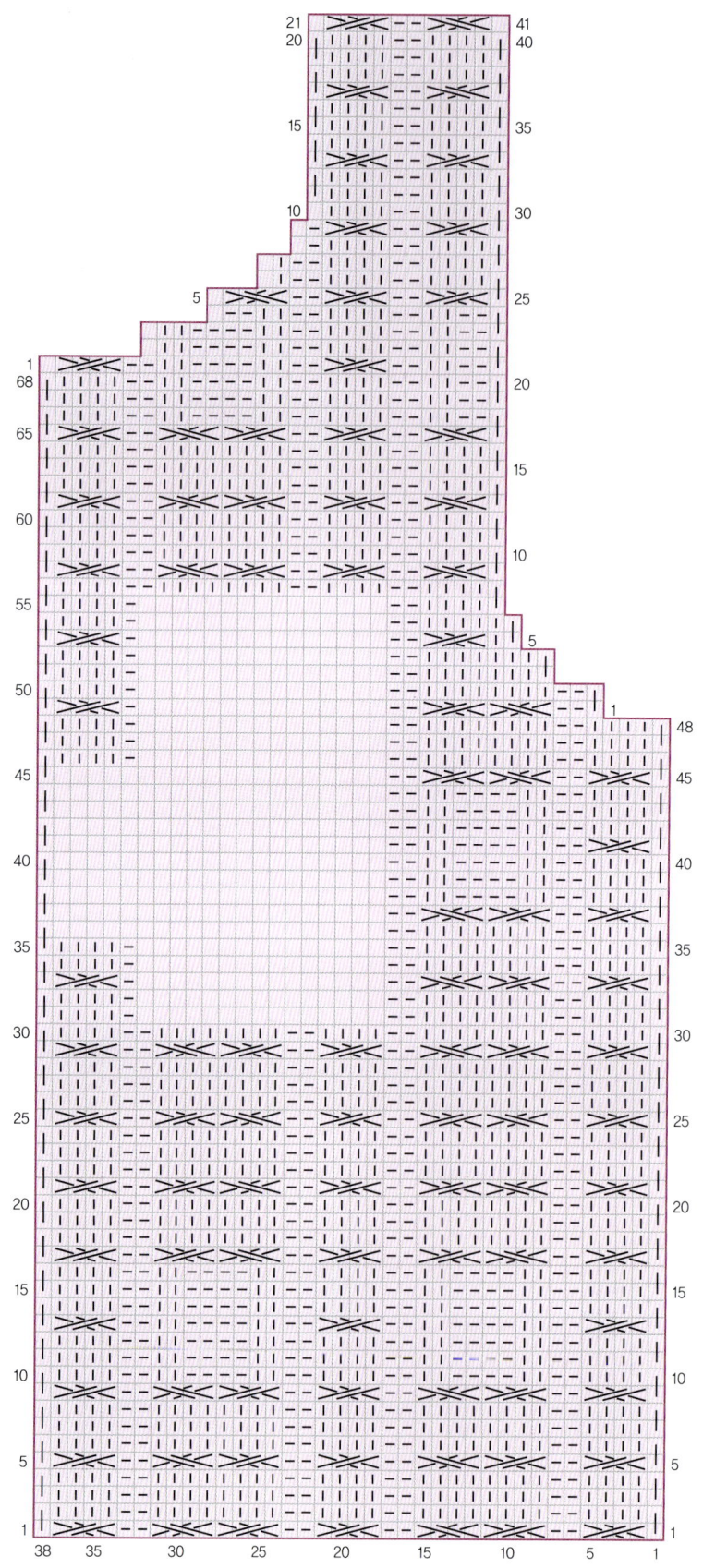

 소매    칼 라

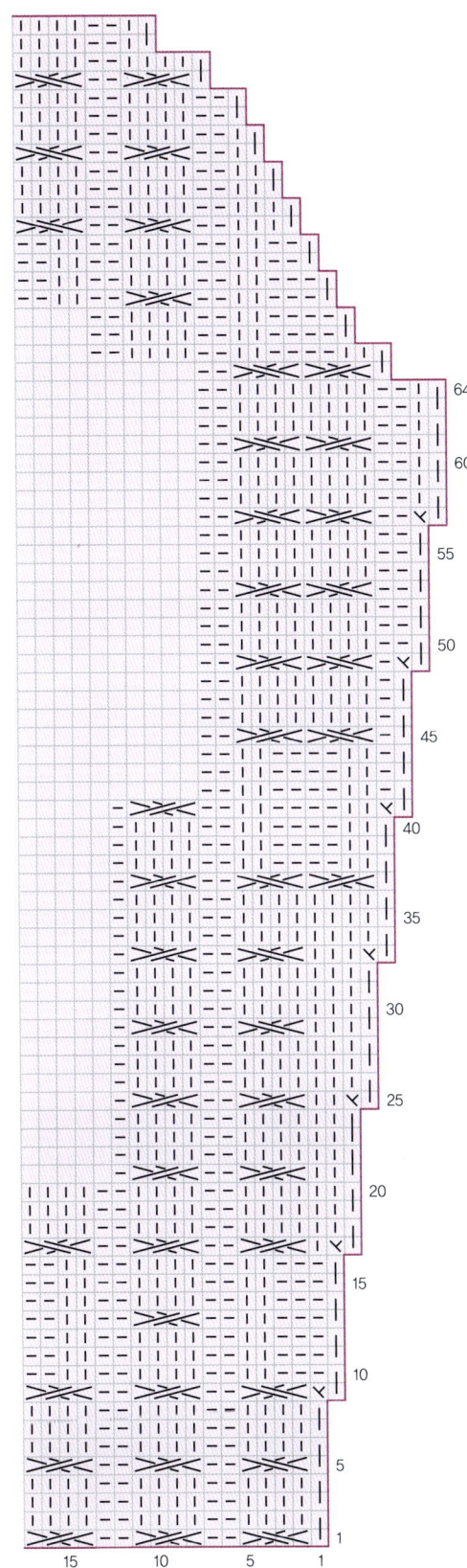
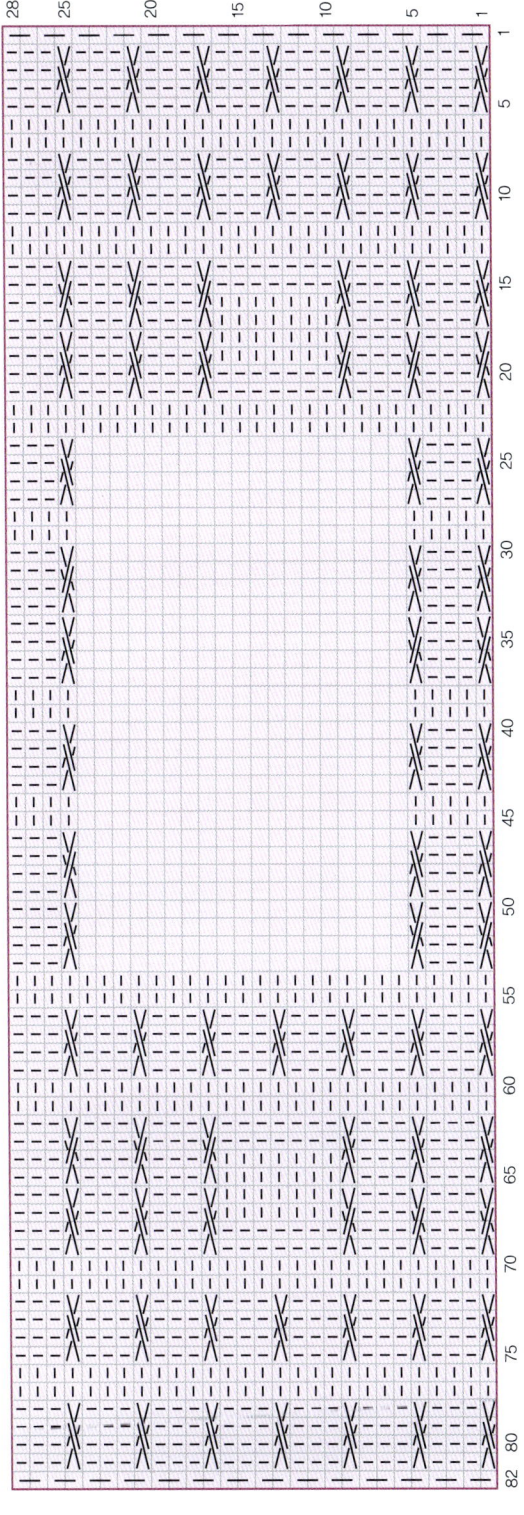

5 knitting
분홍빛 나염 재킷

1. 라운드 넥 부분의 손뜨개
2. 어깨 부분 손뜨개
3. 앞중심과 밑단 뜨기
4. 소매 끝단 뜨기

분홍빛 나염 재킷

완성 치수
66 size

재료와 도구
실 diamusee(분홍빛 나염)
바늘 코바늘 3호, 코바늘 5호

 뜨는 방법

① 사슬 101코를 시작코로 5코가 1무늬 되게 20무늬로 시작해서 무늬뜨기A 15단, 무늬뜨기 B 5단을 뜨고 양 앞판은 각각 무늬 11.5개, 양 소매는 각각 무늬 17개, 뒤판은 무늬 23개가 되도록 나눈다.

② 양소매에 각각 사슬 10코씩 만들어 이어 무늬 3개를 만들어 몸통을 뜨는데 무늬뜨기 B로 18단 뜨고, 무늬뜨기 C로 7단 뜨고 마친다.

③ 소매는 어깨에서 나눈 무늬 17개와 사슬 10코에서 만든 무늬 3개 총 20무늬를 원통뜨기로 21단 뜨는 동안 무늬 2개를 도안 3처럼 줄여주다 소매단도 무늬뜨기 C 7단 뜨고 마친다.

④ 오른쪽 앞중심에서 목둘레, 왼쪽 앞중심까지 연결해서 무늬뜨기 D로 단을 떠서 마무리한다.

⑤ 실 2올과 코바늘 5호로 사슬뜨기 180cm 정도 뜨고 양끝에 꽃봉오리를 떠서 장식한 뒤 ②의 몸통 무늬뜨기 16단에 끼워 허리밸트로 한다.

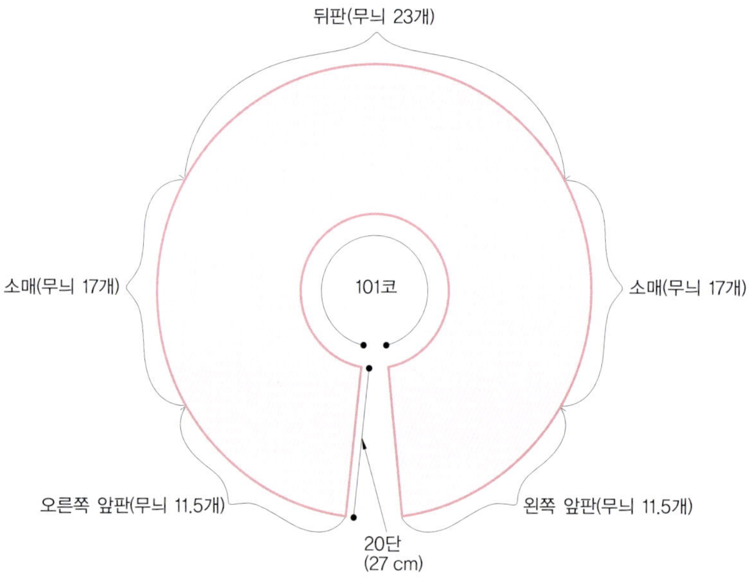

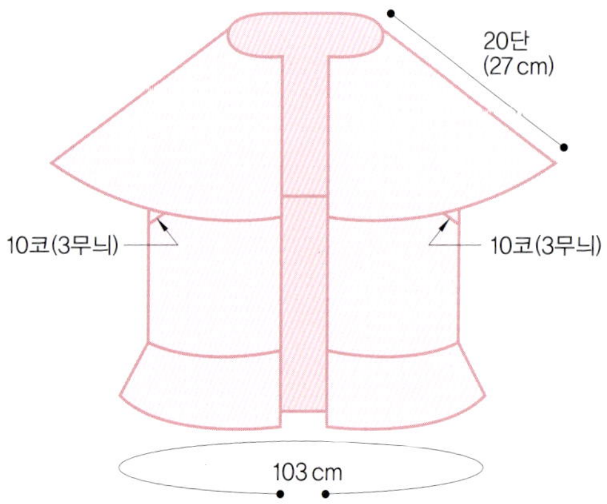

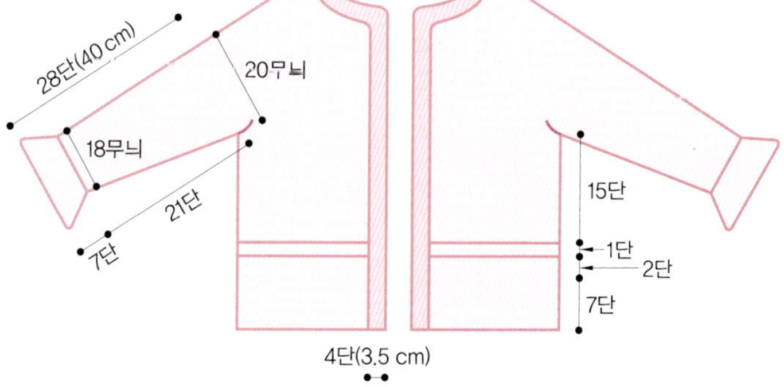

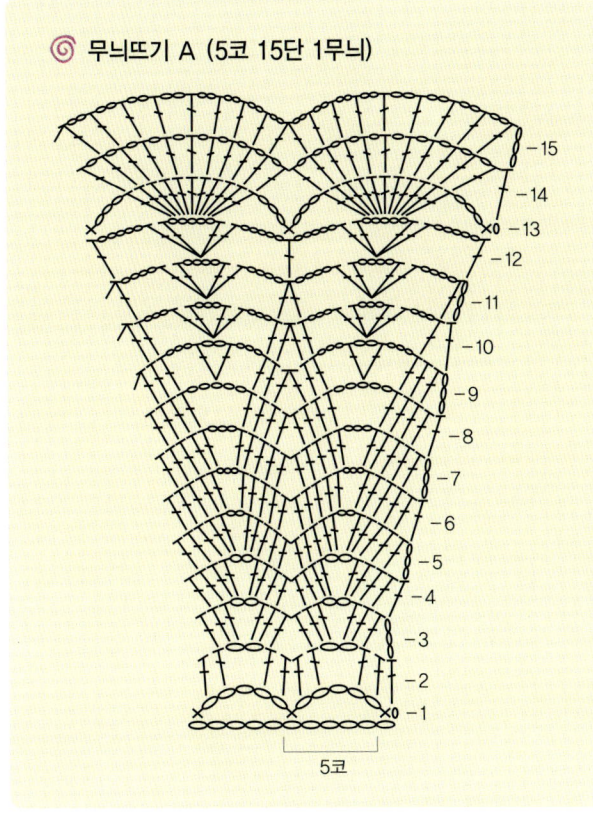

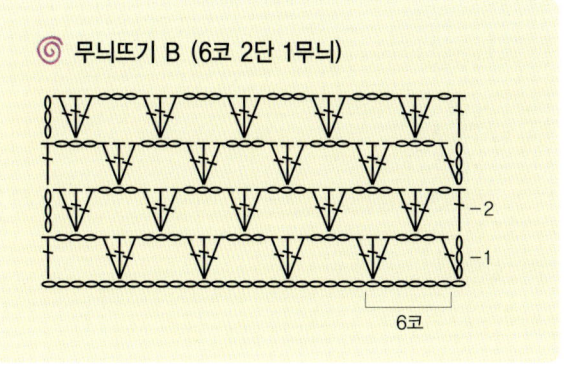

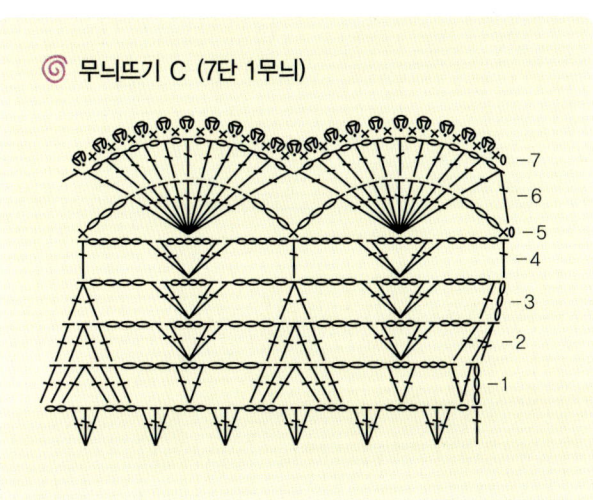

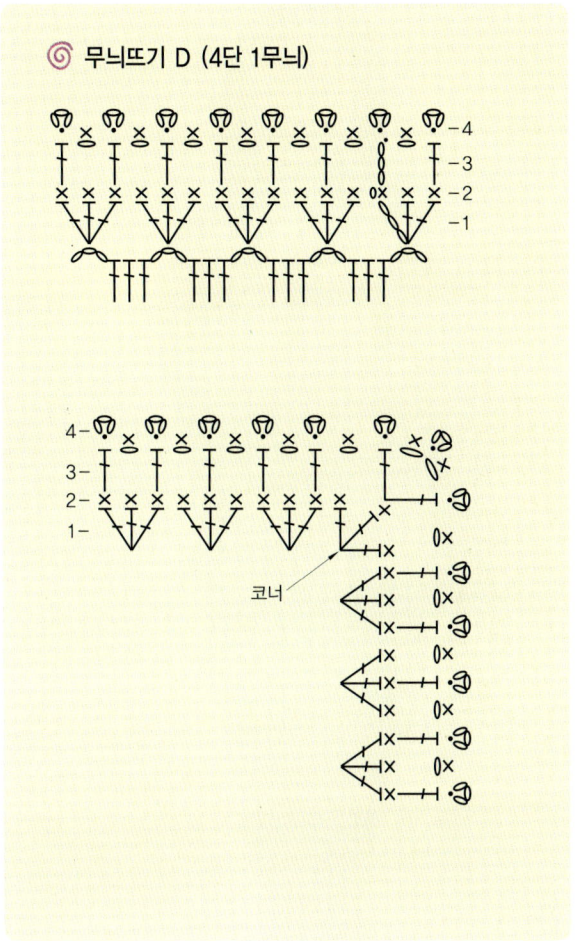

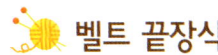
벨트 끝장식

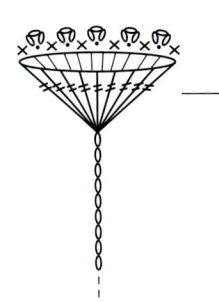
— 2길 긴뜨기 19개 뜨고 피코뜨기하며 꽃봉오리를 만든다.

 도안 1

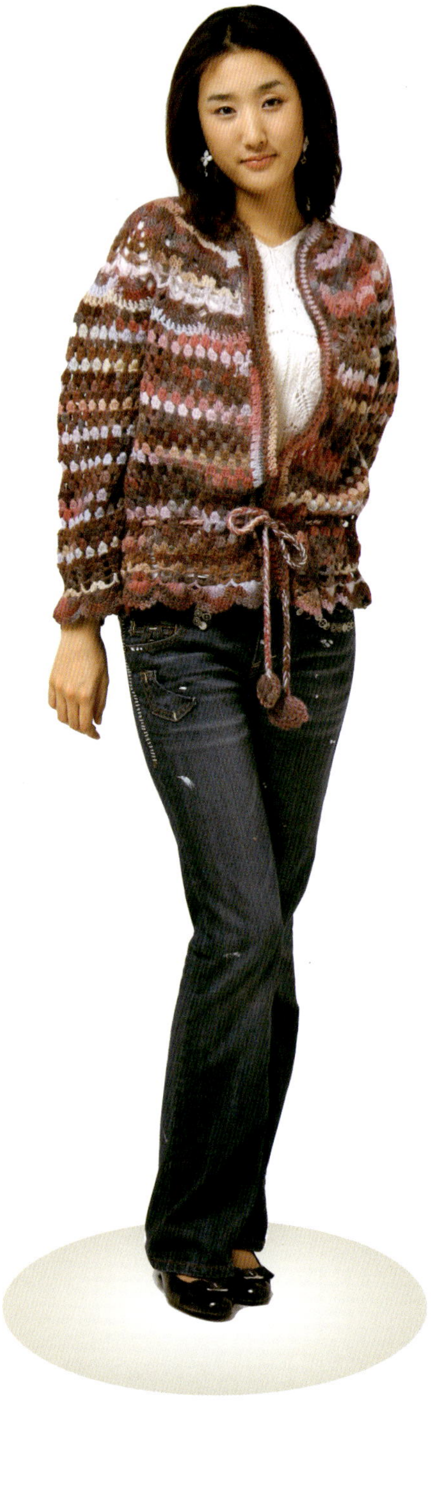

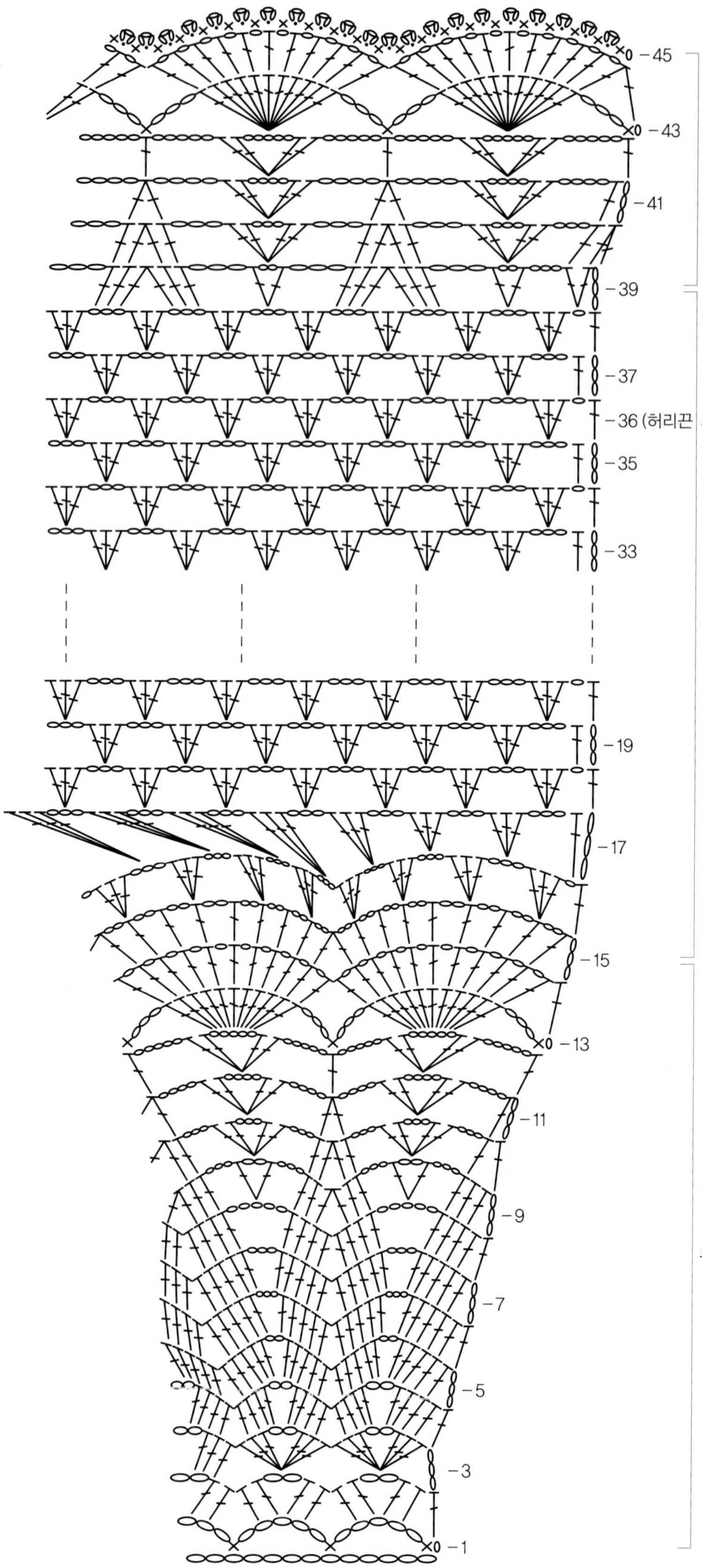

무늬뜨기 C

무늬뜨기 B

–36 (허리끈 끼울곳)

무늬뜨기 A

 도안 2

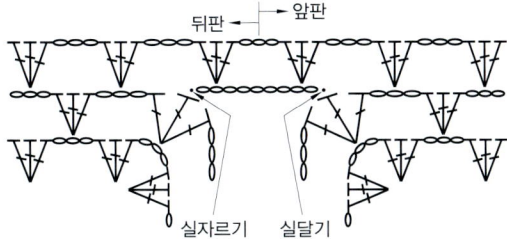

 도안 3

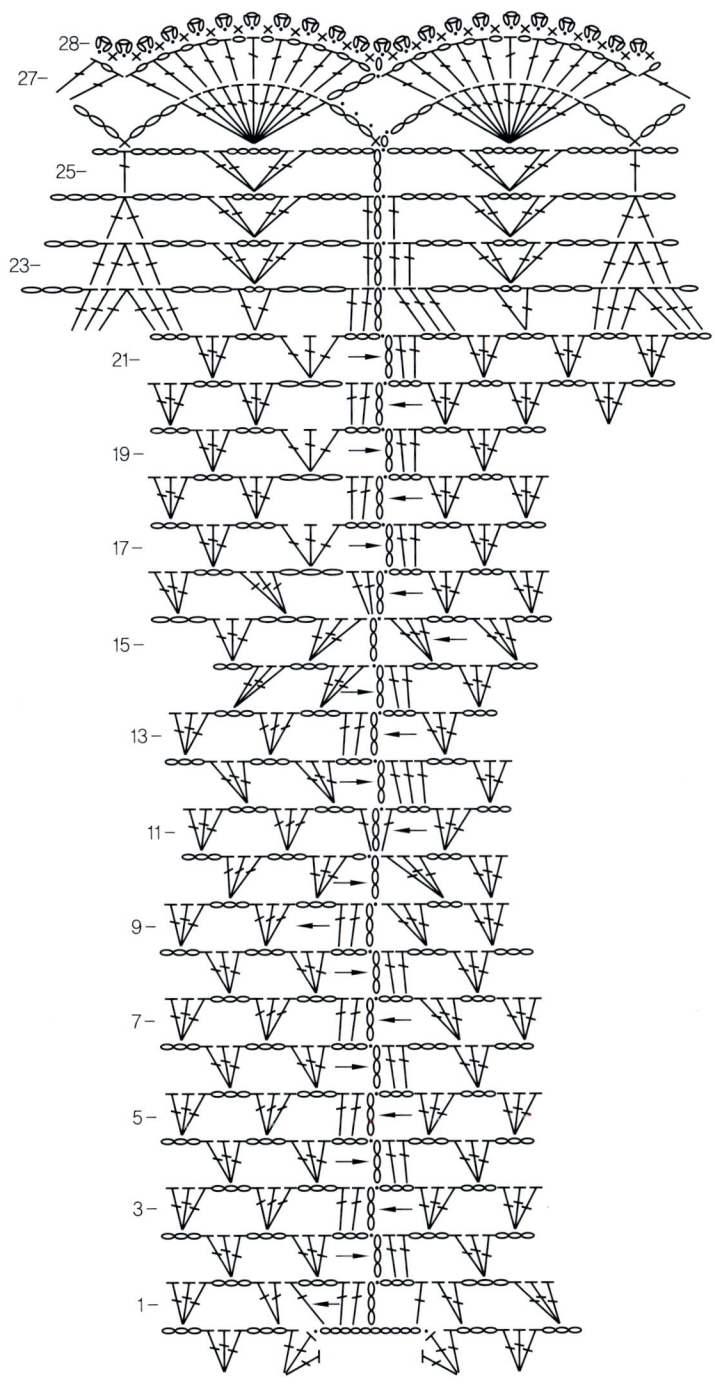

115

겨울에 입는 패션

Part 4

1_보라색 볼레로와 민소매 원피스

2_감청색 롱코트

3_두루마기 스타일 롱코트

4_체리핑크 바지 정장

5_남성용 더블 후드 코트

1 knitting

보라색 볼레로와 민소매 원피스

The violet bolero & a one-piece dress

1. 폴라넥은 2코 고무뜨기한다.
2. 원피스 밑단은 옆트임을 한다.
3. 볼레로 몸판 앞모습
4. 몸판 무늬뜨기

보라색 볼레로 & 민소매 원피스

완성 치수
66 size

재료와 도구
실   캐시미어 울(보라색)
바늘 줄바늘 4mm, 줄바늘 3mm,
      줄바늘 5mm, 돗바늘, 코바
      늘 3호
부속품 밑실 조금

 뜨는 방법

【볼레로】

① 4mm 줄바늘과 밑실로 163코를 만들고 본실로 무늬뜨기 A를 116cm가 될 때까지 직사각형으로 뜬다.

② ①이 끝나면 163코를 66코가 되게 줄여 3mm 줄바늘로 2코 고무뜨기를 15cm 정도 뜨고, 밑실 부분에서도 3mm 줄바늘로 163코를 주운 뒤 66코가 되게 줄이고 2코 고무뜨기를 15cm 뜨고 돗바늘로 마친다.

③ ②가 다 되면 양옆 2코 고무뜨기 부분과 각각 120단 부분까지 돗바늘로 이어 붙이고 가운데 몸통 부분만 남긴다.

④ 가운데 남긴 몸통 부분은 3mm 줄바늘로 376코를 원통으로 코를 주워서 2코 고무뜨기를 6cm 정도 원통뜨기한 후 돗바늘로 마친다.

⑤ ④까지 모두 끝나면 밑실은 풀어낸다.

【민소매 원피스】

[뒤판]

① 4mm 줄바늘과 본실로 179코를 만들고 무늬뜨기 A를 한다.

② 200단까지 무늬뜨기한 뒤 201단째 6코를 무늬 1개마다 안뜨기 1코씩 줄인다. 10단마다 같은 방법으로 3회 더 해서 24코를 줄인다.

③ 무늬 7개(252단)까지 뜨고 소매둘레를 만드는데 11코 막음한 뒤 2단마다 4코, 3코, 2코, 1코 순으로 줄이고 44단을 더 뜬다.

[앞판]

① 앞판 시작은 뒤판 ①, ②번과 같이 한다.

② ①까지 하고 나면 11코 막음한 뒤 2단마다 4코, 3코, 2코, 1코 순으로 줄이고 26단을 더 떠서 전체 단수 288단이 되면 앞목을 만든다.

③ 앞목은 가운데 중심에 49코를 막음하고 양옆으로 각각 2단마다 4코, 3코, 2코, 1코를 줄여 양 어깨코가 22코 되게 하고 10단을 더 뜨고 난 뒤 뒤판 어깨코와 바로 붙인다.

[단뜨기]

① 원피스 밑단 양옆을 54단씩 남겨두고 앞·뒤판을 돗바늘로 붙여준다.

② 원피스 밑단 부분은 코바늘 3호로 되돌아짧은뜨기로 장식 마무리한다.

③ 목단은 3mm 줄바늘로 168코를 주어 2코 고무뜨기 6cm 뜨고, 4mm 줄바늘로 바꾸어 2코 고무뜨기 7cm 뜬 뒤, 5mm 줄바늘로 바꾸어 2코 고무뜨기 8cm씩 원통뜨기한 후 돗바늘로 마무리한다.

④ 양 소매단은 3mm 줄바늘로 126코를 주어 2코 고무뜨기를 2.5cm 정도 뜨고 돗바늘로 마무리한다.

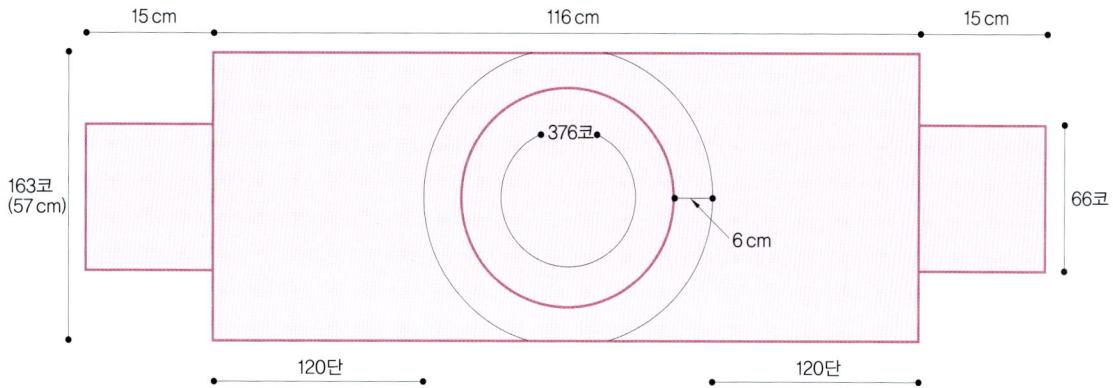
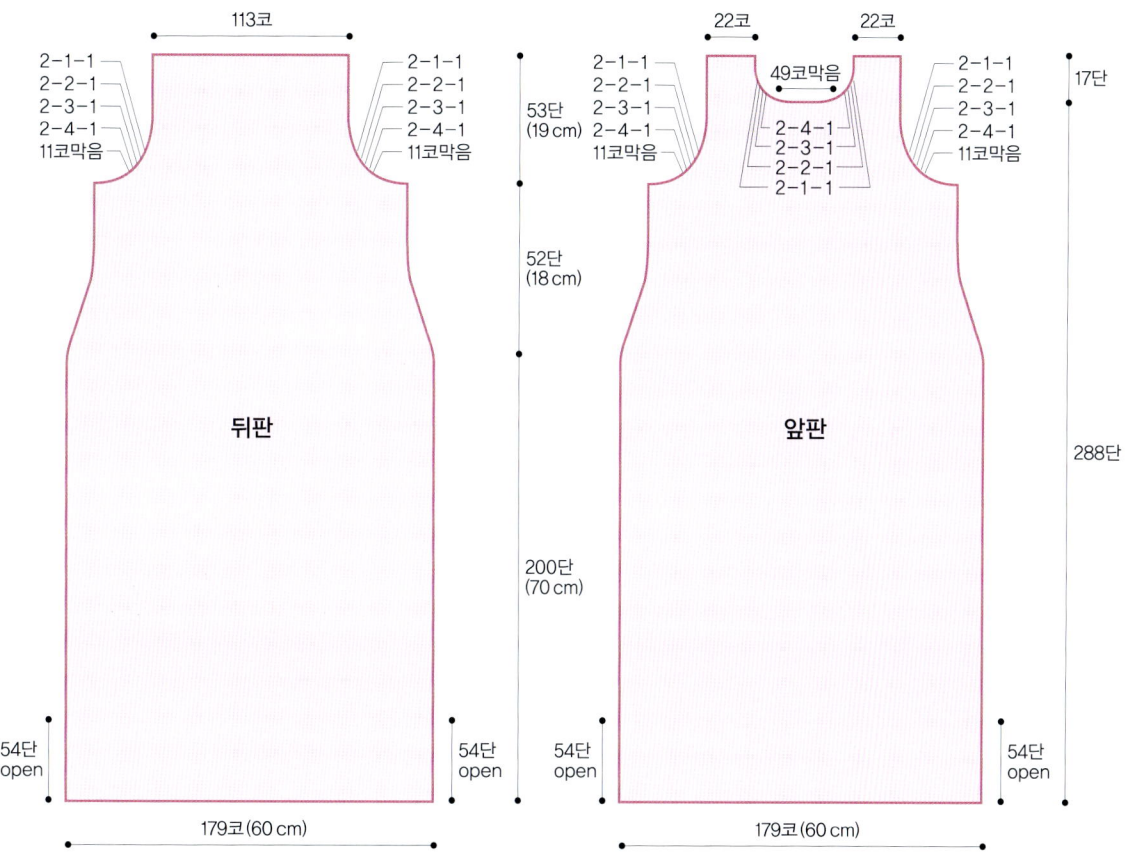

무늬뜨기 A (32코 36단 1무늬)

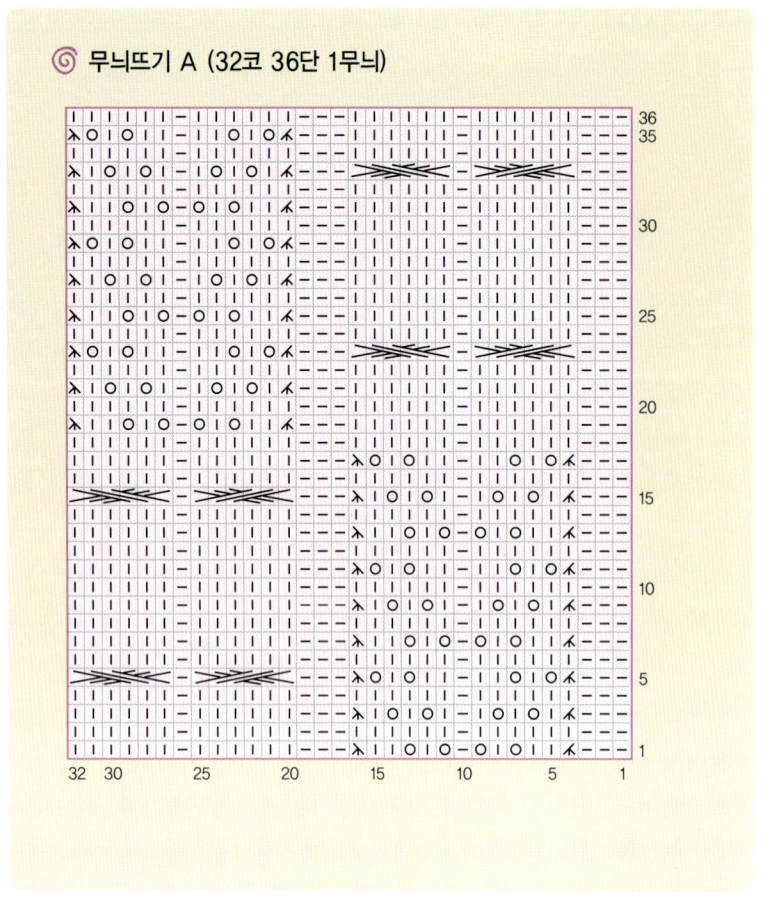

앞 판

앞목둘레

소매둘레

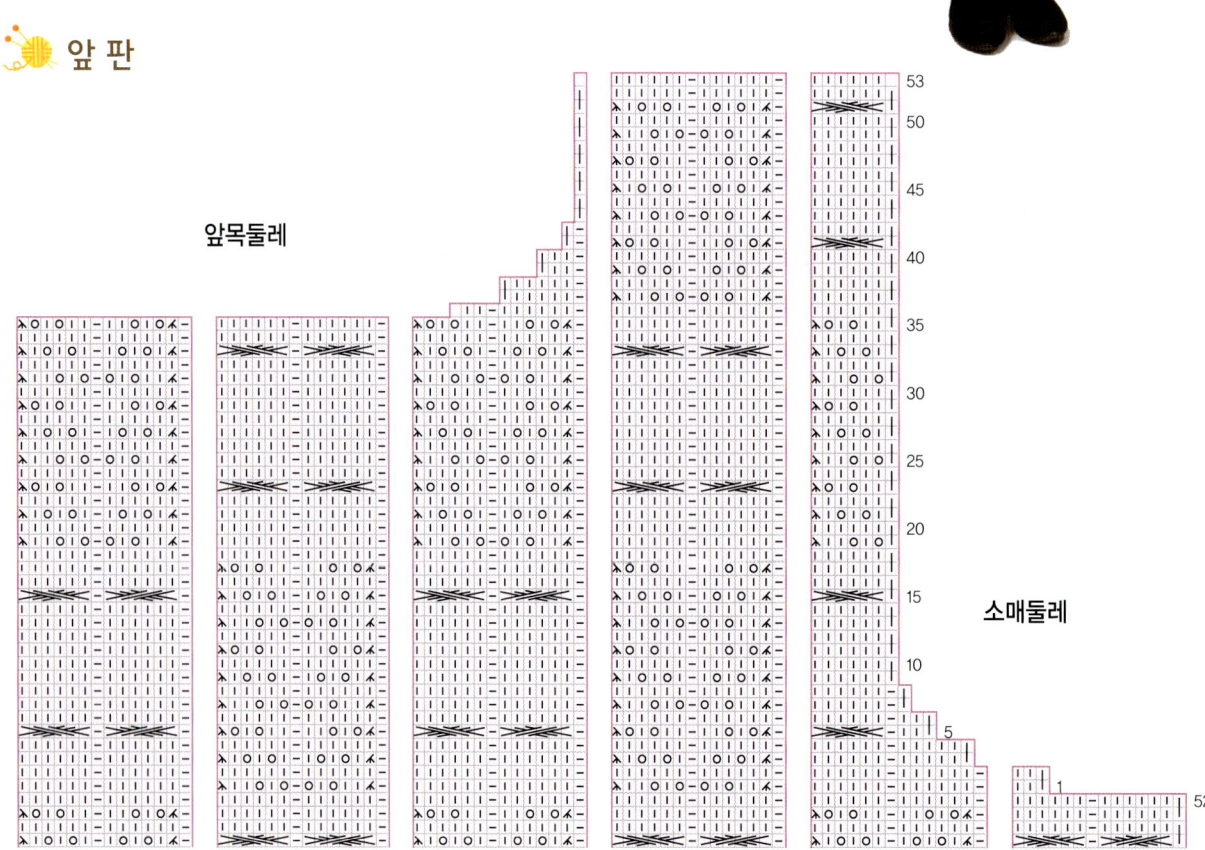

 뒤 판

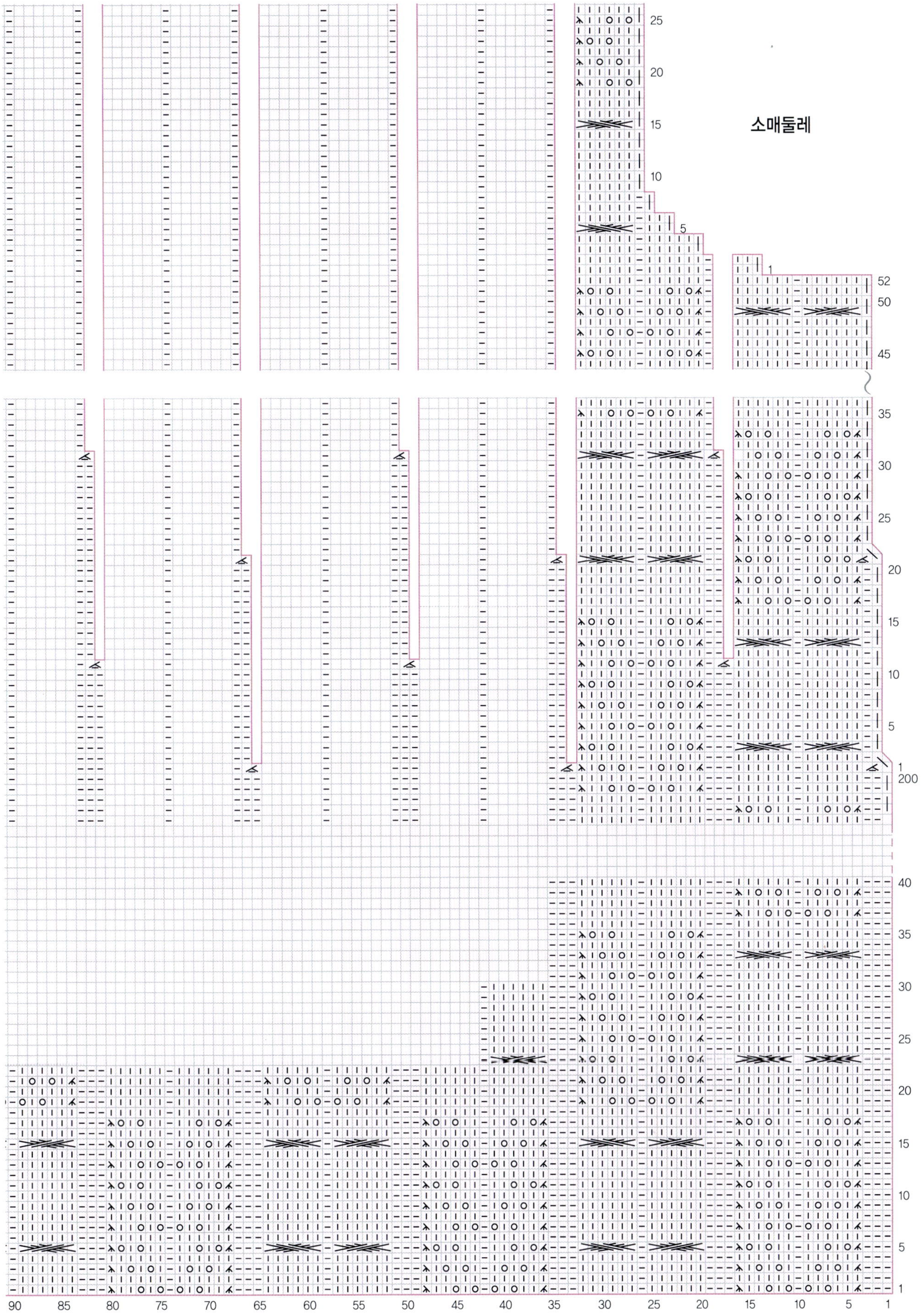

소매둘레

2 감청색 롱코트
knitting

1. 차이니스 칼라와 네크라인 부분 손뜨개
2. 몸판에 소매 달기 부분
3. 소매 끝단은 접는 소매로 겉과 안을 바꿔서 뜬다.
4. 몸판 무늬뜨기

감청색 롱코트

완성 치수
77 size

재료와 도구
실 중세사 순모(감청색)
바늘 2.5mm 줄바늘, 3.5mm 줄바늘, 돗바늘, 코바늘 3호, 핀
부속품 단추 7개, 주머니 등 안감 조금, 밑실

 뜨는 방법

① 2.5mm 줄바늘을 이용해 흔들코 216코를 만들어 이면뜨기 8단을 뜨고, 3.5mm 줄바늘로 바꾸면서 무늬뜨기 A, B, A, B, A, B, A, B, A 순으로 배치한 후 무늬뜨기 168단을 뜨고, 양옆 가장자리에서 각각 8단마다 1코씩 줄이기 10회하여 무늬뜨기 길이가 총 256단이 되게 뜬다.

② ①이 다 되면 소매둘레를 만드는데 10코 막음한 후 1단마다 1코씩 줄이기 44회, 2단마다 1코씩 줄이기 21회를 뜨고, 평1단 뜬 뒤 막음코로 마무리한다.

③ 앞판은 오른쪽, 왼쪽으로 나누어 각각 흔들코 119코를 2.5mm 줄바늘로 만들어 이면뜨기 8단씩 뜬다. 3.5mm 줄바늘로 오른쪽, 왼쪽, 앞판 모두 무늬뜨기 A, B, A, B, A 순으로 배치하고 무늬뜨기 168단을 뜬 후 주머니 입구를 만든다.

④ 주머니 입구는 앞중심으로 72코만을 무늬뜨기하며 40단을 떠 주고, 2.5mm 줄바늘로 입구쪽에 41코를 주어 1코 고무뜨기 10단을 뜨고 돗바늘로 마무리한다.

⑤ 남겨 두었던 코는 1코 고무뜨기 단과 붙여서 옆구리 쪽에서 8단마다 1코씩 줄이기 10회하며 뜨는데 40단 정도 뜨면 1코 고무뜨기 나머지 단과 연결해 주머니 입구를 완성해서 무늬뜨기 256단까지 떠 올린다.

⑥ 앞판 소매둘레는 10코 막음한 후 1단마다 1코씩 줄이기 26회, 2단마다 1코씩 줄이기 30회 하고, 앞목둘레는 앞중심단이 312단 되면 28코 핀에 끼워주고 2단마다 1코씩 줄이기 15회 한다.

⑦ 오른쪽 앞단은 앞단 중심쪽 무늬뜨기A가 중심단이 되므로 목둘레를 만들기 전까지 단추구멍 7개를 만들어 준다.

⑧ 소매는 3.5mm 줄바늘에 밑실로 84코를 만들고 본실로 뜨면서 무늬뜨기 B, A, B 순으로 배치하고 132단을 뜨는데 양옆 가장자리에서 6단마다 1코씩 늘리기 21회 한다.

⑨ 소매산은 10코 막음한 후 2단마다 1코씩 줄이기 42회하고 남은 코 22코는 막음코로 마무리한다.

⑩ 소매단은 밑실 시작부분에서 3.5mm 줄바늘로 112코를 주이 무늬뜨기 A를 6개 배치하고 32단 뜨는데 양옆 가장자리에서 8단마다 1코씩 늘리기 3회 해준다. 모두 끝나면 밑실은 빼 준다.

⑪ 돗바늘로 앞·뒤판 옆솔기와 소매 옆솔기를 붙인다. 소매둘레에 소매산을 대고 돗바늘로 붙여준다.

⑫ 핀에 끼워 두었던 코를 3.5mm 줄바늘에 끼워 목둘레 코수가 모두 202코가 되게 주어 주고 무늬뜨기 A 무늬 11개를 배치시키고 68단 떠서 반으로 접어 목단 시작부분에 감침질한다. 목단 부분에서도 단

추구멍 1개를 만들어 준다.

⑬ 18코를 앞중심단 밑부분에서 주어 312단 메리야스 떠서 속단을 만들어 붙이고, 앞중심단들과 소매부리단은 코바늘 3호로 되돌아짧은뜨기로 장식 마무리한다.

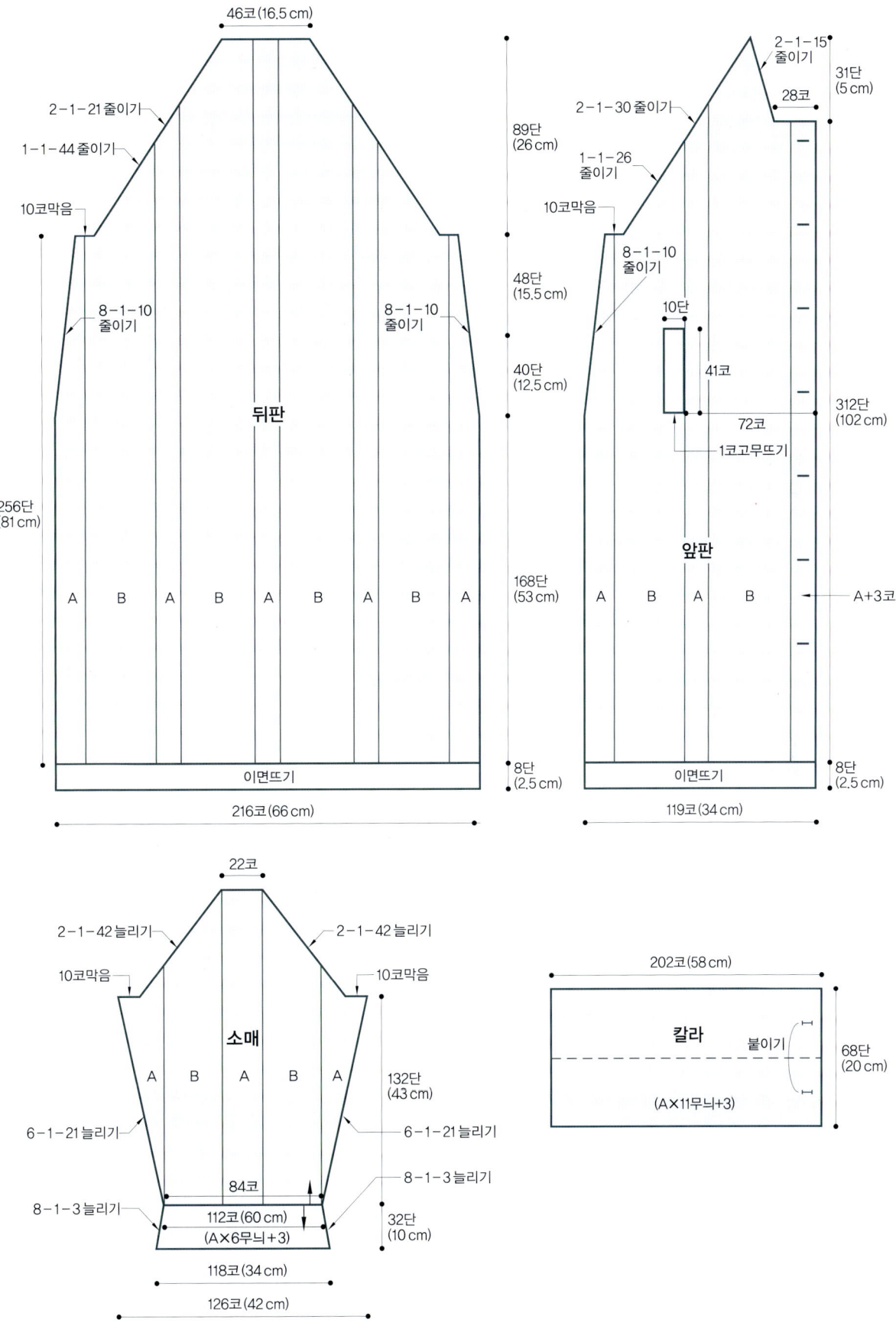

무늬뜨기 A (18코 12단 1무늬)

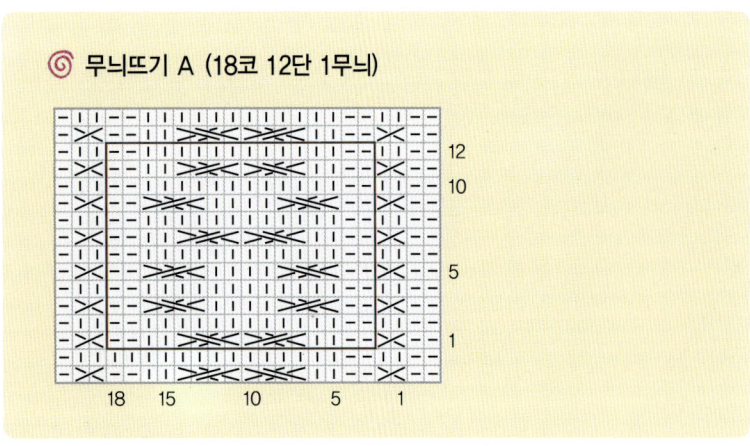

무늬뜨기 B (32코 16단 1무늬)

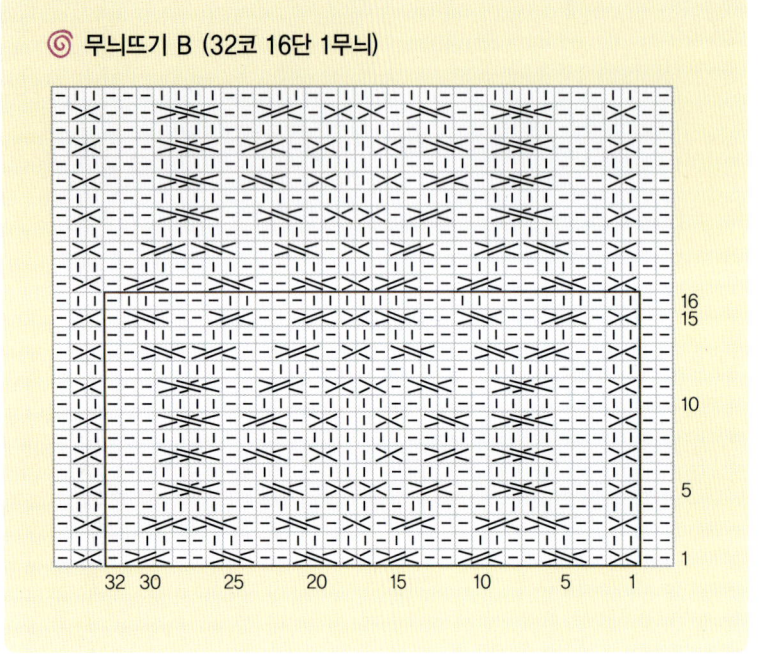

칼 라

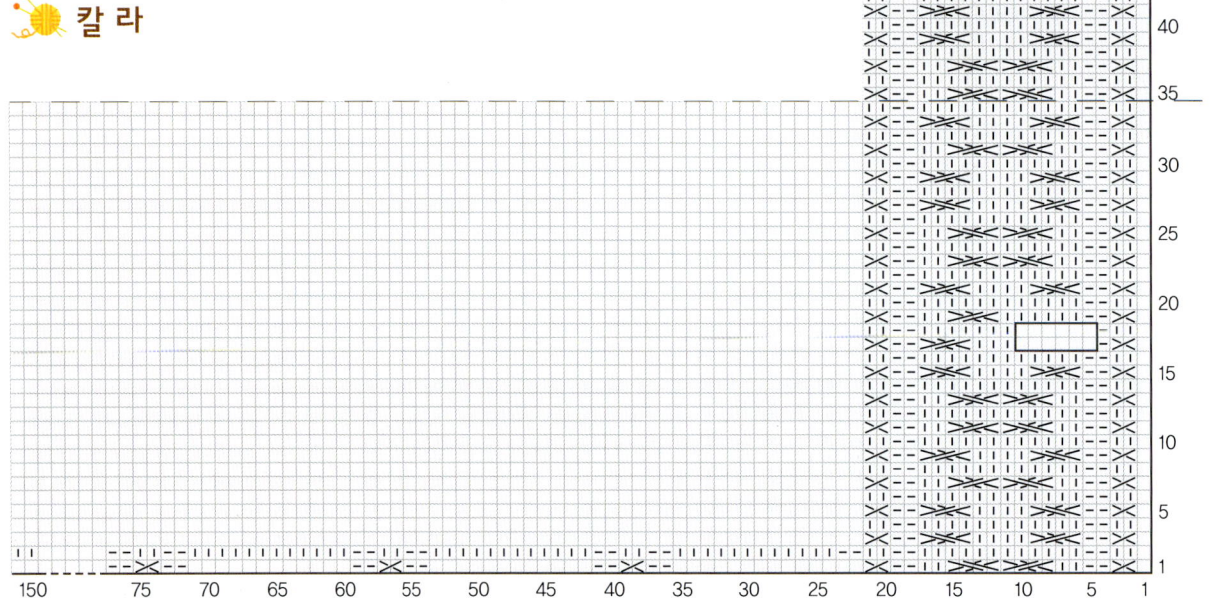

뒤 판

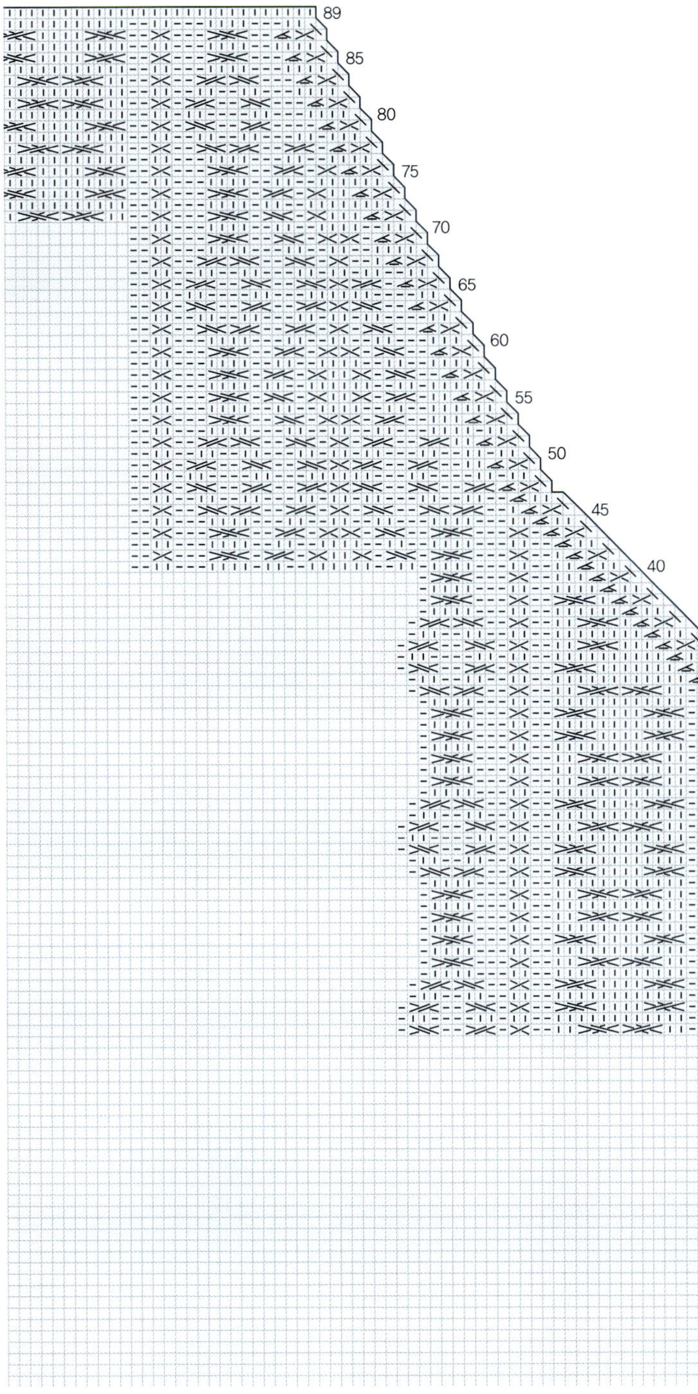

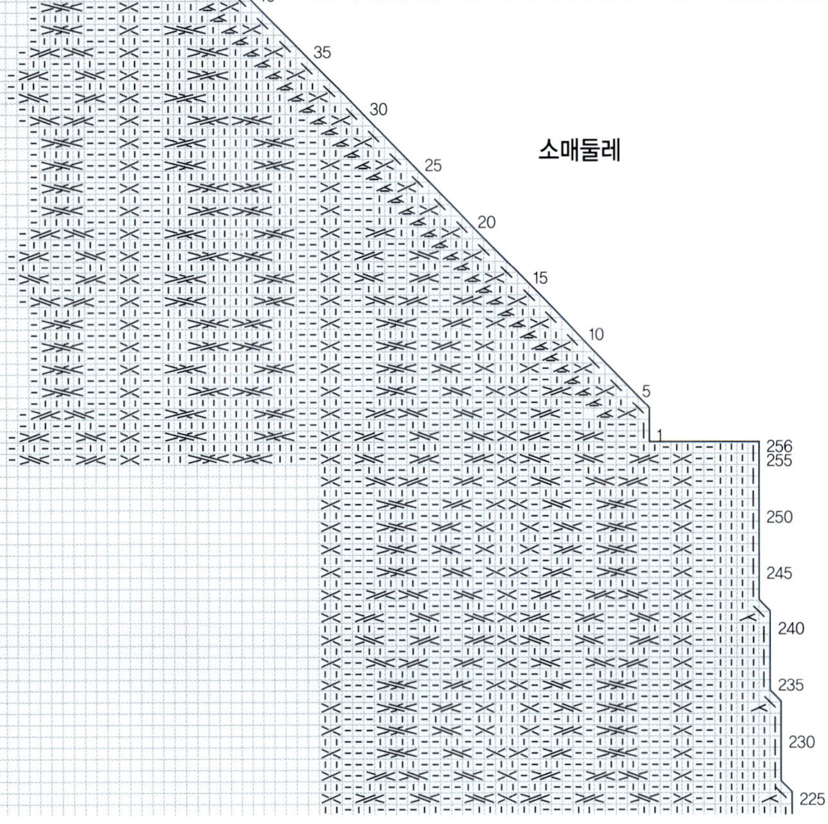

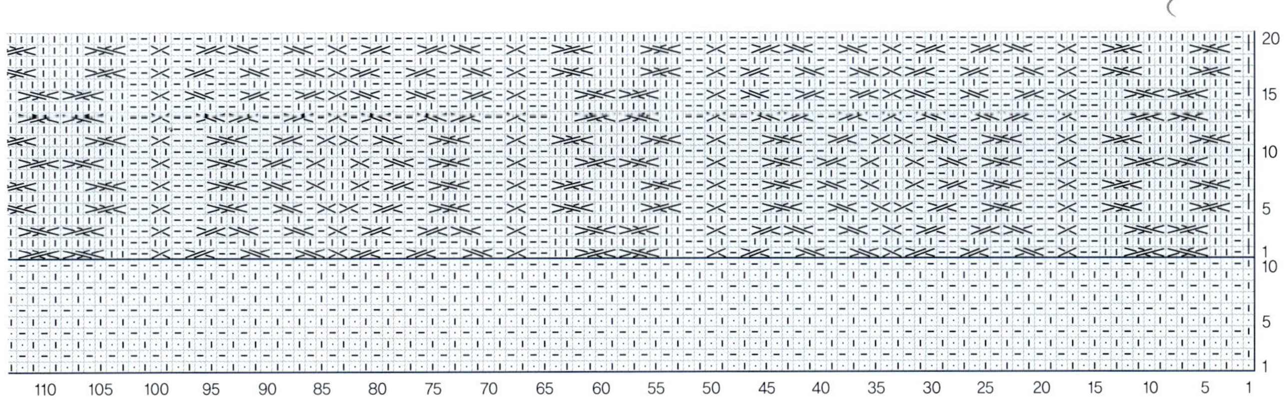

몸판 옆솔기 줄임

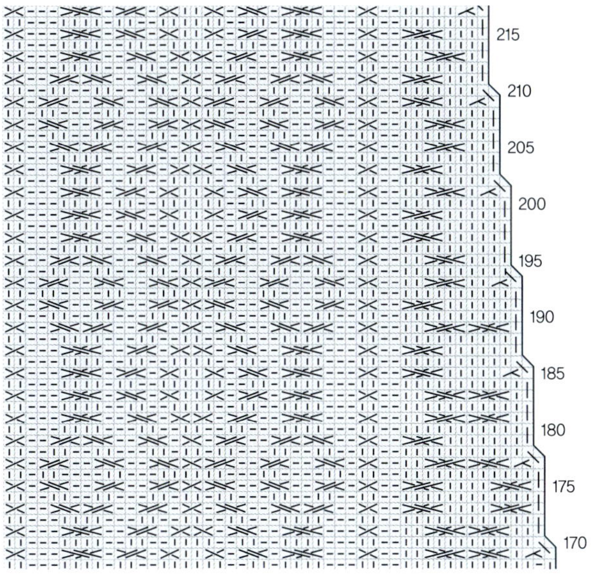

소매둘레

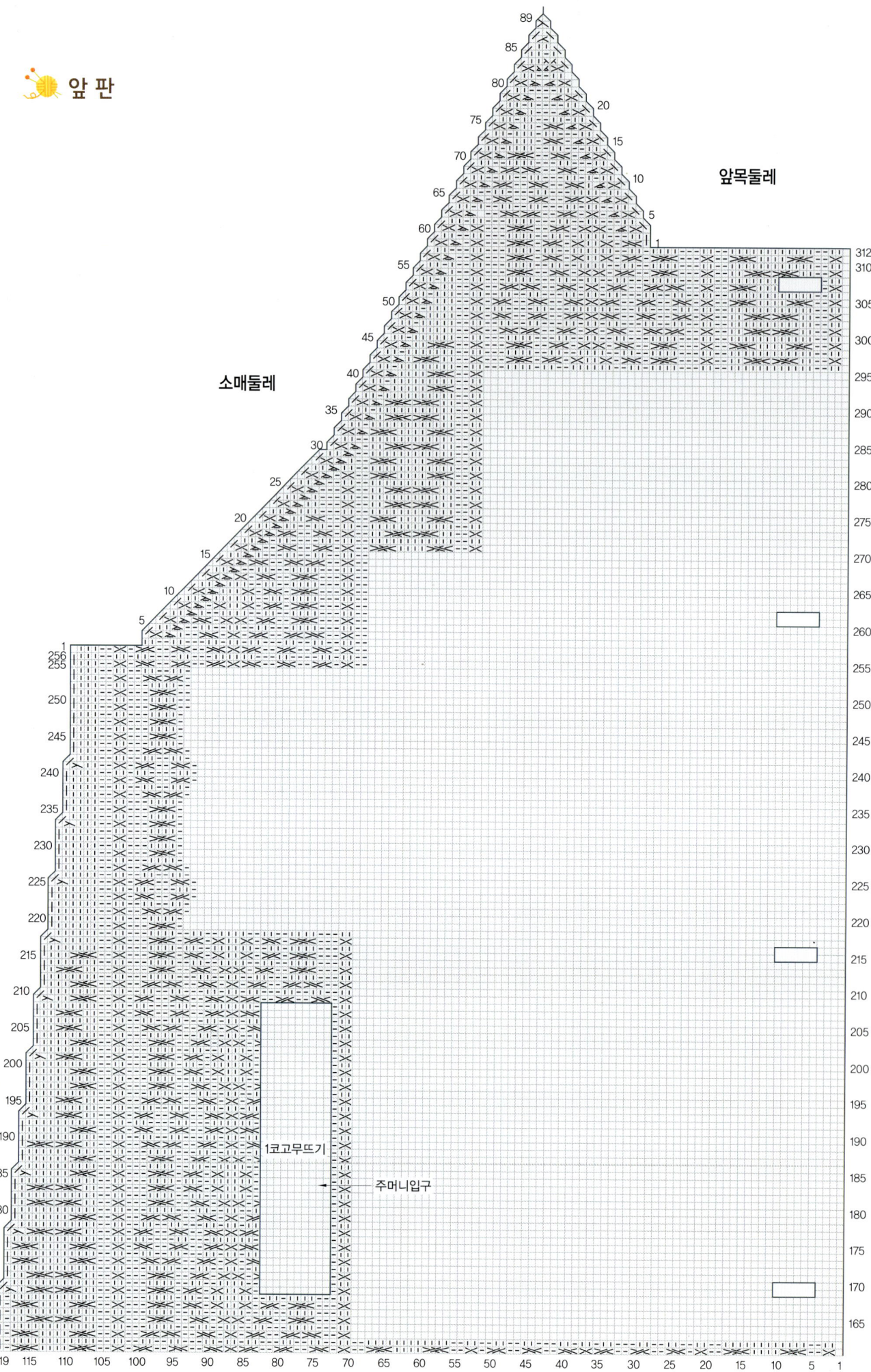

소매

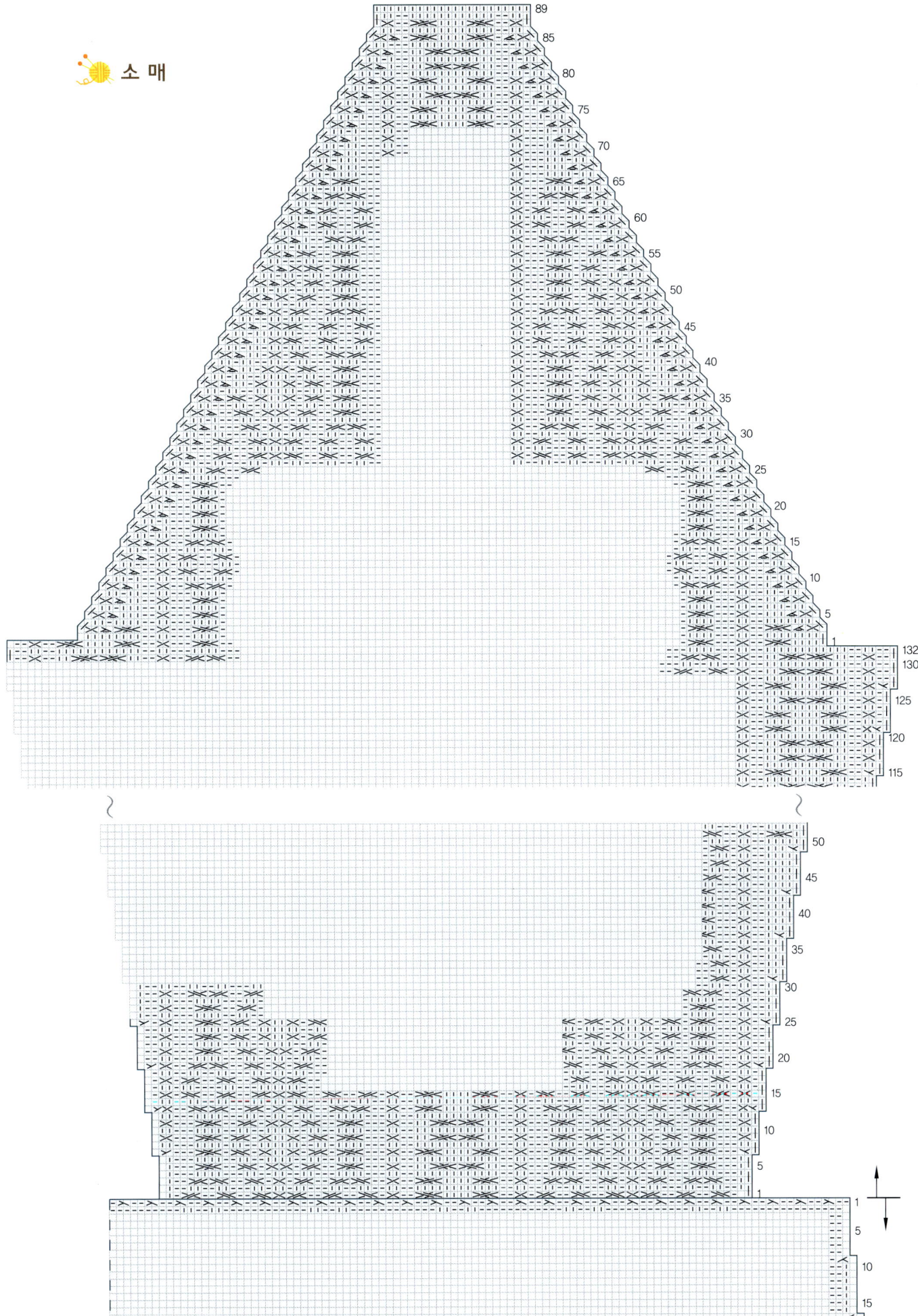

3 knitting
두루마기 스타일 롱코트

The turumagi-style long-coat

1. V넥 부분에 칼라 뜨기
2. 소매는 한복의 두루마기처럼 굴려뜨기한다.
3. 앞중심단은 멍석뜨기로 한다.
4. 몸판 무늬뜨기

두루마기 스타일 롱코트

완성 치수
66 size

재료와 도구
실   엘리자(분홍색 나염), 링구사(분홍색)
바늘   6mm 줄바늘, 3.5mm 줄바늘, 코바늘 8호, 돗바늘, 핀
부속품 단추 5개, 주머니용 안감

 뜨는 방법

① 뒤판은 6mm 줄바늘과 실(엘리자 1올+링구사 1올)을 이용해 흔들코 139코를 만들어 멍석뜨기(무늬뜨기B)를 30단 뜬다.

② ①이 되면 중심에서 1코를 줄이고 멍석뜨기(무늬뜨기 13, 21코), 무늬뜨기A(96코), 멍석뜨기(무늬뜨기 B 21코) 순으로 나눈 뒤 8단마다 양옆 가장자리에서 1코씩 줄이기 13회해서 112코가 되면 전체 198단이 될 때까지 떠 올린다.

③ 198단까지 다 뜨면 소매둘레를 만드는데 8코 막음한 뒤 39단을 더 뜨고 마친다.

④ 앞판은 오른쪽, 왼쪽 둘로 나누어 각각 79코 흔들코를 만들어 무늬뜨기 B를 30단 뜨고, 오른쪽 앞판은 가운데 중심부터 무늬뜨기 B(10코) 무늬뜨기 A(48코), 무늬뜨기 B(21코) 순으로 나누며, 왼쪽은 옆구리쪽으로 무늬뜨기 B(21코), 무늬뜨기 A(48코), 무늬뜨기 B(10코) 순으로 나눈다.

⑤ 앞판은 각각 옆구리쪽으로 8단마다 1코씩 줄이기 13회하여 66코가 되면 198단까지 떠올린다. 각각 가운데 중심쪽 무늬뜨기 B(10코)는 앞중심단이므로 오른쪽 무늬뜨기 B(10코)는 198단 뜨는 동안 단추 구멍 5개를 만든다.

⑥ 주머니 입구는 무늬뜨기 A 무늬 96단 뜬 후 만드는데 중심부터 58코만 무늬뜨기 28단 떠올리고, 3.5mm 줄바늘로 주머니 입구 쪽에 27코를 주어 1코 고무뜨기 10단 뜬 뒤 돗바늘로 마친다. 남겨 두었던 나머지 코는 1코 고무뜨기 했던 단과 붙인 후 28단을 뜬 뒤 1코 고무뜨기 나머지 단 부분과 붙여 연결한다.

⑦ 소매둘레를 만들면서 앞목을 만드는데, 소매둘레는 8코 막음하고 39단 떠올리고, 앞목은 앞단부터 무늬뜨기 B(102코)는 핀에 끼워 빼 주고 48코만 무늬뜨기하며 1단마다 1코씩 줄이기 12회, 2단마다 1코씩 줄이기 13회, 평1단 떠서 어깨코 23코가 되면 뒤판 어깨코와 마주 붙인다.

⑧ 핀에 빼 두었던 10코를 6mm 줄바늘에 끼워 양옆 가장자리를 2단마다 1코씩 늘리기 15회하고 돗바늘로 마무리한다. 앞목 쪽은 돗바늘로 붙여 고정한다.

⑨ 뒷칼라는 3.5mm 줄바늘로 목둘레코 84코를 주운 후 12코를 줄여 72코가 되게 한다. 1코 고무뜨기를 하는데 2단마다 양옆 가장자리에서 1코씩 늘리기 9회하고, 6mm 줄바늘로 바꾸어 평으로 10단 뜬 뒤 양옆 가장자리단에 각각 22코씩 주어서 이면뜨기 5단하고 돗바늘로 마무리한다. 22코 줍다 남은 단은 먼저 떠 두었던 앞칼라 일부와 돗바늘로 붙여 고정한다.

⑩ 앞단은 코바늘 10호로 되돌아짧은뜨기로 장식 마무리한다.

⑪ 소매는 소매둘레 부분에서 6mm 줄바늘로 92코를 주어 무늬뜨기 B(14코), 무늬뜨기 A(64코), 무늬뜨기 B(14코) 순으로 나누어 평단 36단 뜬 후 6단마다 양옆 가장자리에 1코씩 늘리기 3회 해 주고 평18단을 뜬다.

⑫ ⑪이 다 되면 양옆 가장자리에서 6단마다 1코씩 줄이기 3회, 4단마다 1코씩 줄이기 1회, 2단마다 1코씩 줄이기 6회하고 돗바늘로 마친다.

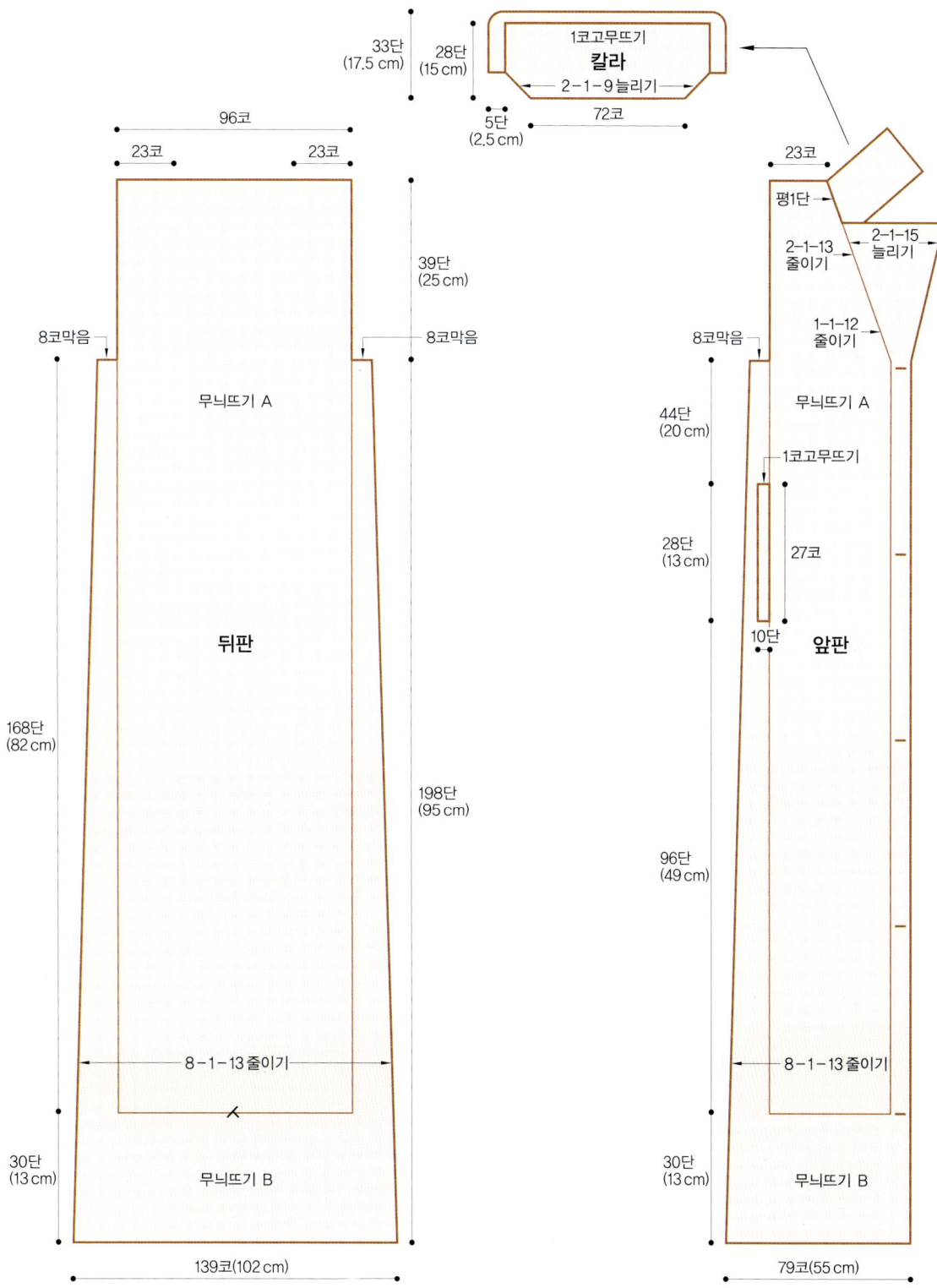

무늬뜨기 A (32코 32단 1무늬)

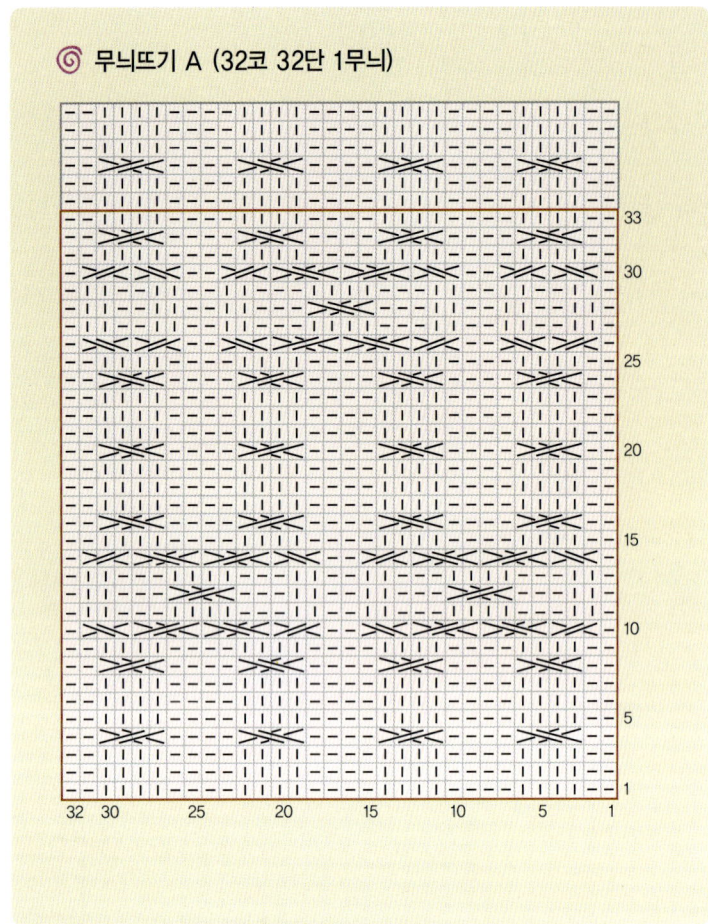

무늬뜨기 B (2코 4단 1무늬)

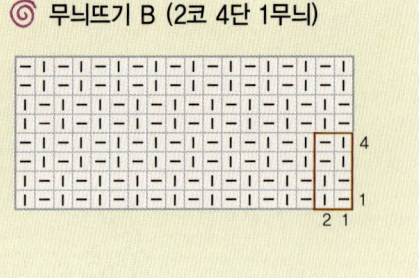

 칼 라

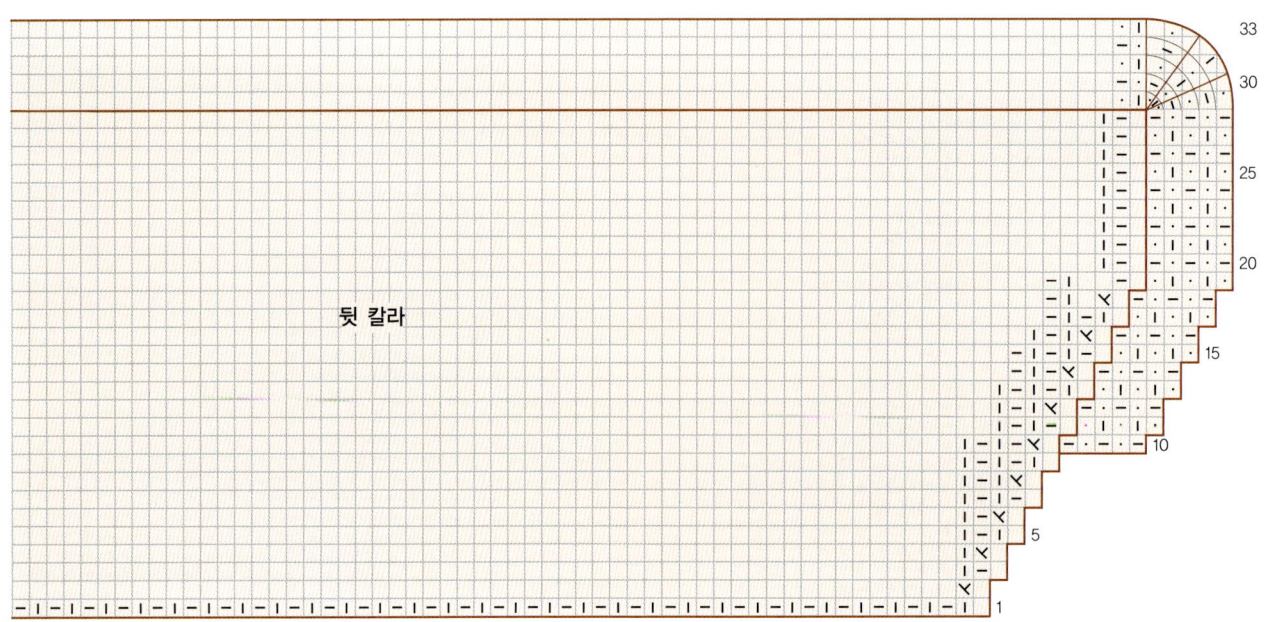

뒷 칼라

소매

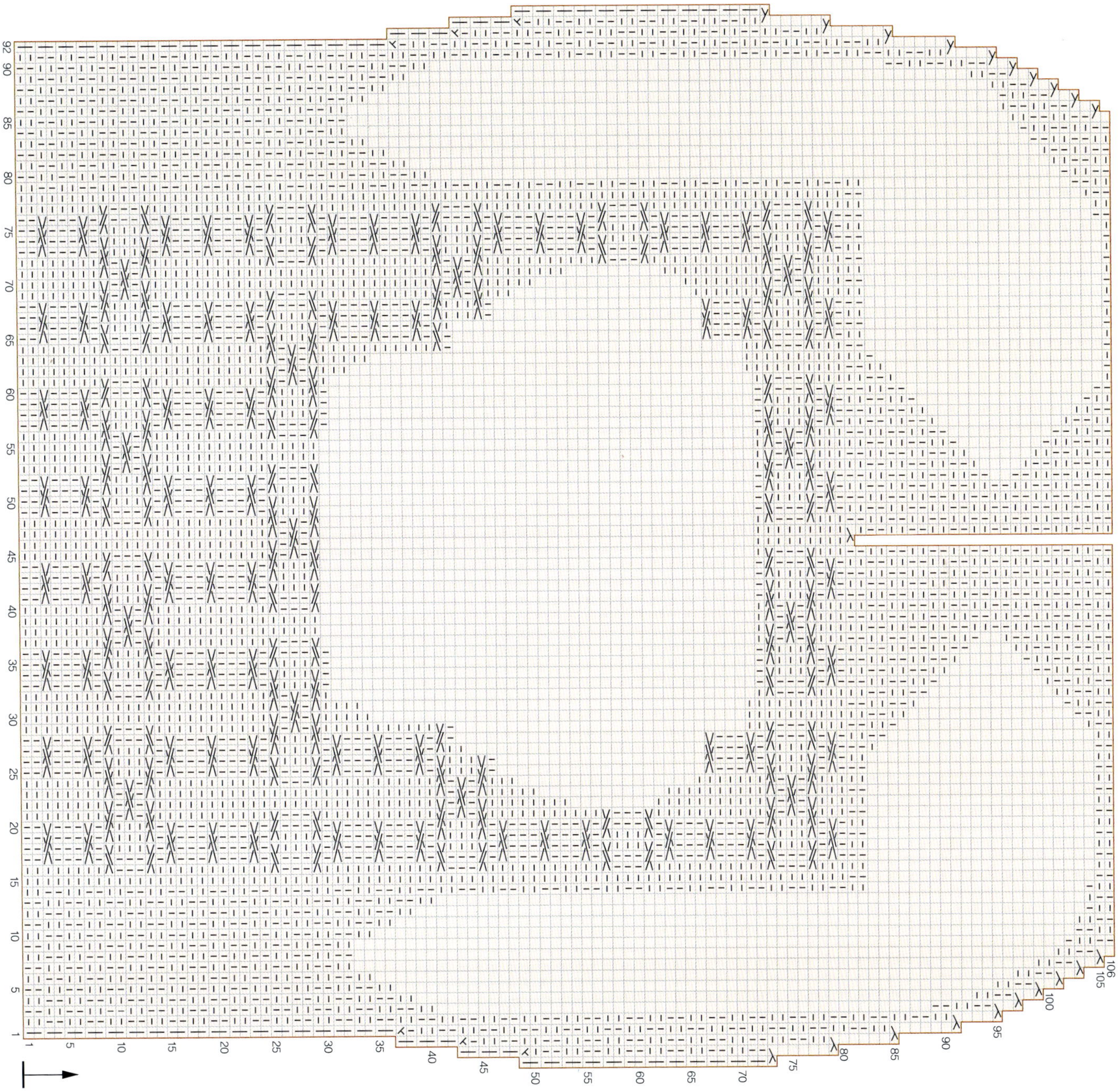

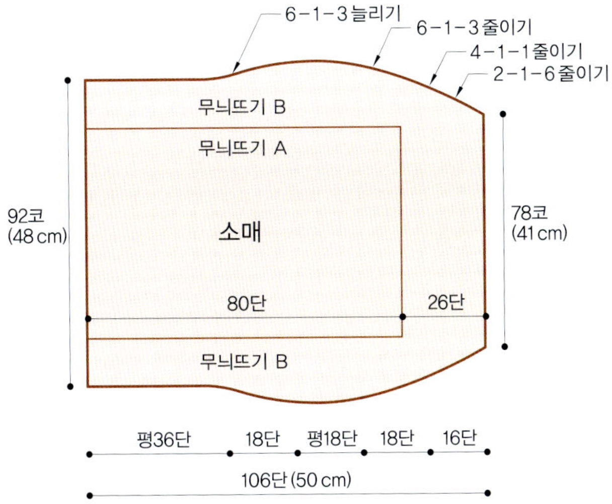

6-1-3 늘리기
6-1-3 줄이기
4-1-1 줄이기
2-1-6 줄이기

무늬뜨기 B
무늬뜨기 A
소매
92코 (48cm)
78코 (41cm)
80단
26단
무늬뜨기 B

평36단 · 18단 · 평18단 · 18단 · 16단
106단 (50cm)

137

뒤 판

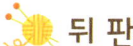

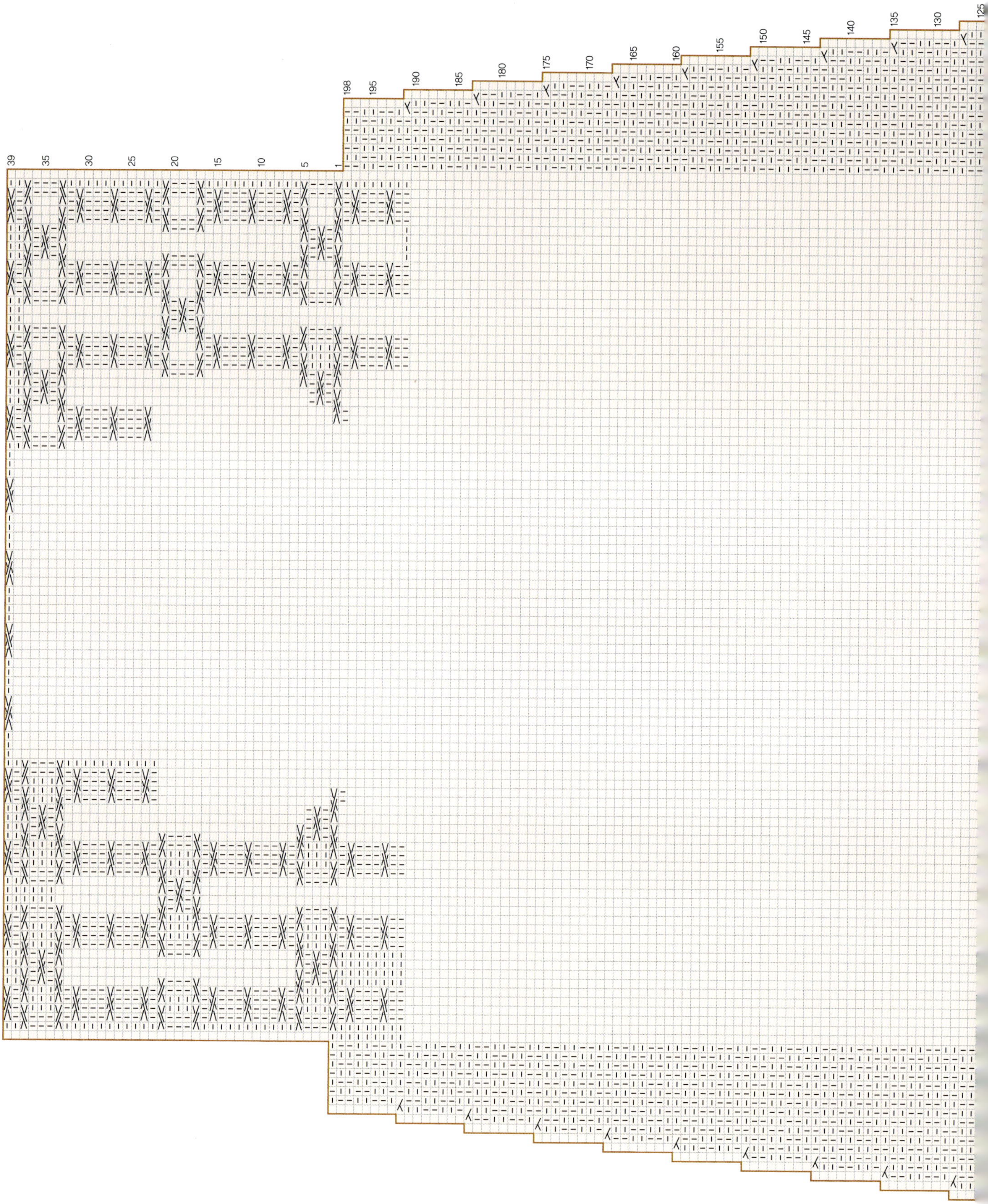
39
35
30
25
20
15
10
5
1
198
195
190
185
180
175
170
165
160
155
150
145
140
135
130
125

 앞판

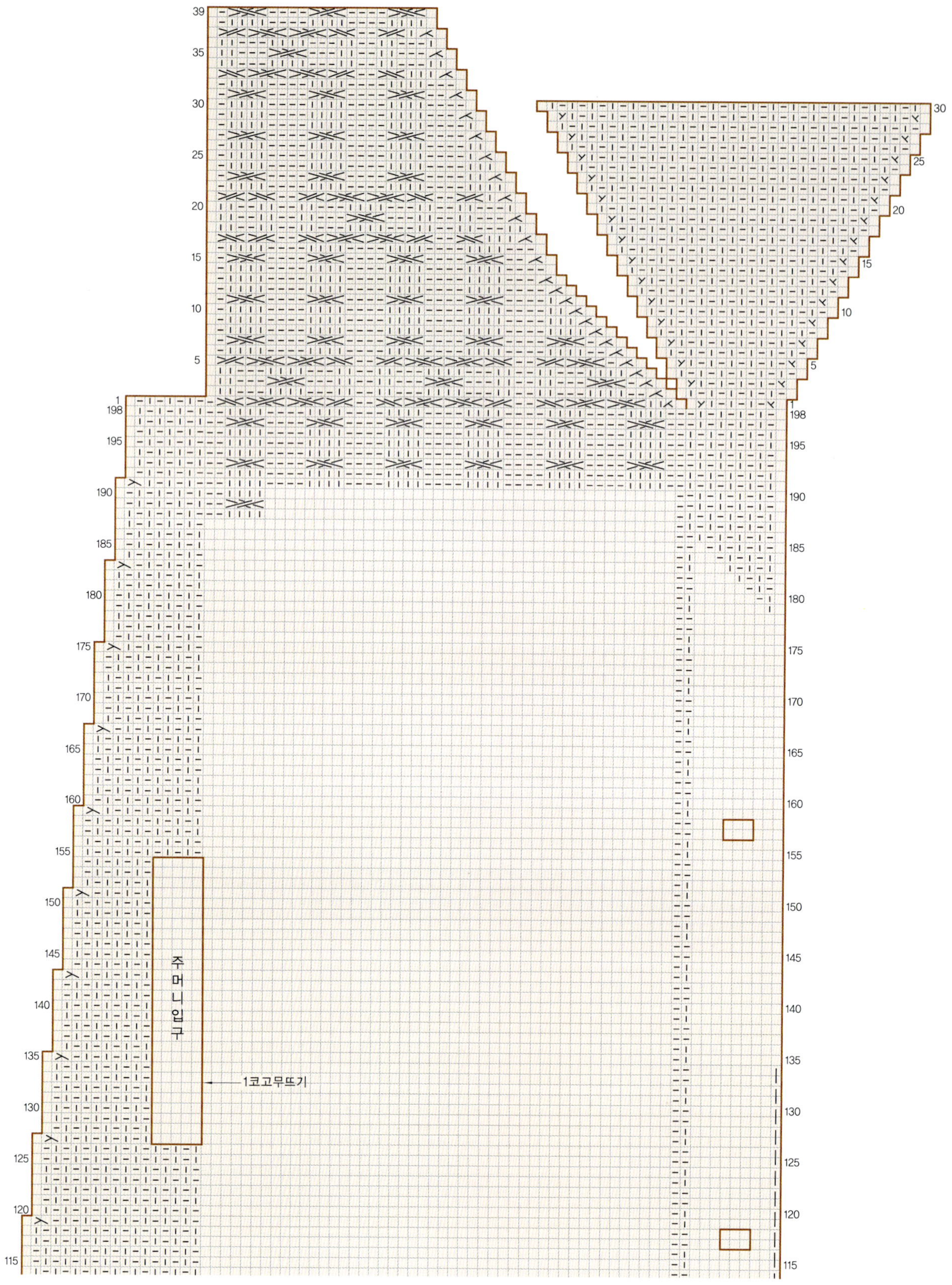

주머니입구

1코고무뜨기

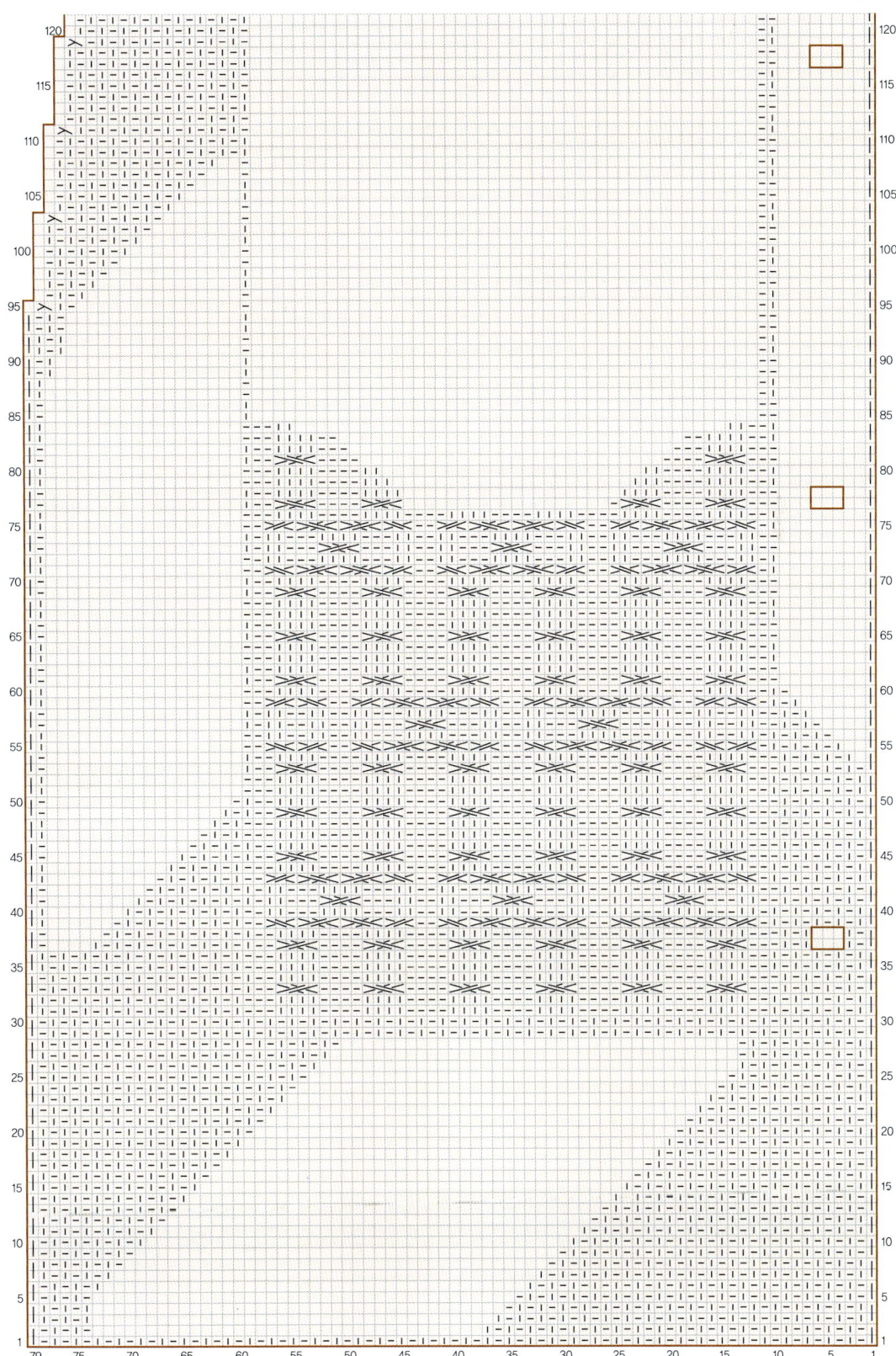

4 knitting
체리핑크 바지 정장

The cherry-pink pants-full dress

1. 반 폴라 칼라와 앞중심단
2. 바지 허리에 고무밸트를 넣는다.
3. 바지 밑단은 2코 고무뜨기하고 단추를 달아 장식한다.
4. 바지 주머니를 따로 떠 붙여 장식한다.

체리핑크 바지 정장

완성 치수
66 size

재료와 도구
실　순모 중세사(체리핑크, 카키색), 밑실
바늘　2.5mm 대바늘, 3.5mm 대바늘, 돗바늘, 코바늘 3호
부속품　단추 8개, 고무줄

 뜨는 방법

【뒤판】

① 2.5mm 대바늘로 카키색 실을 이용해 132코 시작코로 2코 고무뜨기 40단을 뜨고, 3.5mm 대바늘로 바꿔 체리핑크색 실로 무늬뜨기 96단 뜨고 소매둘레를 만든다.

② 소매둘레는 먼저 9코를 막음한 뒤 2단마다 4코, 3코, 2코, 1코 순으로 줄여 94코가 되게 한 뒤 60단을 더 뜬 후 뒷목을 만드는데 양어깨코는 각 20코, 뒷목은 54코가 되게 나눈 후 어깨코만 각 6단씩 더 뜨고 마친다.

【앞판】

① 2.5mm 대바늘로 카키색 실을 이용해 140코 시작코로 2코 고무뜨기 40단을 뜨고, 3.5mm 대바늘로 바꾸고 체리핑크색 실로 무늬뜨기 48단을 뜬 후 가운데를 중심으로 10코를 남겨 이등분하여 한쪽 코가 65코가 되게 한다.

② 무늬뜨기 96단까지 뜨면 뒤판처럼 소매둘레를 만드는데 9코 막음한 뒤 2단마다 4코, 3코, 2코, 1코 순으로 줄여 46코가 되게 한 뒤 42단 더 뜬 후 앞목을 만드는데 먼저 16코 막음한 뒤 2단마다 4코, 3코, 2코, 1코 순으로 줄여 20코가 되게 한 뒤 16단 더 떠서 뒤판과 같게 단수를 맞추고 뒤판 어깨와 마주 붙인다.

【목단】

① 앞판 중심에 오른쪽, 왼쪽 단부분에서 2.5mm 대바늘로 카키색 실을 이용해 각각 84코를 주어 2코 고무뜨기 18단을 뜨는데 오른쪽 부분은 단추 구멍을 만들어 준다.

② 앞단을 다 뜨고 난 후 목단을 뜨는데 목코는 체리핑크색 실과 3.5mm 바늘을 이용해 118코를 주어 무늬뜨기 16단 뜨고 카키색 실과 2.5mm 바늘로 바꿔 양옆 가장자리 단부분에 각각 18코씩 주어 154코를 이면뜨기로 8단 뜨고 돗바늘로 마친다.

【소매】

① 2.5mm 대바늘과 카키색 실을 이용해 58코를 시작코로 2코 고무뜨기 40단을 뜨고, 3.5mm 대바늘과 체리핑크색 실로 바꿔 뜨면서 84코가 되게 늘리고 8단마다 양쪽 가장자리에서 각 1코씩 늘리기 16회 하며 132단 무늬뜨기한다.

② 116코 132단 무늬뜨기가 되면 소매산을 만드는데 8코 막음한 뒤 2단마다 3코, 2코, 1코-14회, 2코, 3코 순으로 줄인 뒤 막음하여 마무리한다.

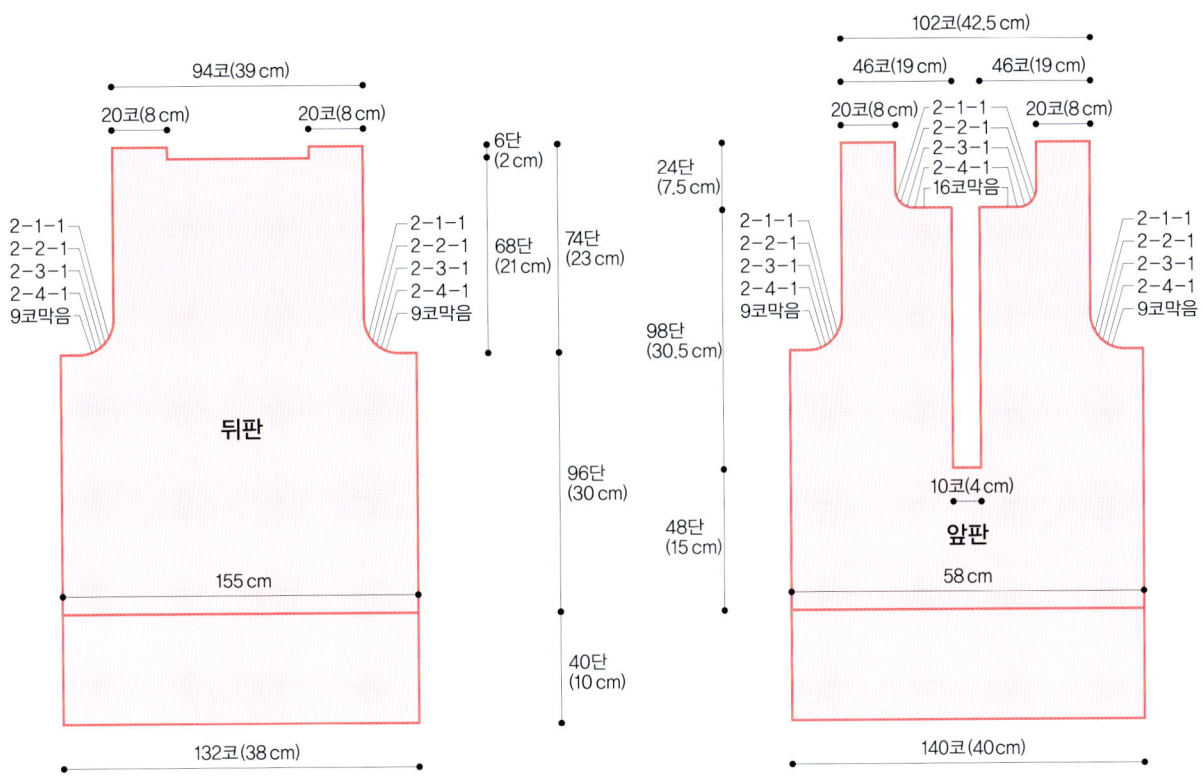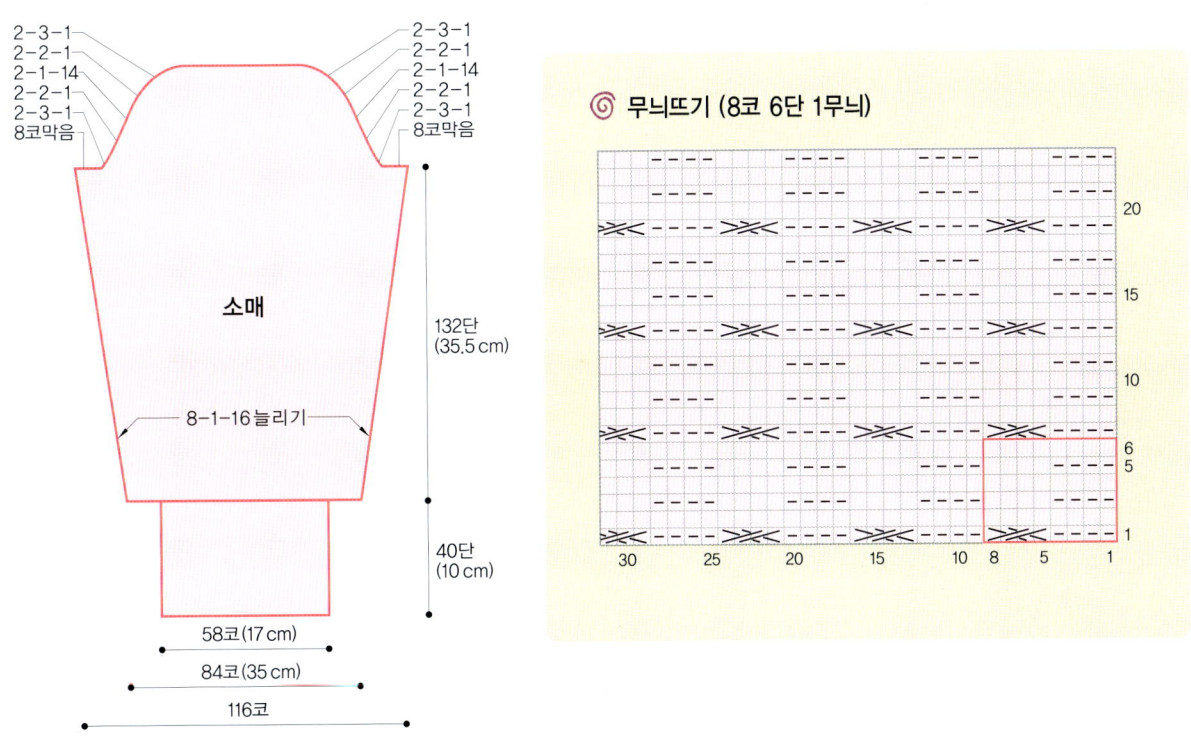

【바지】

1. 앞판은 밑실을 이용해 3.5mm 대바늘로 56코를 만들어 체리핑크색 실로 무늬뜨기하는데 양옆 가장자리에서 12단마다 1코씩 늘리기 16회하며 192단 뜨고 193단째는 밑길이 부분에 코를 줄여 주는데 2단마다 1코씩 줄이기 13회 한다.

2. ①과 같이 한 장 더 떠서 앞판 두 장을 만든다.

3. 뒤판은 밑실을 이용해 3.5mm 대바늘로 56코를 만들어 체리핑크색 실로 무늬뜨기하는데 양옆 가장자리에서 12단마다 1코씩 늘리기 16회하며 192단 뜨고 193단째는 밑길이 부분에 코를 2단마다 1코씩 줄이기 7회하고 4단마다 1코씩 줄이기 3회 한다.

4. ③과 같이 한 장 더 떠서 뒤판 두 장을 만든다.

5. 앞·뒤판 각각 1장씩 붙여 바지통을 만들고 앞 밑길 부분과 양옆솔기 부분에 각 2코를 줄여 전체 296코를 72단 무늬뜨기하고 73단에는 148코가 되게 줄여 2.5mm 줄바늘과 카키색 실로 바꿔 메리야스뜨기하며 원통뜨기 26단 떠서 고무밸트를 넣은 뒤 허리 시작부분(카키색 실 시작 부분)에 돗바늘로 감침질하여 마무리한다.

6. 발목 부분은 2.5mm 줄바늘과 카키색 실을 이용해 밑실 시작부분에서 103코를 주어 2코 고무뜨기 40단하여 돗바늘로 마무리하고 옆선에 맞춰 단추를 달아 장식한다.
   → 완성되면 밑실은 풀어낸다.

7. 주머니는 38코를 3.5mm 바늘과 체리핑크색 실을 이용해 무늬뜨기하여 48단 뜨고, 카키색 실로 교체한 후 접히는 부분이므로 무늬를 겉과 안을 바꿔 18단을 뜨고 막음코로 마무리한다. 똑같은 것 한 장 더 뜨고 옆솔기를 기준으로 무늬뜨기단 밑에서 윗방향으로 174단(58cm) 되는 곳에 주머니를 붙이고 가장자리는 코바늘 3호로 되돌아짧은뜨기로 장식 마무리하고 주머니 입구 쪽에 단추를 달아 포인트를 준다.

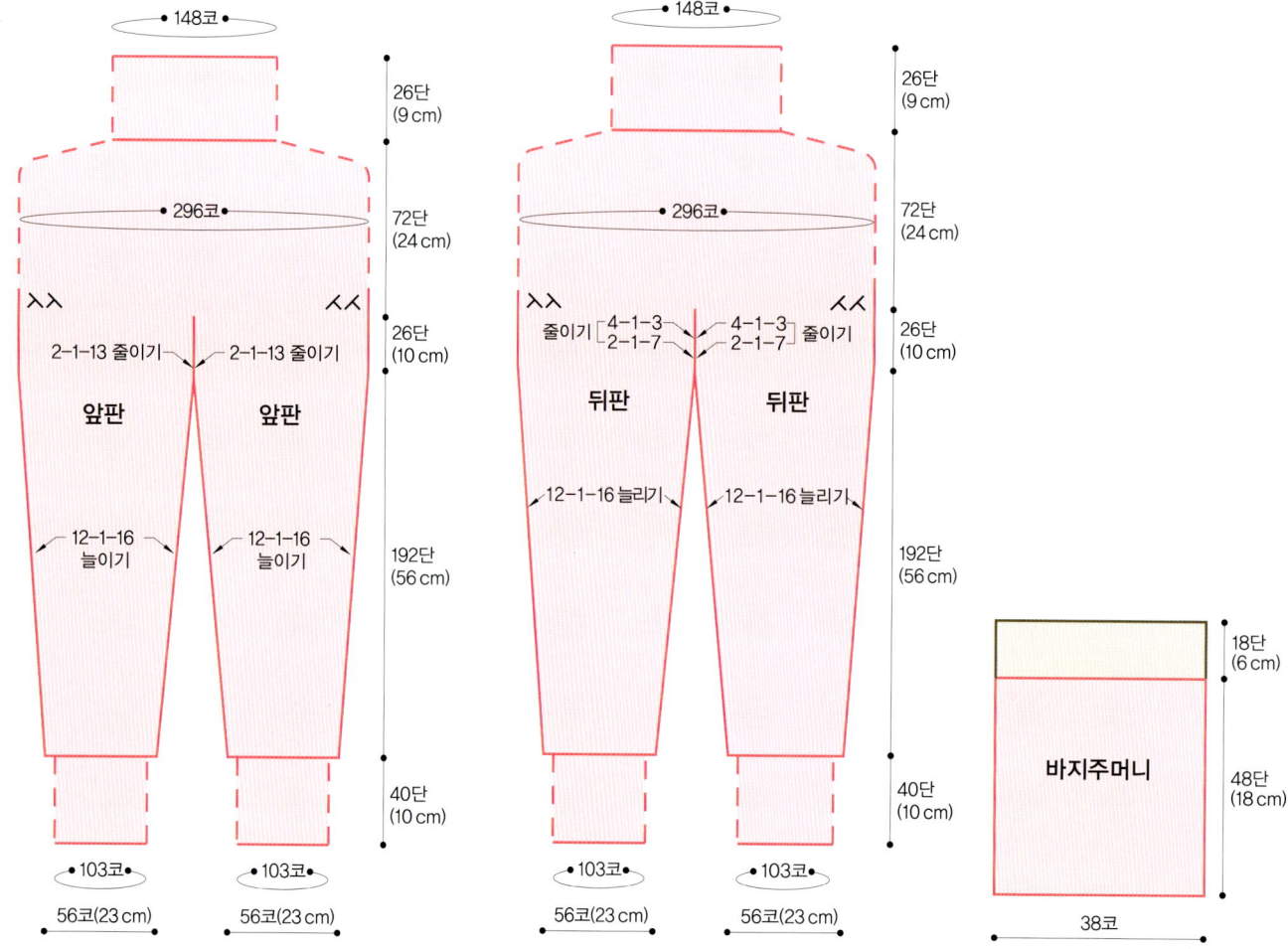

 앞 판

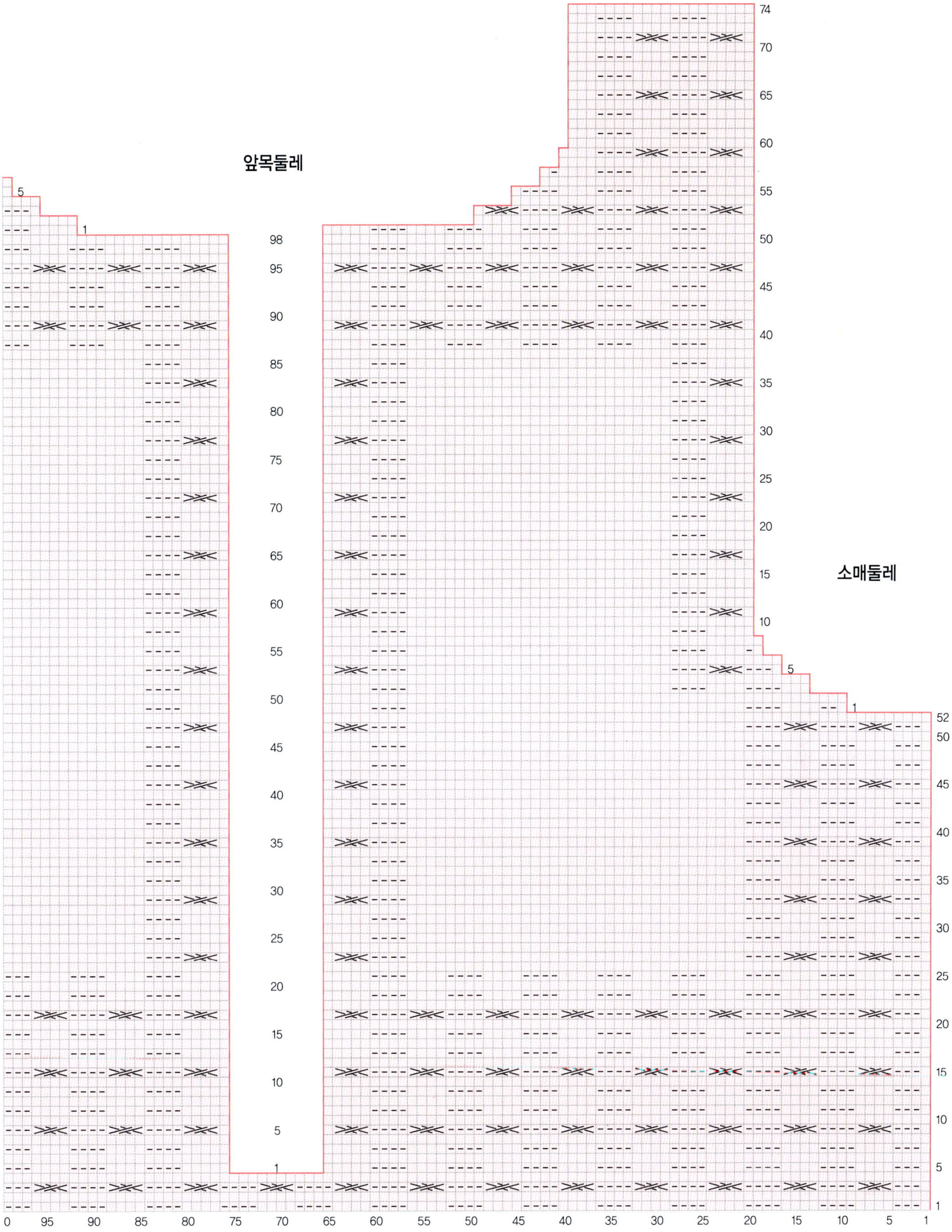

앞목둘레

소매둘레

뒤 판

뒷목둘레

소매둘레

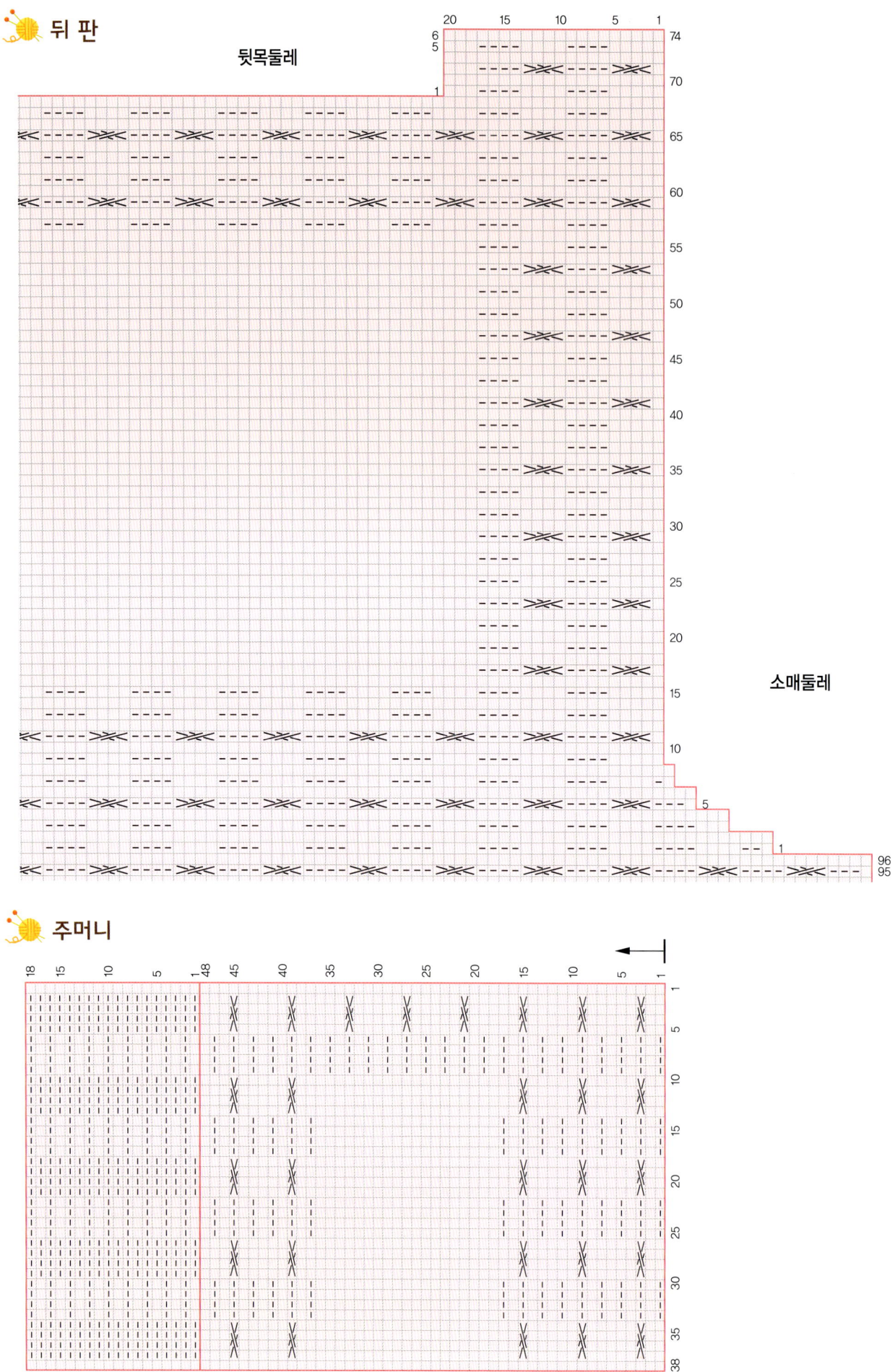

주머니

 소매

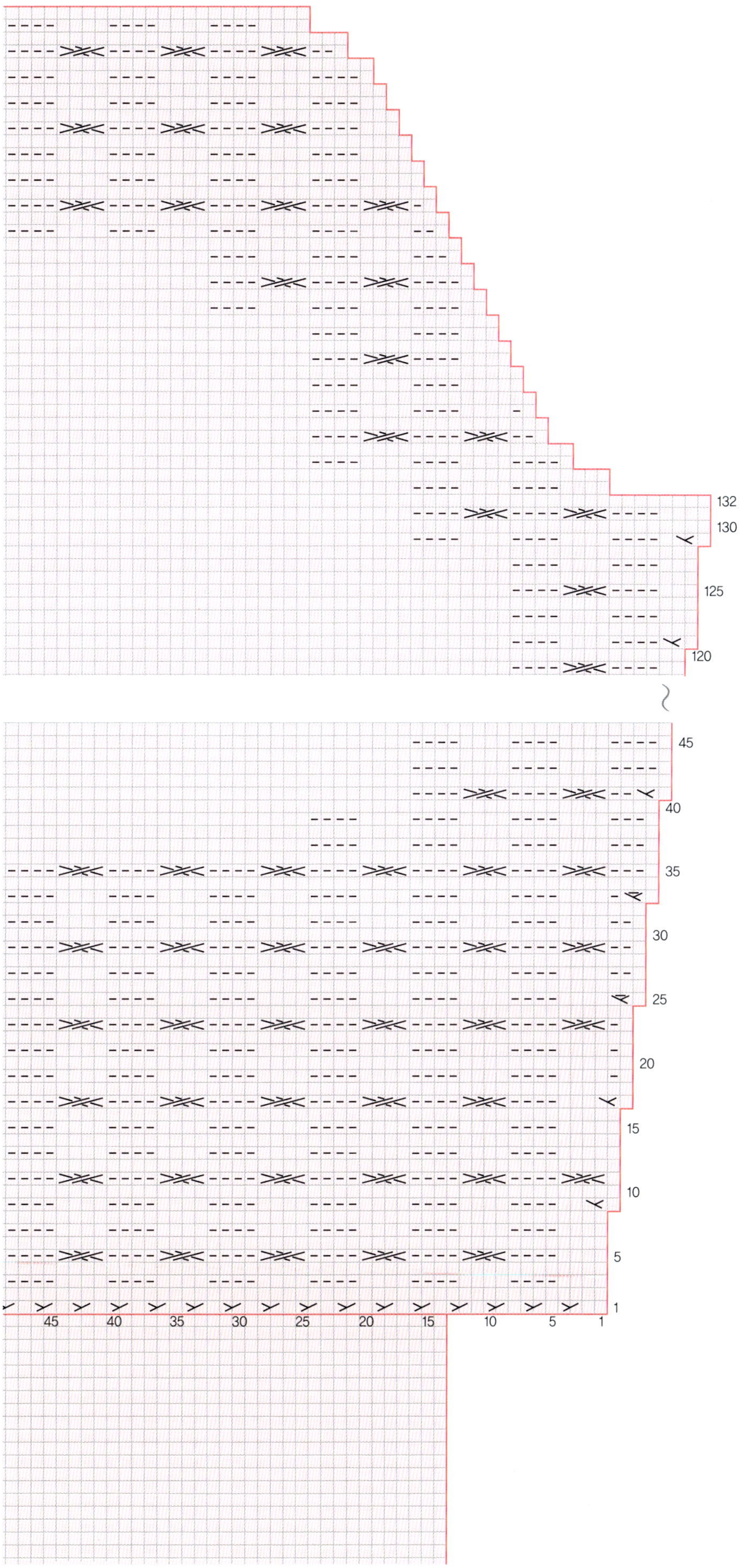

바 지
(오른쪽 앞)

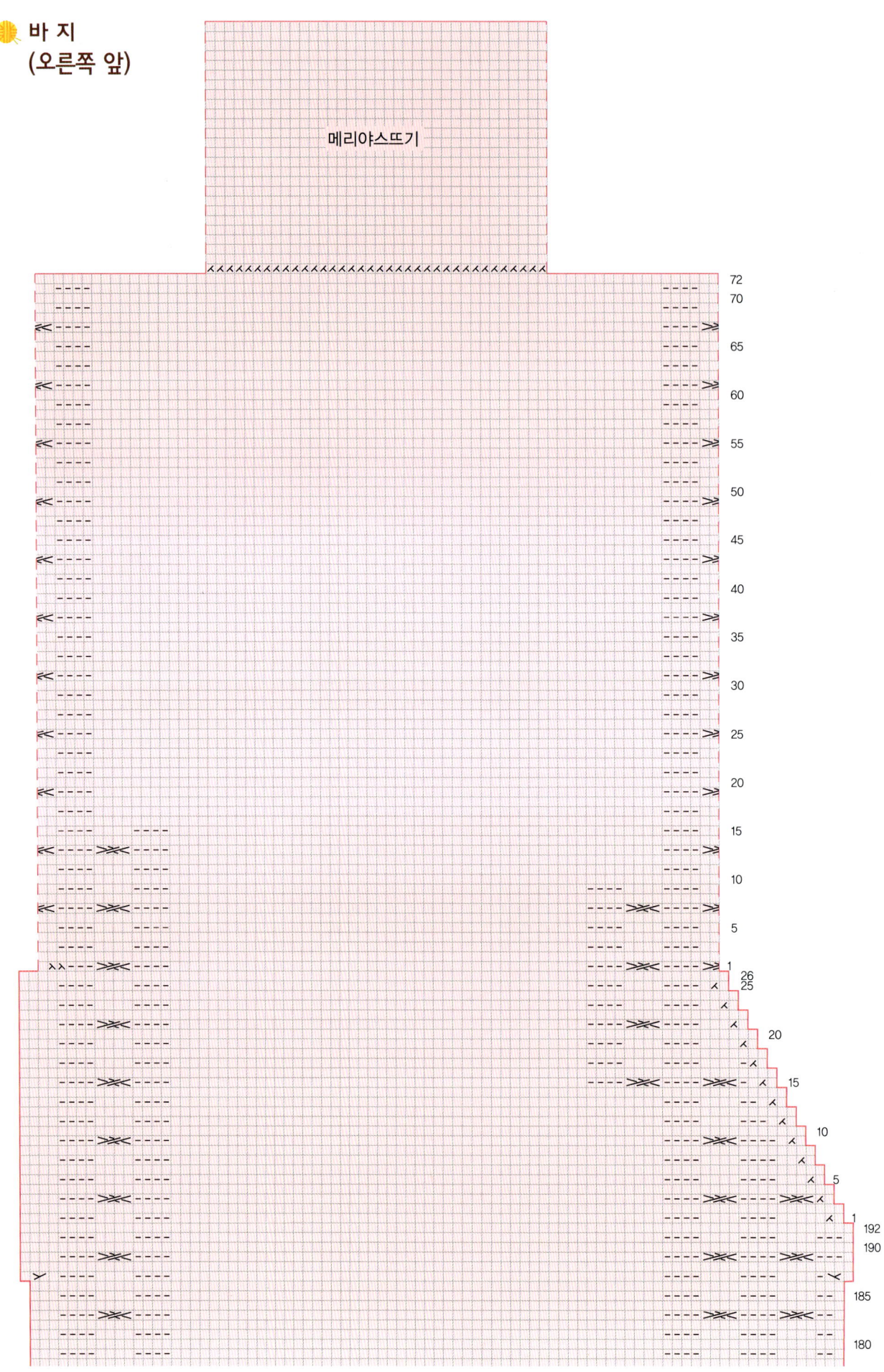

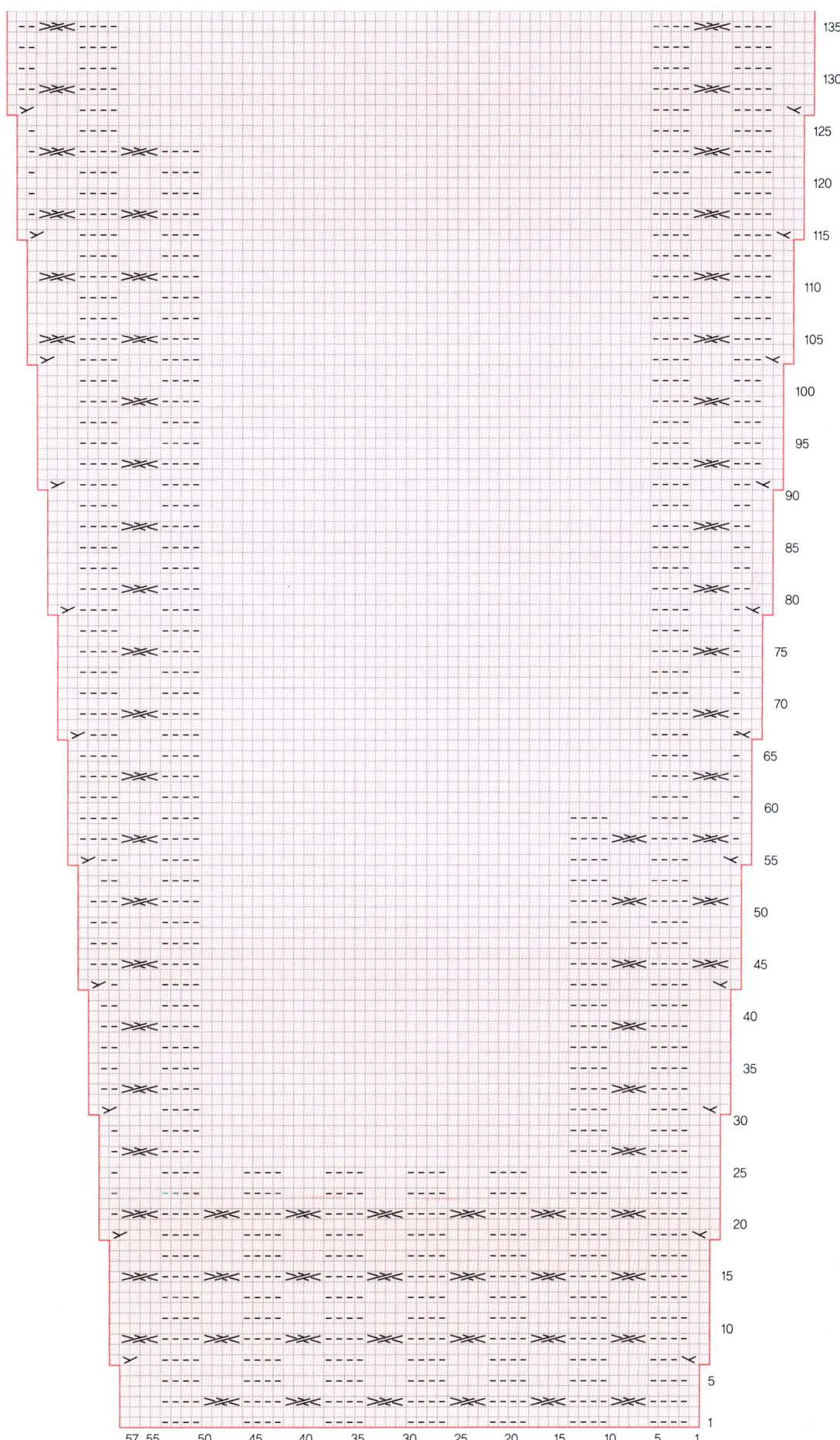

 바 지
(왼쪽 앞)

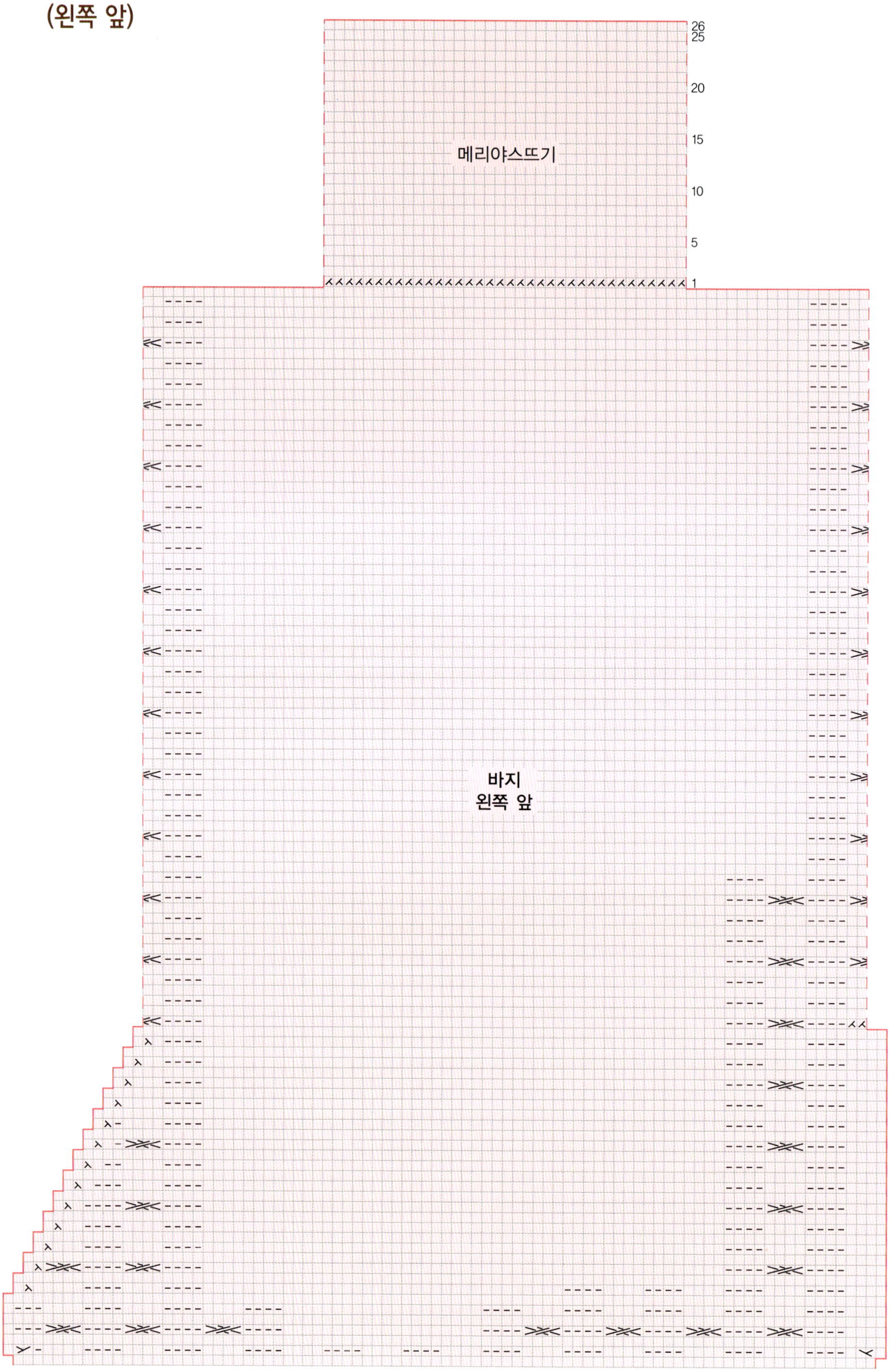

메리야스뜨기

바지
왼쪽 앞

바 지
(오른쪽 뒤)

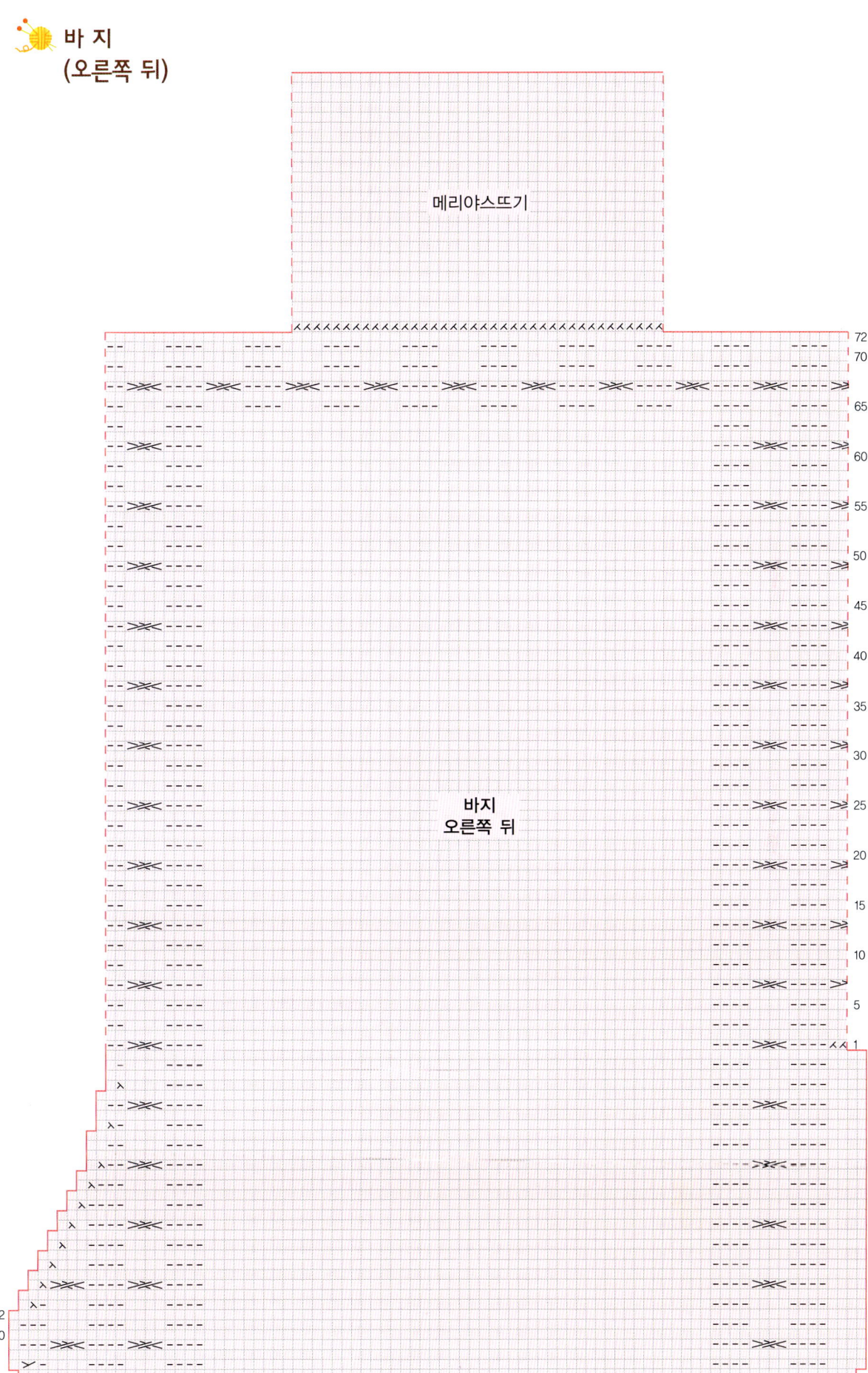

153

5 knitting
남성용 더블 후드 코트

1. 모자 부분 손뜨개
2. 앞중심은 떡볶이 단추로 장식한다.
3. 몸판에 소매 달기
4. 주머니 부분 손뜨개

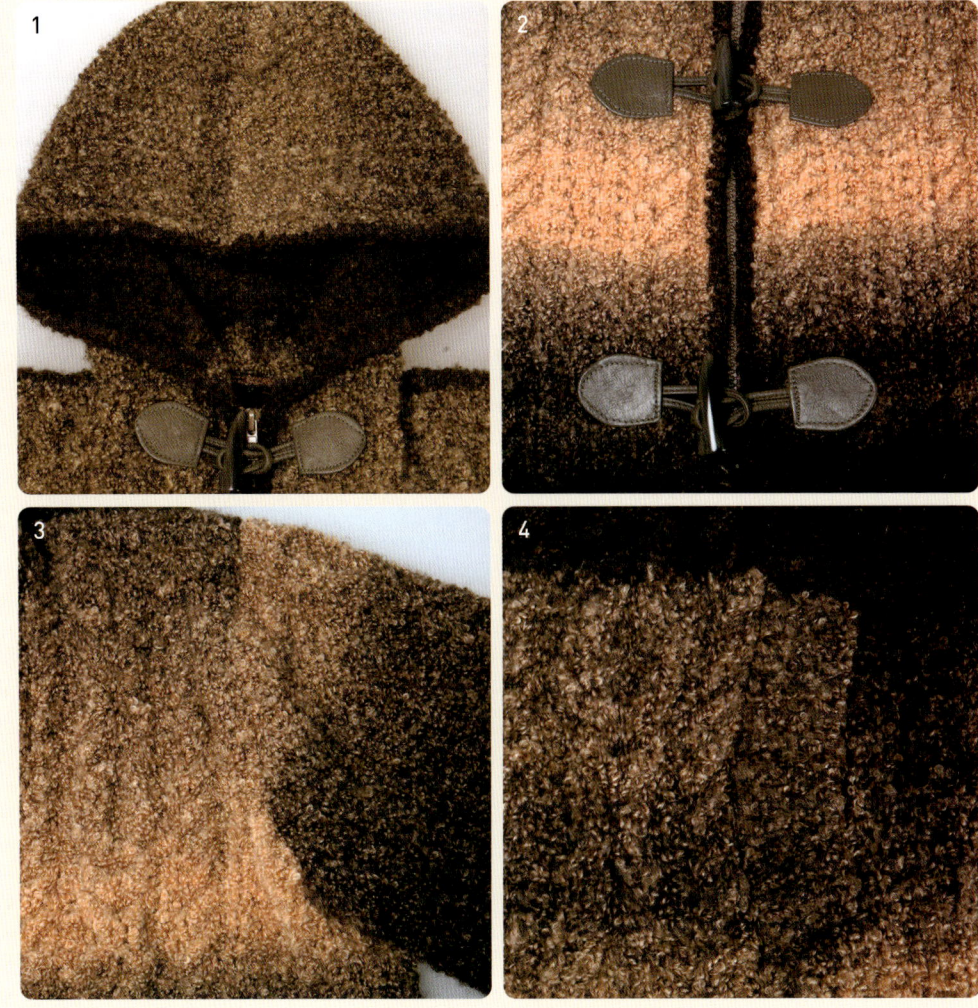

남성용 더블 후드 코트

완성 치수
105 size

재료와 도구
실   트윈스(밤색 나염)
바늘   줄바늘 8mm, 줄바늘 4mm, 코바늘 10호, 돗바늘
부속품 지퍼, 떡볶이 단추 4set, 주머니통 안감 조금

 뜨는 방법

① 뒤판은 8mm 줄바늘에 95코를 만들어 무늬뜨기 B(15코), 무늬뜨기 A(22코), 무늬뜨기 B(21코), 무늬뜨기 A(22코), 무늬뜨기 B(15코) 순으로 배치하고 102단이 될 때까지 무늬를 떠 올린다.

② 102단이 되면 소매둘레를 만드는데 5코 막음한 뒤 2단마다 3코, 2코, 1코 순으로 줄여 73코가 되면 31단 더 뜨고 마친다.

③ 앞판은 오른쪽, 왼쪽으로 나누어 각각 53코를 만들어 뜨는데 오른쪽 앞판은 앞판 중심 시작점으로 무늬뜨기 C(8코), 무늬뜨기 B(8코), 무늬뜨기 A(22코), 무늬뜨기 B(15코) 순으로 무늬를 배치하고, 왼쪽 앞판은 옆솔기 기준으로 무늬뜨기 B(15코), 무늬뜨기 A(22코), 무늬뜨기 B(8코), 무늬뜨기 C(8코) 순으로 배치하여 무늬뜨기한다.

④ 앞판은 46단 뜬 후 주머니 입구를 만드는데 옆솔기 쪽으로 12코를 남긴 41코만 무늬뜨기하며 24단 떠 올린 후 주머니 입구쪽 단에 4mm 줄바늘로 25코를 주어 1코 고무뜨기 7단 뜬 뒤 돗바늘로 마무리한다.

⑤ ④에서 12코를 남긴 부분에서 5코를 1코 고무뜨기했던 단과 붙여준 후 12코(무늬뜨기 B)를 하며 24단 떠 올린다.

⑥ ⑤가 끝나면 먼저 떠 올린 부분과 연결해야 하는데 12코 남긴 부분에서 5코를 1코 고무뜨기했던 나머지 단과 붙여주면 처음 시작했던 53코 무늬가 된다.

⑦ ⑥까지 모두 끝나면 102단이 될 때까지 떠 준 뒤 소매둘레를 만들어 준다. 소매둘레는 5코 막음한 뒤 2단마다 3코, 2코, 1코 순으로 줄여주고 31단 더 뜨고 마친다.

⑧ 앞·뒤판이 준비되면 양 어깨코를 각각 18코씩만 붙여주고 나머지 코는 77코가 되게 하여 모자 테두리 부분을 무늬뜨기 C와 무늬뜨기 B로 모자를 뜬다.

⑨ 모자는 44단을 뜨고 중심에 1코를 줄여주고 나머지코 76코를 각각 38코가 되게 나눈 뒤 8단마다 1코 줄이기 1회, 2단마다 1코 줄이기 2회, 2단마다 2코 줄이기 1회, 평2단 뜨고 난 후 오픈된 모자 중심을 돗바늘로 붙여준다.

⑩ 앞·뒤판 옆솔기도 돗바늘로 붙여준다.

⑪ 소매는 8mm 줄바늘로 42코를 만들어 무늬뜨기 B(10코), 무늬뜨기 A(22코), 무늬뜨기 B(10코) 순으로 배치하여 무늬뜨기하는데 8단마다 양옆 가장자리에 1코씩 늘려주기 8회하며 72단까지 떠 올린다.

⑫ 72단이 되면 소매산을 만드는데 3코 막음한 후 2단마다 2코, 1코-5회, 2코 순으로 줄인 후 나머지 코는 막음코 처리 후 마무리한다.

156

⑬ 소매 옆솔기는 돗바늘로 붙인 후 몸판에다 소매를 붙인다.

⑭ ❶~⑬까지 다 되면 앞단, 밑단, 소매부리단은 코바늘 10호로 되돌아짧은뜨기로 장식 마무리한다.

⑮ 앞중심 단에 지퍼를 단 다음 장식으로 떡볶이 단추 4세트를 달아준다. 주머니 입구에는 천으로 만든 주머니 속을 달아주고 마무리한다.

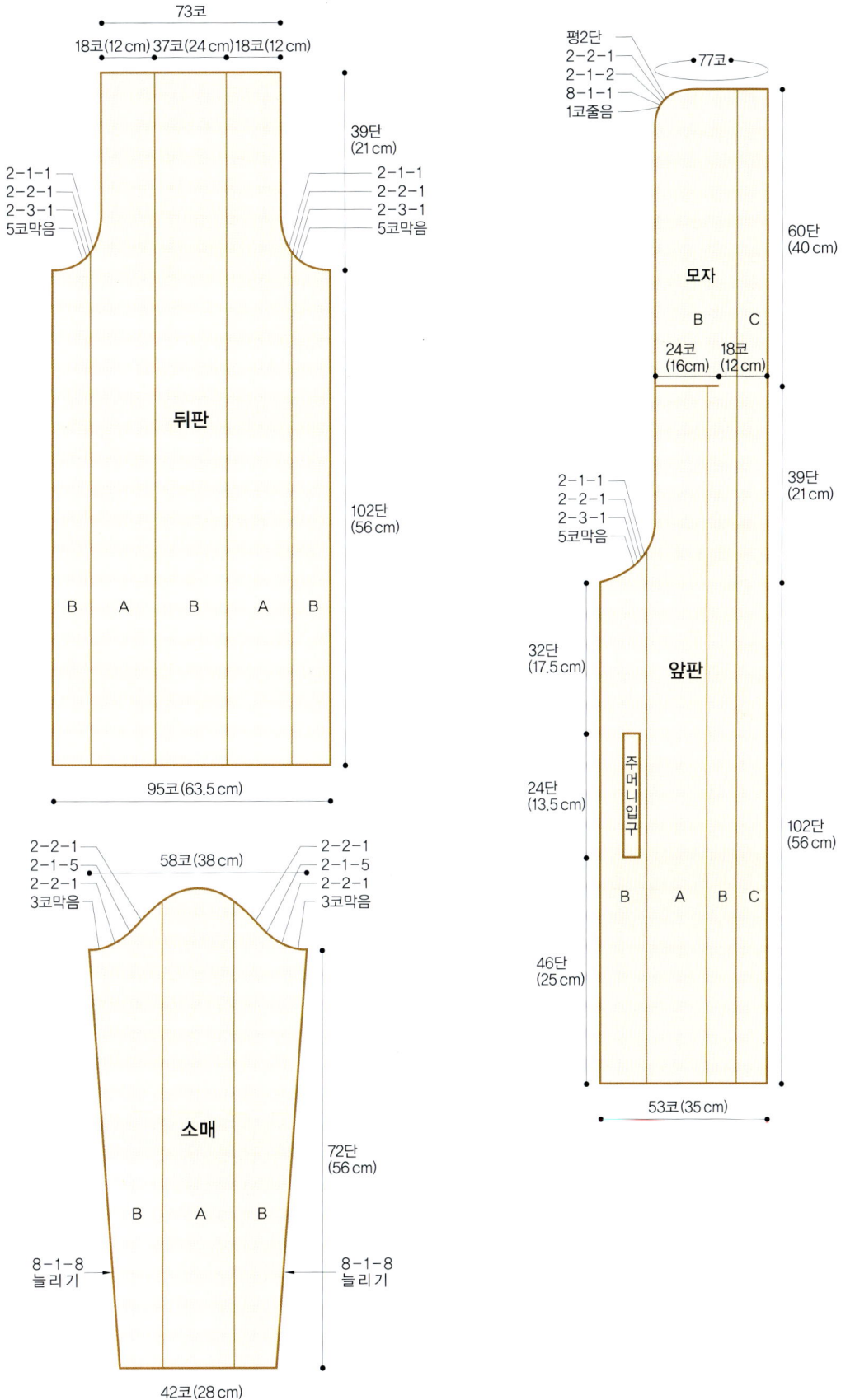

무늬뜨기 A (22코 28단 1무늬)

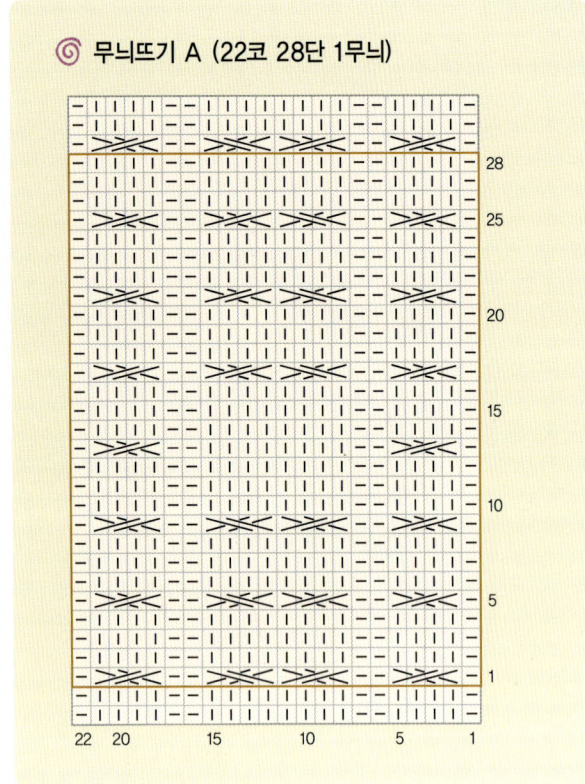

무늬뜨기 B (2코 2단 1무늬)

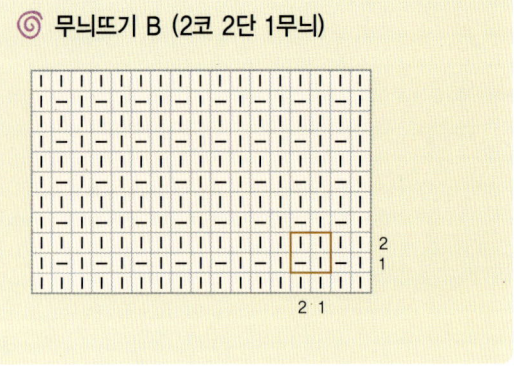

무늬뜨기 C (8코 4단 1무늬)

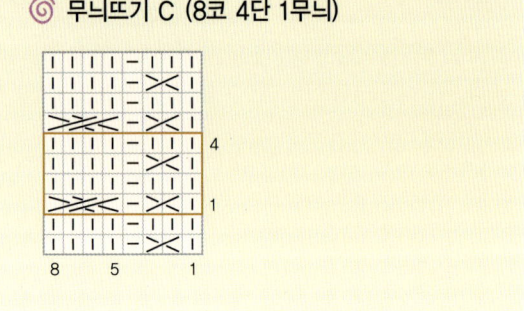

모자

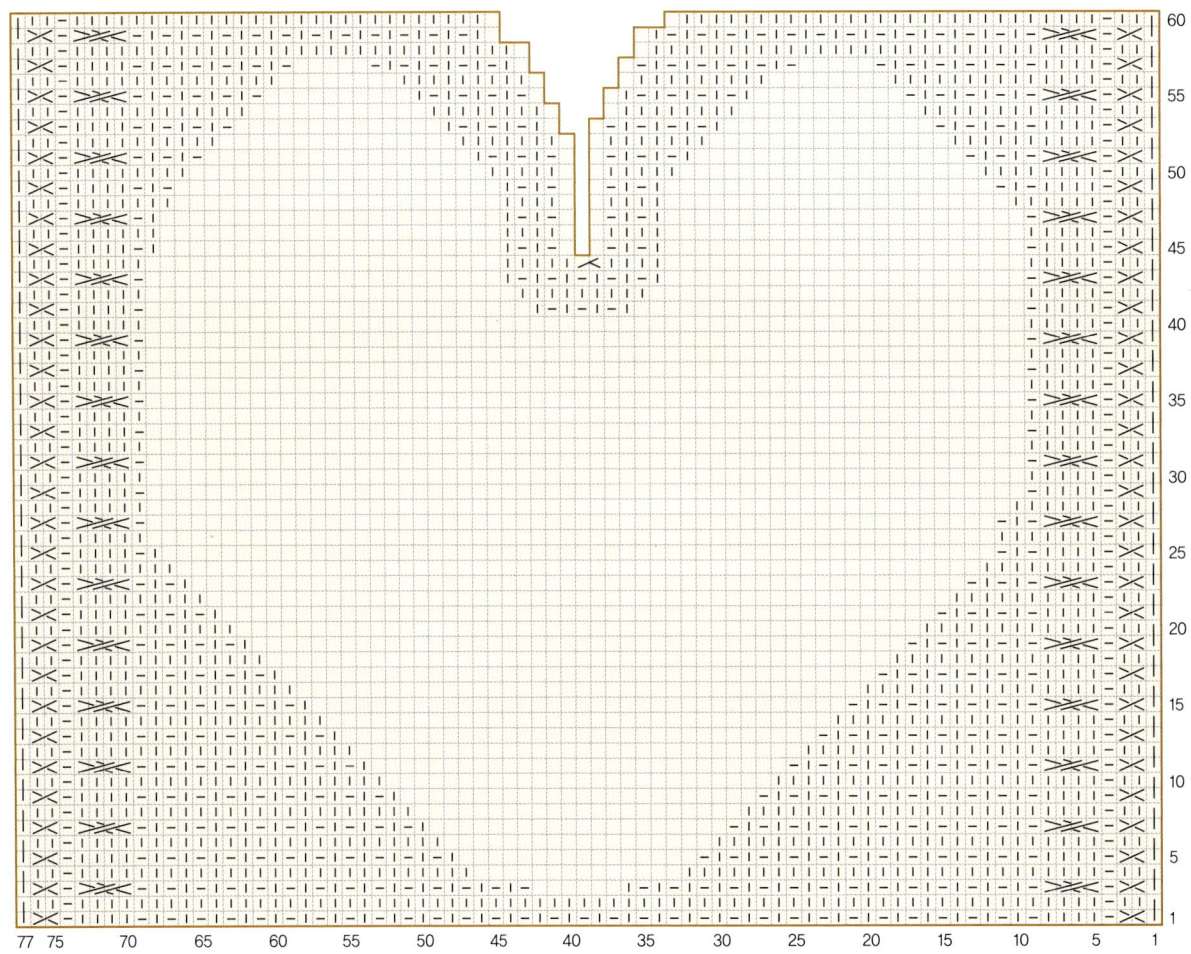

158

뒤 판

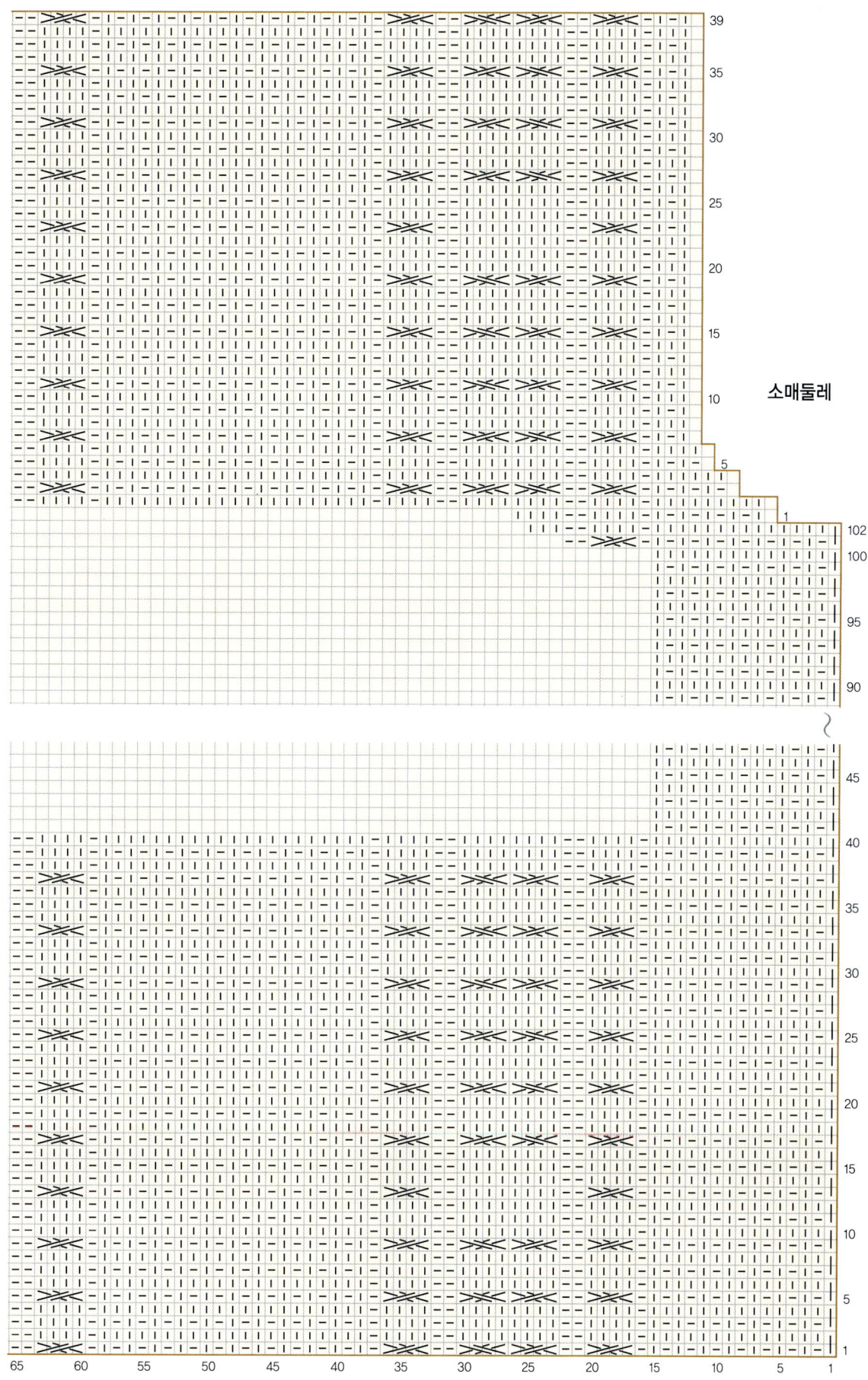

소매둘레

앞판

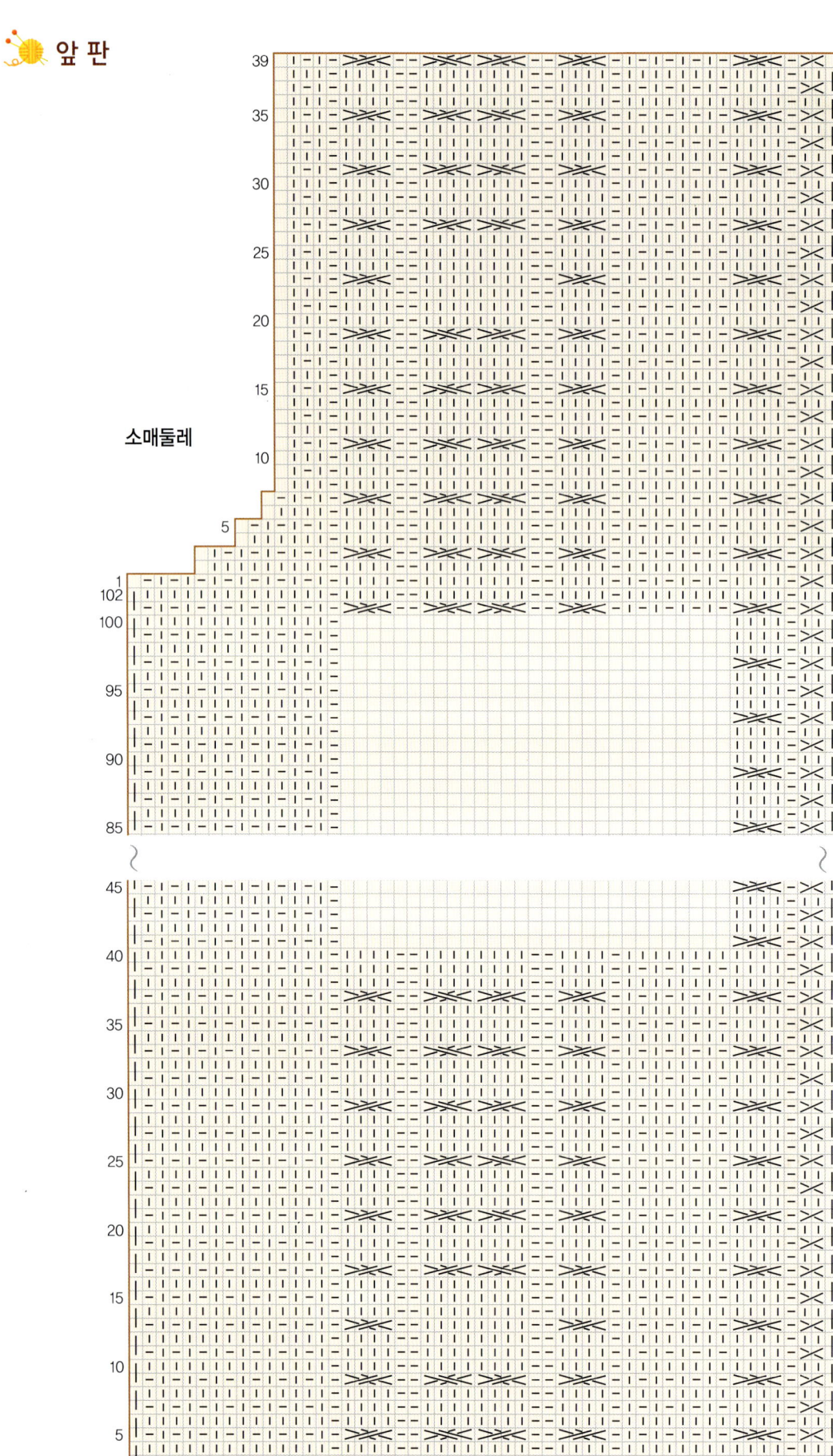

소매둘레

 주머니

 소 매

1코 고무뜨기

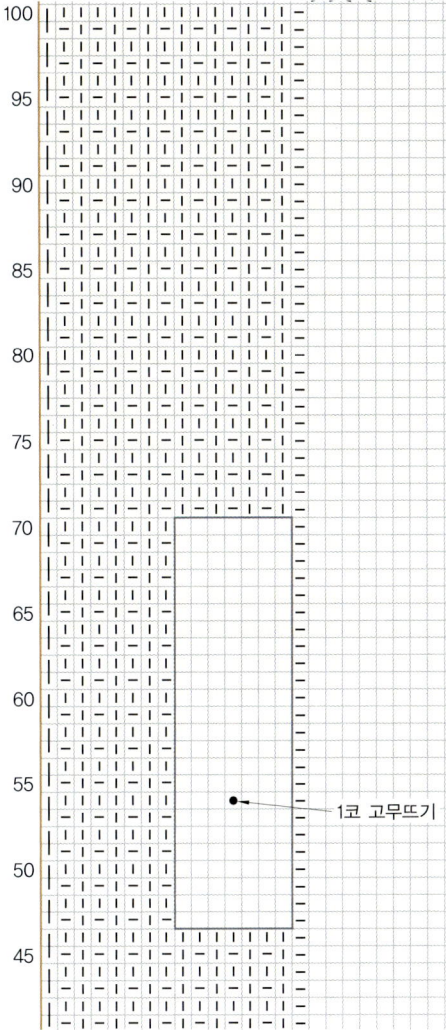
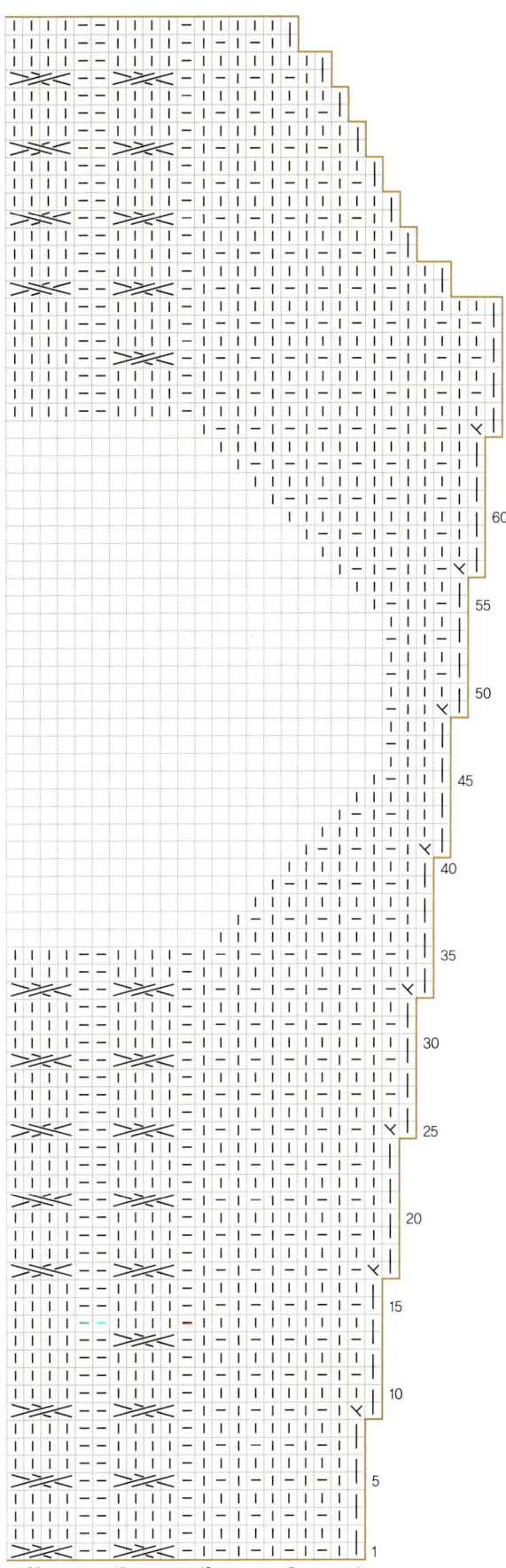

여성용 소품

Part 5

1_ 보라색 솔
2_ 노란색 삼각솔
3_ 보라색 가방과 머플러
4_ 회색 둥근 가방
5_ 자주색 가방
6_ 밤색 모티브 가방
7_ 빨간색 레자 가방
8_ 줄무늬 양말
9_ 해바라기 방석

The violet shawl

1 knitting
보라색 숄

보라색 숄

완성 치수
143cm×43cm

재료와 도구
실　순모 (연보라색)
바늘　코바늘 4호

 뜨는 방법

① 도안대로 사슬 7코를 만들어 무늬뜨기하며 손잡이 부분과 몸판 입구 도입부를 시작한다.

② ①을 시작하고 무늬뜨기 A를 12단 뜬 뒤, 무늬뜨기 B를 74단 뜨고, 무늬뜨기 A를 18단 뜬 뒤 실을 자른다.

③ 무늬뜨기 B를 하는 동안 파인애플 무늬가 있는 쪽으로 18단을 늘려 주는데 6단 뜨고 7~8단은 늘려주기 9회 한다.

④ ①의 시작 부분에 실을 달아 손잡이 장식 자루를 뜨고 난 뒤 실을 자르고 마무리한다.

⑤ 반대쪽 손잡이 부분을 뜨는데 ①에서 했던 것처럼 손잡이 입구를 1장 뜨고 사슬뜨기하며 ②번의 끝부분과 이어준 뒤 실을 자르고 마친다.

⑥ ④에 시작 부분에 실을 걸어 ③처럼 손잡이 장식 자루를 뜨고 난 뒤 실을 자르고 마무리한다.

⑦ ①~⑤가 끝나면 무늬뜨기 C를 (가)부분에 장식단 처리하고 마무리한다.

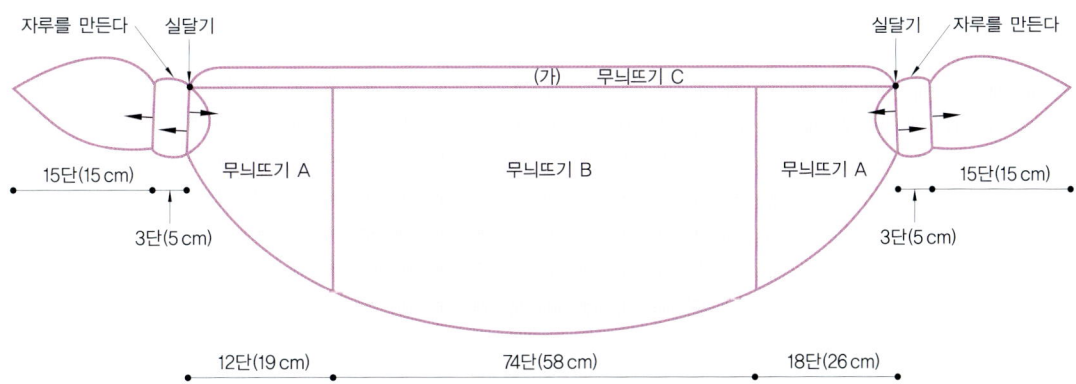

◎ 무늬뜨기 A (2단 1무늬)

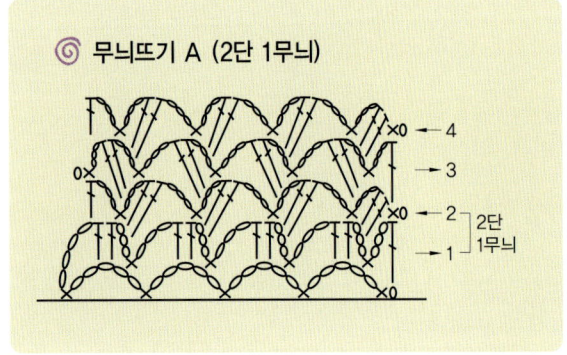

◎ 무늬뜨기 B (2단 1무늬)

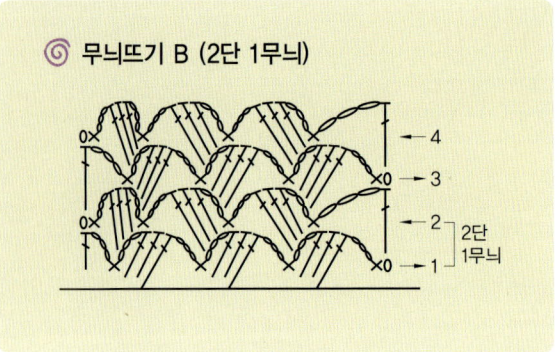

◎ 무늬뜨기 C

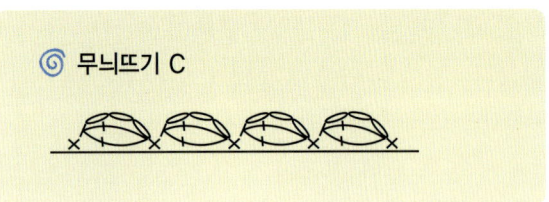

🧶 오른쪽 손잡이

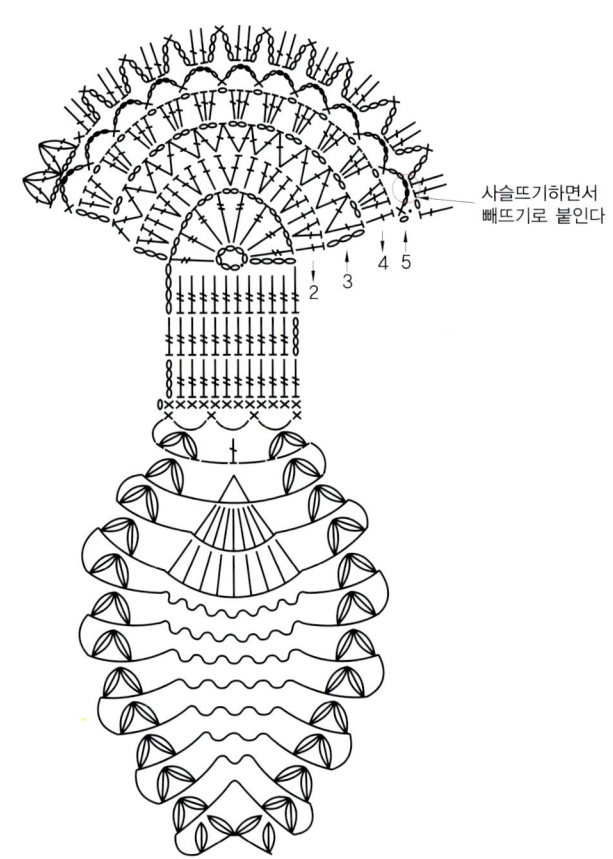

사슬뜨기하면서 빼뜨기로 붙인다

왼쪽 손잡이

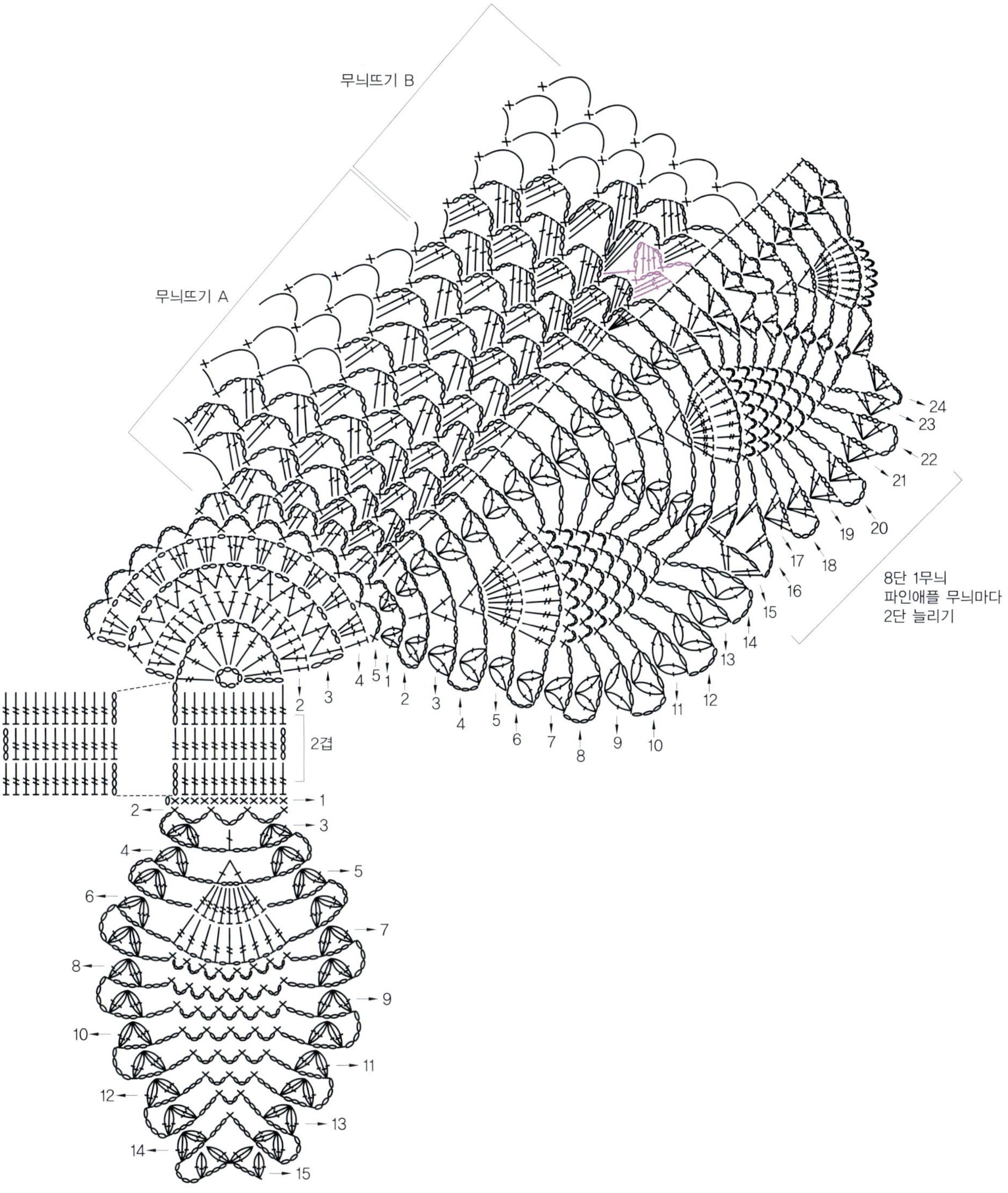

무늬뜨기 B
무늬뜨기 A
24
23
22
21
20
19
18
17
16
15
14
13
12
11
10
9
8
7
6
5
4
3
2
1
5
4
3
2
8단 1무늬
파인애플 무늬마다
2단 늘리기
2겹
0
1
2
3
4
5
6
7
8
9
10
11
12
13
14
15

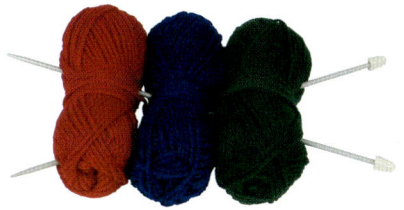

2 knitting
노란색 삼각숄

The yellow triangularity-shawl

노란색 삼각숄

완성치수
140×140cm

재료와 도구
실   와이키키(노란색)
바늘   코바늘 2호

 뜨는 방법

① 와이키키 한 올을 코바늘 2호로 331코 사슬을 만들어 도안 1을 보고 무늬뜨기를 한다.

② ①이 완성된 삼각모양의 몸판에 무늬뜨기 D를 A, B변에 장식단 뜨기로 뜨고 마지막 C변에는 피코뜨기 장식단으로 마무리 정리한다.

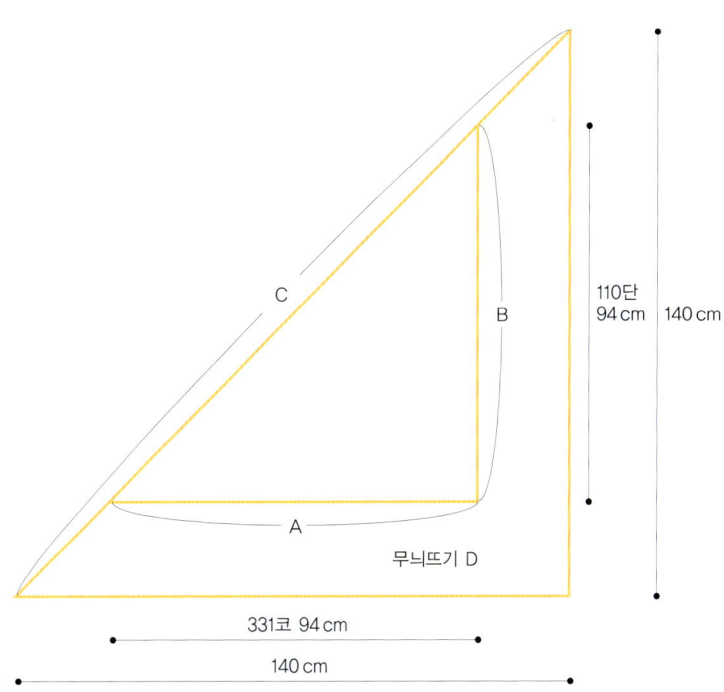

무늬뜨기 D

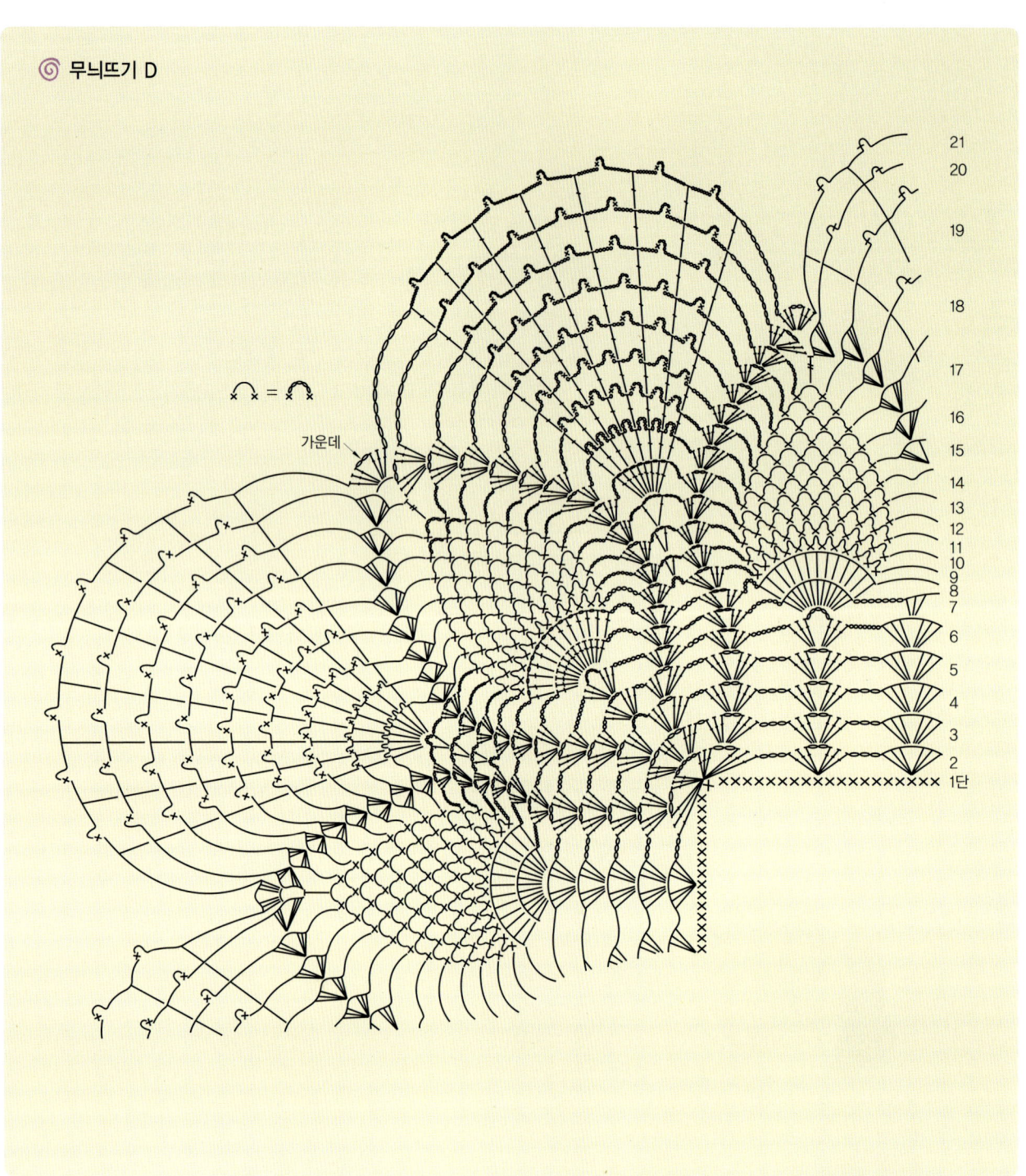

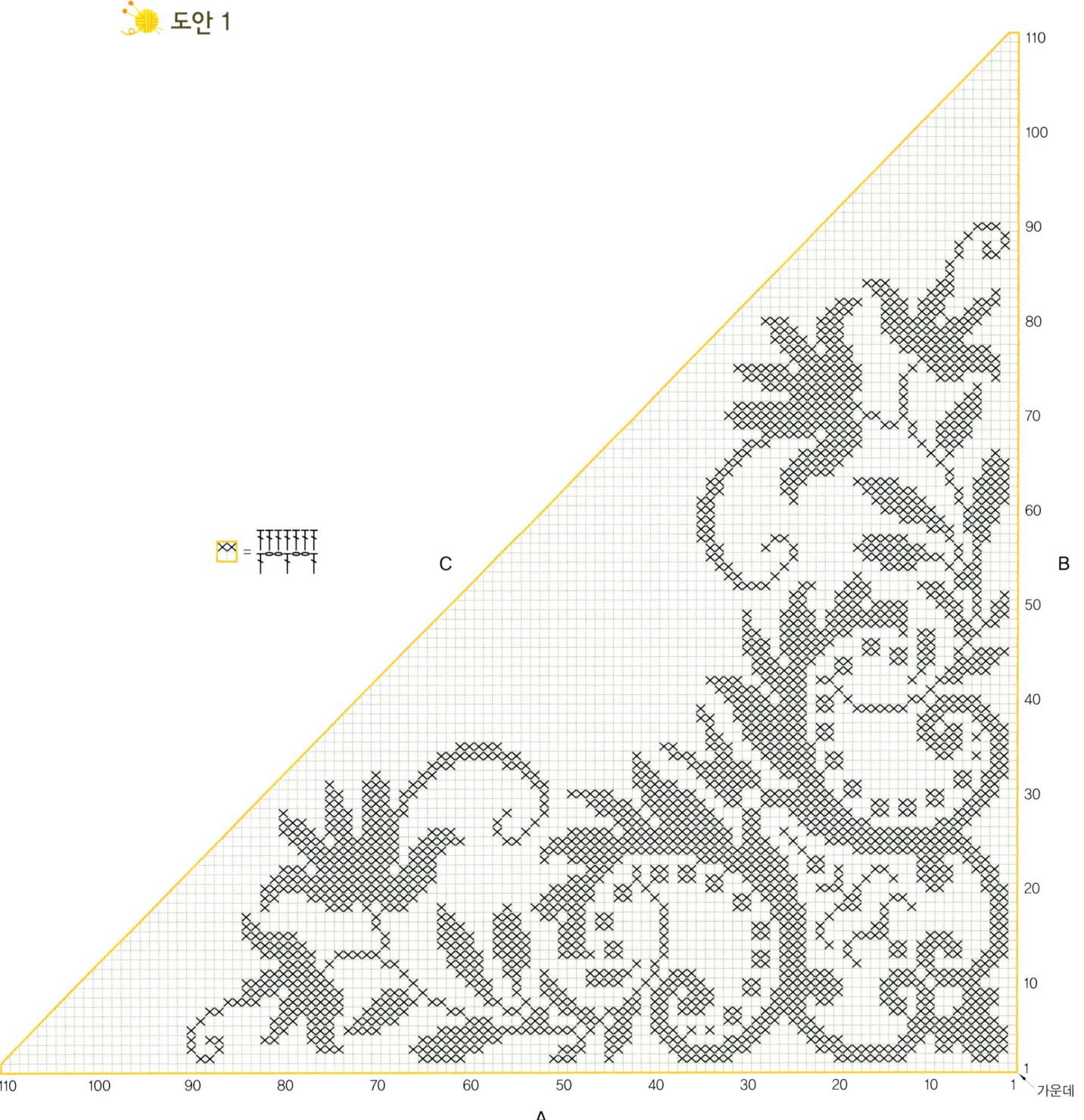

3 knitting
보라색 가방과 머플러

the purple bag & muffler

보라색 가방과 머플러

완성 치수
가방 : 22×20×57cm
머플러 : 166×15cm

재료와 도구
실   오로라(보라색)
바늘   코바늘 3호, 코바늘 8호, 돗바늘
부속품 가방속 깔개, 안감

 뜨는 방법

【머플러】

① 오로라 1올과 코바늘 3호로 사슬 47코를 시작으로 해서 9코 2단 1무늬를 21무늬 반 (43단) 166cm를 뜨고 양옆 술을 사슬 60코를 떠서 반으로 붙인 것 각 20개씩 한다.

【가방】

① 오로라 2올과 코바늘 8호로 무늬뜨기 A 2장과 무늬뜨기 A′ 2장을 떠서 A, A′, A, A′ 순으로 배치하고 안쪽에서 2장씩 잡아 짧은뜨기로 떠서 이어 원통이 되게 한다.

② 가방 밑바닥은 오로라 2올과 코바늘 8호로 사슬 41코를 만들어 짧은뜨기 41단을 직사각형으로 뜨고 ①에서 완성한 것에 밑바닥을 대고 각 모서리를 맞춘 후 겉에서 짧은뜨기로 떠서 이어 완성한다.

③ 가방끈은 무늬뜨기 A′에 무늬뜨기 B를 원통으로 40코 잡아 34단씩 각각 뜨고 돗바늘로 꿰매어 붙인다.

④ 가방 입구 부분에 되돌아짧은뜨기로 장식 마무리한다.

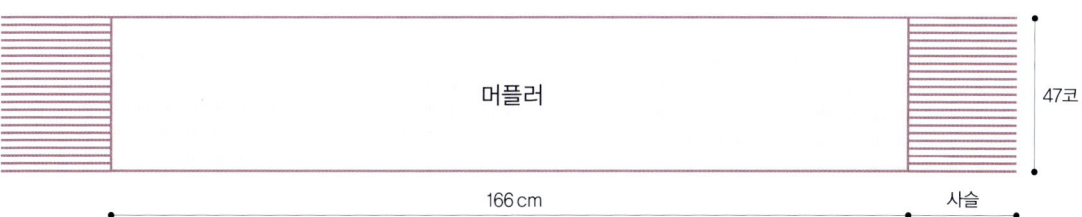

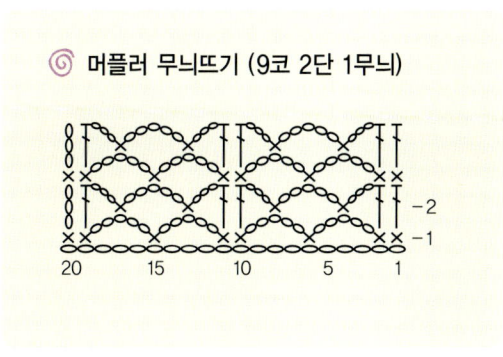

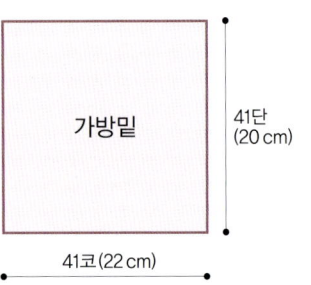

가방밑
41단 (20 cm)
41코 (22 cm)

가방 무늬뜨기 B

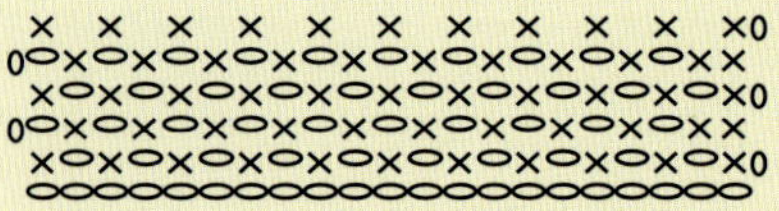

가방 무늬뜨기 A

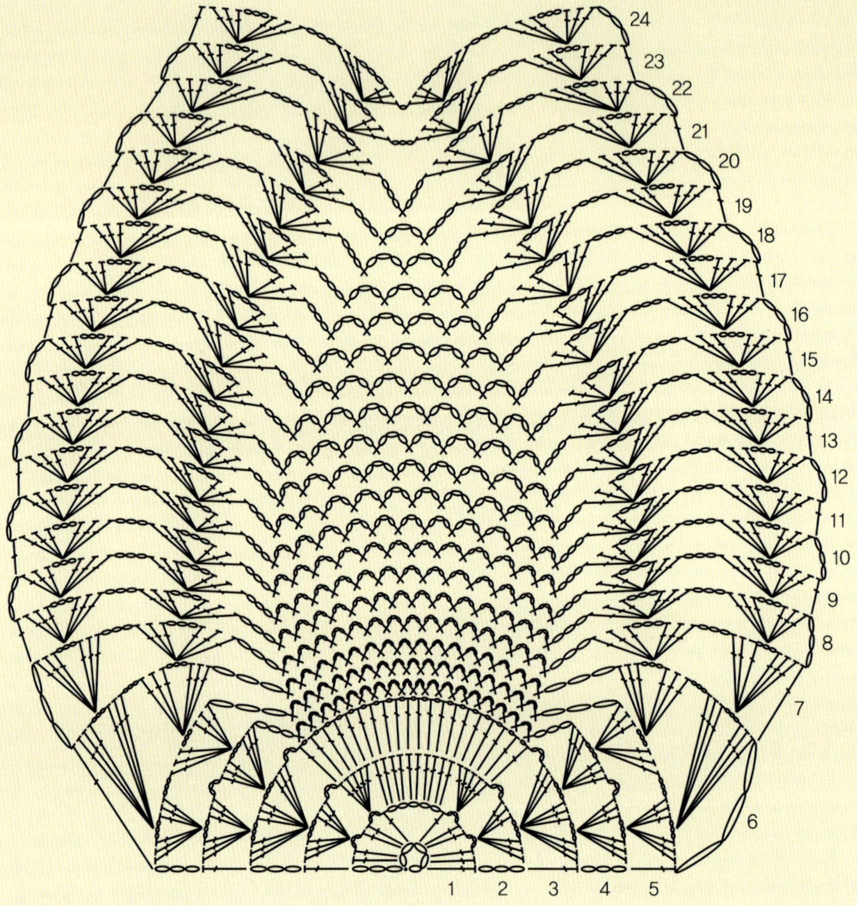

가방 무늬뜨기 A´

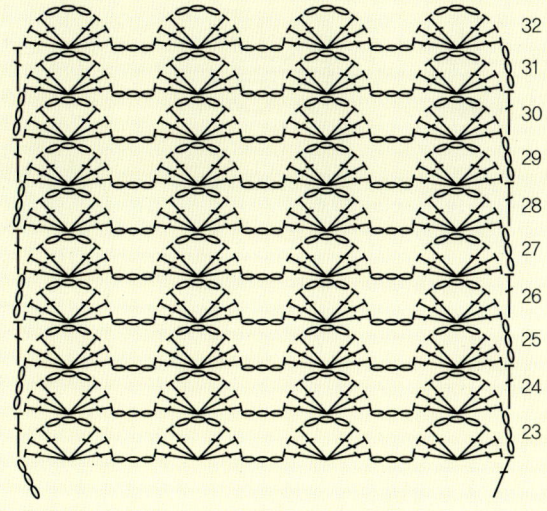

무늬뜨기 A에서 23단까지는 똑같이 뜨고 24단~32단까지 다르다.

머플러는 다양한 용도로 쓰인다. 허리띠나 머리띠로도 사용하면 세련되고 멋스럽다.

4 knitting
회색 둥근 가방

The gray round bag

회색 둥근 가방

완성 치수
42×40cm

재료와 도구
실	브론즈(회색)
바늘	코바늘 5호
부속품	가방 손잡이 1set, 지퍼, 안감

 뜨는 방법

1. 고리를 만들어 5호 코바늘로 짧은뜨기 8개를 기본 시작으로 도안을 참고로 하며 가방을 만든다.
2. 28단째는 짧은뜨기를 뜨는데 긴뜨기는 매코마다 짧은뜨기를 하나, 사슬뜨기는 건너 뛴다.
3. 29단부터 36단까지는 짧은뜨기하며 2코에서 1코는 끌어뜨기 하고 37단은 되돌아짧은뜨기로 장식한다.

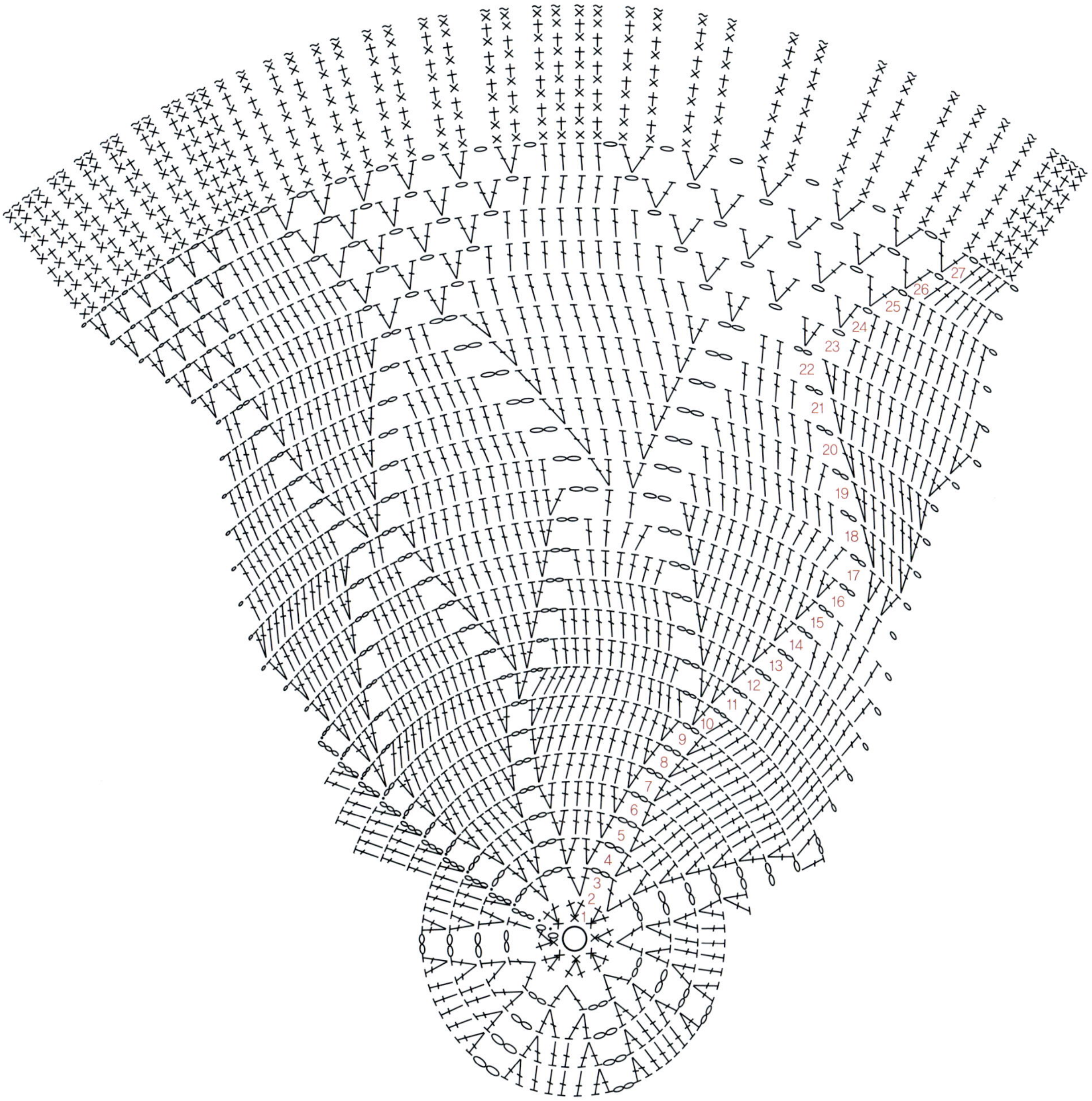

The purple bag

5 knitting
자주색 가방

자주색 가방

완성 치수
27×5×15.5cm

재료와 도구
실 　맥시(자주색), 슈퍼실크(자주색)
바늘 　코바늘 5호
부속품 　가방끈, 지퍼, 안감

 뜨는 방법

① 사슬 38코를 만들어 양쪽 모서리를 늘리며 5단 짧은뜨기하여 밑바닥을 만든다.

② 27단까지 무늬뜨기 A(54무늬)를 원통뜨기한다.

③ 28단부터 31단까지 슈퍼실크사 3올로 무늬뜨기 A를 4단 뜨고 32단은 짧은뜨기를 1단 뜨고 마무리한다.

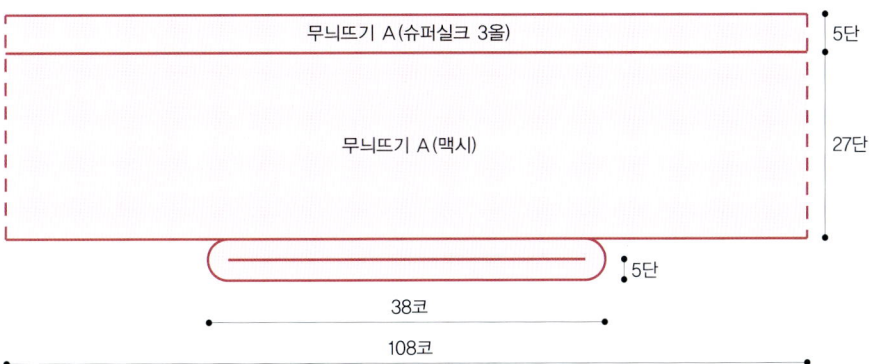

🌀 무늬뜨기 A (2코 2단 1무늬)

 가방 바닥

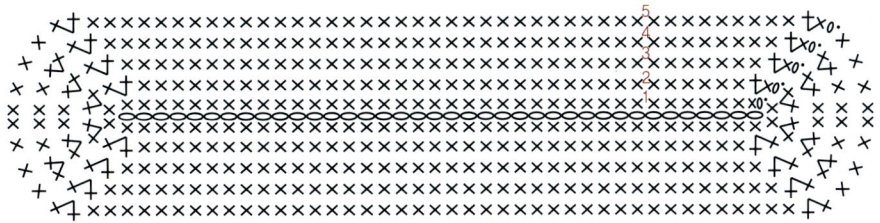

6 knitting
밤색 모티브 가방

The chestnut motif bag

밤색 모티브 가방

완성 치수
15×42×17cm

재료와 도구
실   큐브사(연베이지색, 진갈색)
바늘   코바늘 5호

 뜨는 방법

① 모티브 A 4장, 모티브 B 4장씩 떠서 도안 1처럼 배치하고 겉면에서 짧은뜨기로 뜨며 붙인다.
② 가방 밑바닥은 사슬 6코를 떠서 고리를 만들고 도안 2처럼 뜬다.
③ ①과 ②를 짧은뜨기로 떠서 이어 붙인다.
③ 가방 입구 부분은 무늬뜨기 C를 12단 뜨고 가장자리는 되돌아짧은뜨기로 장식 마무리한다.
③ 가방 안감은 취향에 따라 레자를 넣기도 하고 천으로 마무리해도 좋다.

도안 1

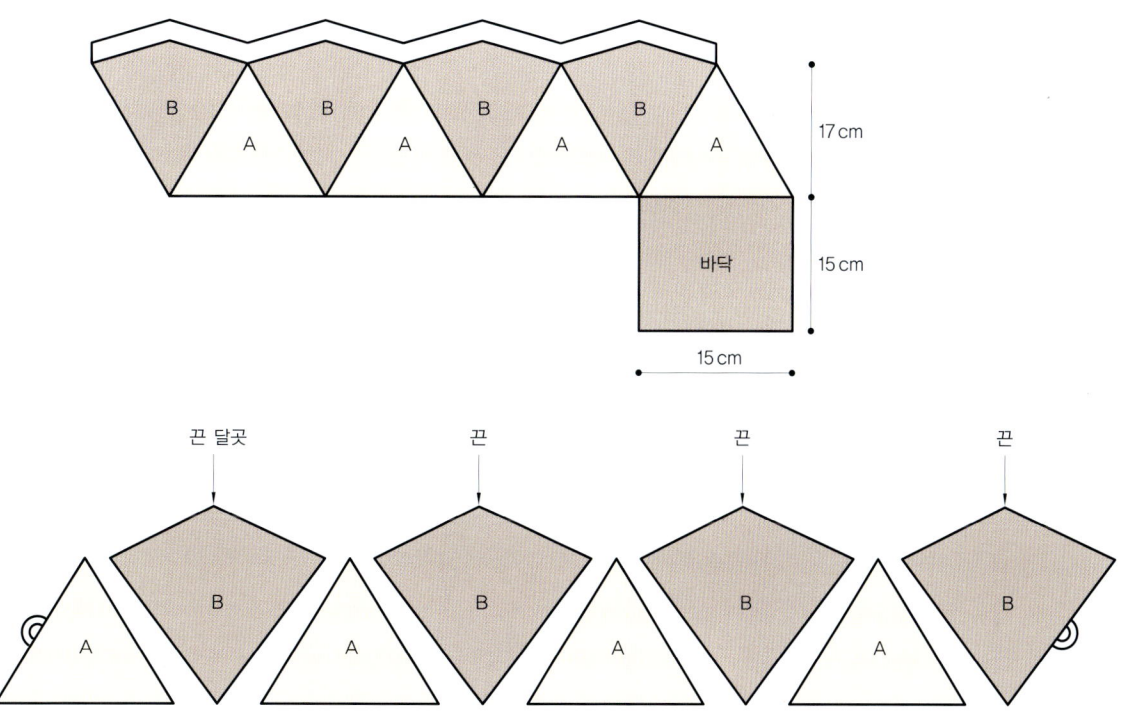

181

도안 2

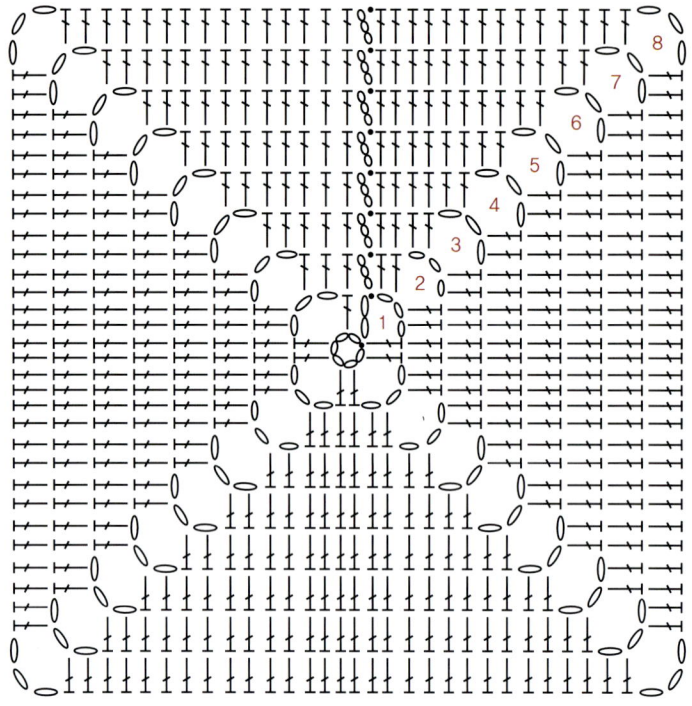

모티브 A

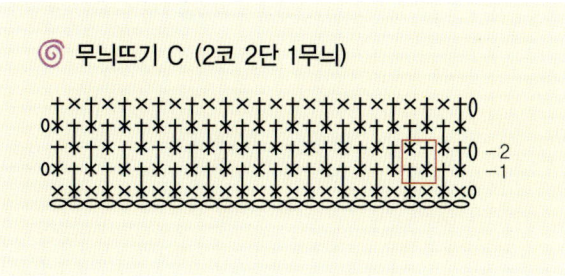

🧶 모티브 B

7 knitting
빨간색 레자 가방

The red polyvinyl resin bag

빨간색 레자 가방

완성 치수
6×38×28cm

재료와 도구
실　레자사(빨강색)
바늘　코바늘 7호, 돗바늘

 뜨는 방법

① 레자사와 코바늘 7호를 이용해 사슬 29코를 시작코로 도안 1처럼 바닥 부분을 뜬다.

② 가방 등은 무늬뜨기 A를 18무늬 만들어 12단 뜬다.

③ 가방 입구는 114코를 짧은뜨기로 3단 뜨고 마친 뒤 돗바늘에 레자사를 끼워 크로스 되게 감침질하여 장식한다.

④ ③까지 끝이 나면 안감을 넣고 끈 묶을 고리를 달아주고 끈은 레자사를 여러겹 잡아 댕기머리를 만들 듯 따서 끈을 만들어 묶는다.

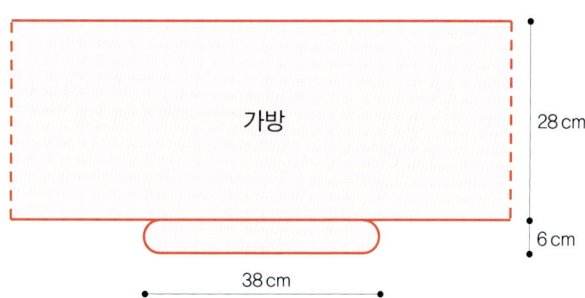

 도안 1

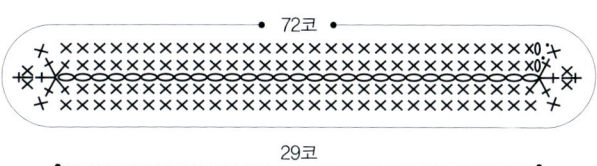

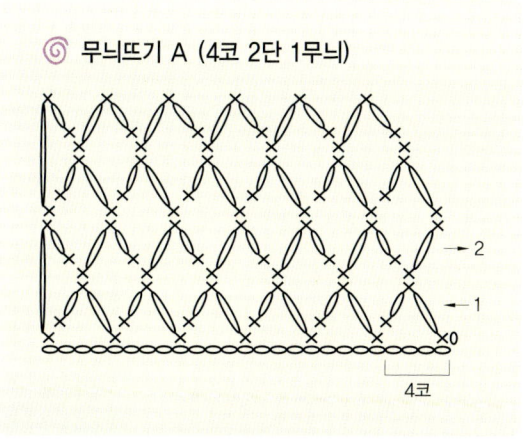

무늬뜨기 A (4코 2단 1무늬)

도안 2

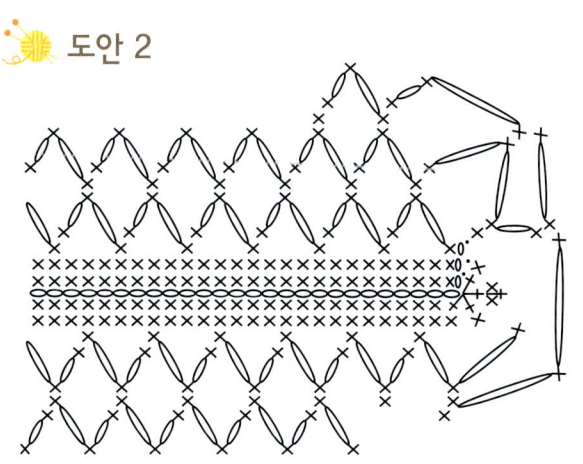

8 knitting
줄무늬 양말

The stripes stockings

줄무늬 양말

완성 치수
210~240mm

재료와 도구
실   슈퍼워시(연보라색), 실프울 (흰색, 자주색)
바늘 2.5mm 모자뜨기 대바늘 1set(4개), 3mm 모자뜨기 대바늘 1set(4개)

 뜨는 방법

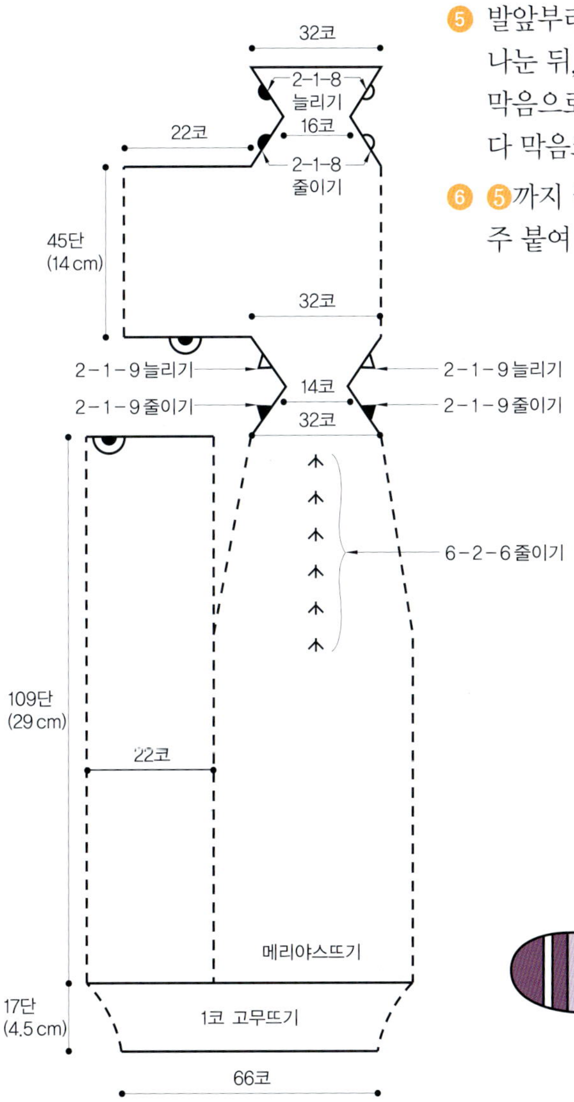

1. 2.5mm 대바늘과 연보라색 실로 66코 흔들코를 만들어 1코 고무뜨기하며 원통뜨기하는데 도안 1처럼 배색하며 뜬다.

2. 1코 고무뜨기 17단 뜨고 3mm 대바늘로 바꾸며 메리야스뜨기 하는데 73단은 평으로 뜨고 6단마다 2코씩 줄이기 6회하며 메리야스를 109단이 되게 뜬다.

3. 발등 부분은 22코, 뒷꿈치부분은 32코가 되게 나눈 뒤 뒤꿈치 부분 32코는 2단마다 양옆 가장자리를 각 1코씩 줄이기 9회하는데 줄이는 코는 막음코 처리한다.

4. 뒤꿈치코가 14코가 되면 코를 줄였던 막음코에서 코를 2단마다 주워떠서 다시 32코가 되게 하고 발등 부분코에 함께 원통뜨기 45단 떠준다.

5. 발앞부리는 발등 부분 22코, 밑바닥 부분 32코가 되게 다시 나눈 뒤, 앞부리 32코는 2단마다 양옆 가장자리를 각 1코씩 코막음으로 줄이기 8회하고 16코가 남을 때는 뒤꿈치처럼 2단마다 막음코로 줄였던 곳에서 코를 주어 다시 32코가 되게 한다.

6. 5까지 끝이 나면 뒤집어서 발등 부분에 코와 앞부리코를 마주 붙여 마무리한다.

도안 1

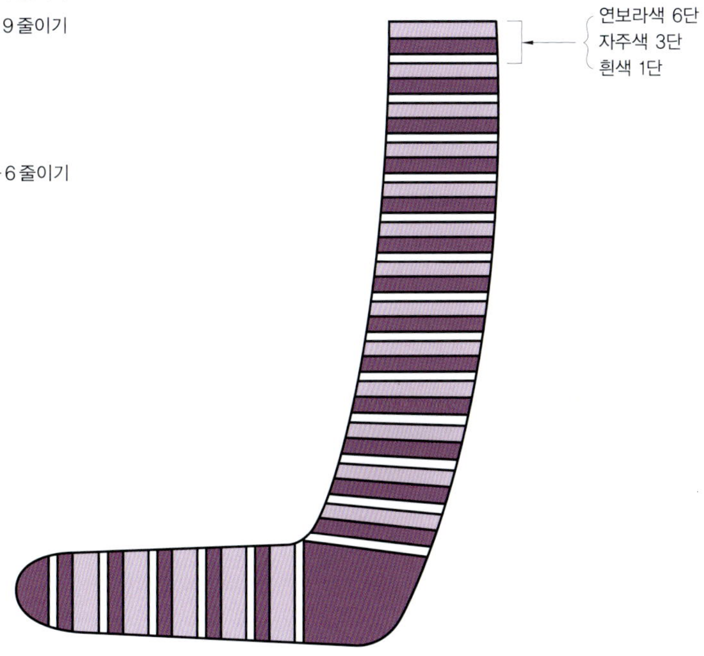

연보라색 6단
자주색 3단
흰색 1단

Sunflower cushion

9 knitting
해바라기 방석

해바라기 방석

완성 치수
φ34cm

재료와 도구
실　스킬사(빨강, 주황, 노랑, 초록, 체리핑크)
바늘　코바늘 8호

 뜨는 방법

① 꽃잎은 빨간색 실로 사슬 9코를 이어 고리를 만들고 짧은뜨기 11개를 뜬 후, 다시 사슬 9코 고리를 만들고 짧은뜨기 11개 뜨기를 반복해서 11개 반원고리를 만든다. 11번째는 나머지 반원 11개를 짧은뜨기하며 처음 시작 반원까지 되돌아온다.

② 주황색 실로 ①과 같이 떠서 고리 11개 띠를 만들고, 빨간색 고리와 주황색 고리를 엮어 해바라기 꽃잎 부분을 만든다.

③ 꽃술은 노랑색 실로 고리를 만들어 짧은뜨기 8개를 뜨고 노란색 꽃술은 8개, 초록색 꽃술은 16개, 체리핑크 꽃술은 32개 되게 늘려뜨고 뒤집어서 짧은뜨기 뜬 후 꽃잎 부분과 붙여 완성한다.

* 실을 너무 당기지 말고 헐거운 느낌이 날 정도로 느리게 떠야 볼륨감이 있다.

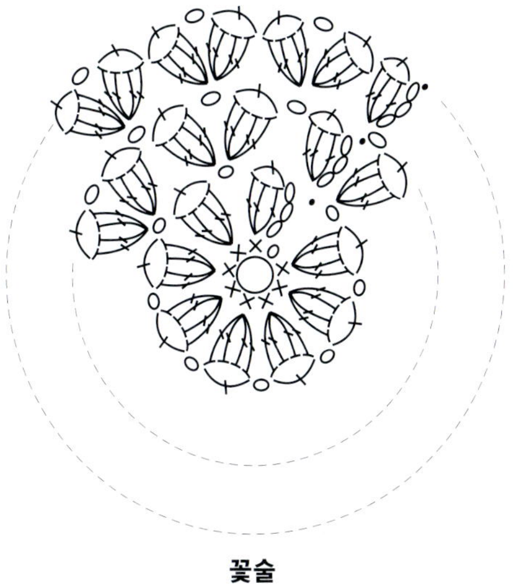

꽃술

꽃잎

짧은뜨기 22개

사계절 패션 손뜨개

2007년 2월 15일 1판 1쇄
2011년 7월 15일 1판 3쇄

저자 : 임현지
펴낸이 : 남상호

펴낸곳 : 도서출판 **예신**
www.yesin.co.kr

140-896 서울시 용산구 효창원로 64길 6
대표전화 : 704-4233, 팩스 : 335-1986
등록번호 : 제03-01365호(2002. 4. 18)

값 **18,000원**

ISBN : 978-89-5649-049-6

* 이 책에 실린 글이나 사진 및 그림은 문서에
의한 출판사의 동의 없이 무단 전재나 복제를 금합니다.